América del Sur

PEARSON

myspanishlab ¡Hola!

Part of the award-winning MyLanguageLabs suite of online learning and assessment systems for basic language courses, MySpanishLab brings together—in one convenient, easily navigable site—a wide array of language-learning tools and resources, including an interactive version of the *¡Anda! Curso elemental* student text, an online Student Activities Manual, and all materials from the audio and video programs. Chapter Practice Tests, tutorials, and English grammar Readiness Checks personalize instruction to meet the unique needs of individual students. Instructors can use the system to make assignments, set grading parameters, listen to student-created audio recordings, and provide feedback on student work. MySpanishLab can be packaged with the text at a substantial savings. For more information, visit us online at http://www.mylanguagelabs.com/books.html.

A GUIDE TO *¡ANDA! CURSO ELEMENTAL* ICONS	
Readiness Check for MySpanishLab	This icon, located in each chapter opener, reminds students to take the Readiness Check in MySpanishLab to test their understanding of the English grammar related to the Spanish grammar concepts in the chapter.
MySpanishLab	This icon indicates that additional resources for pronunciation and grammar are available in MySpanishLab.
Text Audio Program	This icon indicates that recorded material to accompany *¡Anda! Curso elemental* is available in MySpanishLab (www.mylanguagelabs.com), on audio CD, or on the Companion Website (www.pearsonhighered.com/anda).
Pair Activity	This icon indicates that the activity is designed to be done by students working in pairs.
Group Activity	This icon indicates that the activity is designed to be done by students working in small groups or as a whole class.
Web Activity	This icon indicates that the activity involves use of the Internet.
Video icon	This icon indicates that a video episode is available for the *Ambiciones siniestras* video series that accompanies the *¡Anda! Curso elemental* program. The video is available on DVD and in MySpanishLab.
Student Activities Manual	This icon indicates that there are practice activities available in the *¡Anda! Curso elemental* Student Activities Manual. The activities may be found either in the printed version of the manual or in the interactive version available through MySpanishLab. Activity numbers are indicated in the text for ease of reference.
Workbooklet	This icon indicates that an activity has been reproduced in the *Workbooklet* available as a print supplement or in MySpanishLab.
Interactive Globe	This icon indicates that additional cultural resources in the form of videos, web links, interactive maps, and more, relating to particular countries, are organized on an interactive globe in MySpanishLab.

VOLUME 1

Curso elemental

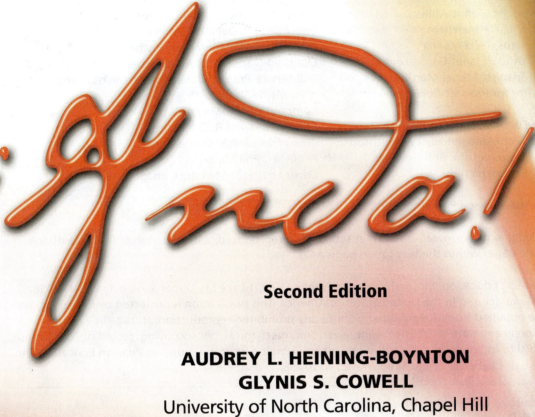

Second Edition

AUDREY L. HEINING-BOYNTON
GLYNIS S. COWELL
University of North Carolina, Chapel Hill

WITH

Jean LeLoup

María del Carmen Caña Jiménez

PEARSON

Boston Columbus Indianapolis New York San Francisco Upper Saddle River
Amsterdam Cape Town Dubai London Madrid Milan Munich Paris Montréal Toronto
Delhi Mexico City São Paulo Sydney Hong Kong Seoul Singapore Taipei Tokyo

Executive Editor, Spanish: Julia Caballero
Editorial Assistant: Samantha Pritchard
Executive Marketing Manager: Kris Ellis-Levy
Senior Marketing Manager: Denise Miller
Marketing Assistant: Michele Marchese
Development Coordinator: Celia Meana
Development Editor, ¡Anda!: Janet García-Levitas
Development Editor, Spanish: Meriel Martínez
Senior Managing Editor for Product Development:
   Mary Rottino
Associate Managing Editor (Production): Janice Stangel
Senior Production Project Manager: Nancy Stevenson
Executive Editor, MyLanguageLabs: Bob Hemmer
Senior Media Editor: Samantha Alducin

Development Editor, MyLanguageLabs: Bill Bliss
Editorial Coordinator, World Languages:
   Regina Rivera
Senior Art Director: Maria Lange
Cover Design: DePinho Design
Operations Manager: Mary Fischer
Operations Specialist: Alan Fischer
Full-Service Project Management: Melissa Sacco,
   PreMediaGlobal
Composition: PreMediaGlobal
Printer/Binder: R.R. Donnelley
Cover Printer: R.R. Donnelley
Publisher: Phil Miller
Cover Image: Shutterstock Images

This book was set in 10/12 Janson Roman.

Credits and acknowledgments borrowed from other sources and reproduced, with permission, in this textbook appear on appropriate pages within the text (or on page **A47**).

Library of Congress Cataloging-in-Publication Data
Heining-Boynton, Audrey L.
  Anda : curso elemental / Audrey L. Heining-Boynton, Glynis S. Cowell ; with Jean
LeLoup, María del Carmen Caña Jiménez. —2nd ed.
    p. cm.
  Includes bibliographical references and index.
  ISBN-13: 978-0-205-05010-9
  ISBN-10: 0-205-05010-7
  1. Spanish language—Textbooks for foreign speakers—English. I. Cowell, Glynis S. II. Leloup, Jean
III. Caña Jiménez, María del Carmen. IV. S. V. Title.

PC4129.E5H428 2012
468.2'421—dc23
                                    2011041979

Student Edition, ISBN-10: 0-205-05010-7
Student Edition, ISBN-13: 978-0-205-05010-9
Student Edition, Volume 1, ISBN-10: 0-205-23977-3
Student Edition, Volume 1, ISBN-13: 978-0-205-23977-1
Student Edition, Volume 2, ISBN-10: 0-205-23973-0
Student Edition, Volume 2, ISBN-13: 978-0-205-23973-3
Annotated Instructor's Edition, ISBN-10: 0-205-05011-5
Annotated Instructor's Edition, ISBN-13: 978-0-205-05011-6

10 9 8 7 6 5 4

DEDICATION

In memory of my father

—Audrey

To all my students, graduate and undergraduate, past and present, from whom I have learned so much

—Glynis

PEARSON

www.pearsonhighered.com

Brief Contents

FIRST

(The numbers next to the grammar and vocabulary sections indicate their location within the chapter.)

SEMESTER

CAPÍTULO 3 Estamos en casa	CAPÍTULO 4 Nuestra comunidad	CAPÍTULO 5 ¡A divertirse! La música y el cine	CAPÍTULO 6 ¡Sí, lo sé!
1 La casa p. 98 **3** Los muebles y otros objetos de la casa p. 106 **4** Los quehaceres de la casa p. 109 **5** Los colores p. 111 **7** Los números 1.000–100.000.000 p. 116	**1** Los lugares p. 134 **3** ¿Qué tienen que hacer? ¿Qué pasa? p. 140 **7** Servicios a la comunidad p. 149	**1** El mundo de la música p. 172 **6** El mundo del cine p. 184	**Reviewing strategies** p. 206
2 Algunos verbos irregulares p. 101 **6** Algunas expresiones con *tener* p. 113 **8** *Hay* p. 119	**2** *Saber* y *conocer* p. 137 **4** Los verbos con cambio de raíz p. 142 **5** El verbo *ir* p. 146 **6** *Ir* + *a* + infinitivo p. 147 **8** Las expresiones afirmativas y negativas p. 151 **9** Un repaso de *ser* y *estar* p. 154	**2** Los adjetivos demostrativos p. 175 **3** Los pronombres demostrativos p. 177 **4** Los adverbios p. 179 **5** El presente progresivo p. 180 **7** Los números ordinales p. 187 **8** *Hay que* + infinitivo p. 188 **9** Los pronombres de complemento directo y la "*a*" personal p. 189	**Comunicación** Recycling of **Capítulo Preliminar A** to **Capítulo 5**
The letters *h, j,* and *g* p. 99	The letters *c* and *z* p. 135	Diphthongs and linking p. 173	
• **Nota cultural** ¿Dónde viven los españoles? p. 105 • **Nota cultural** Las casas "verdes" p. 119	• **Nota cultural** Actividades cotidianas: Las compras y el paseo p. 136 • **Nota cultural** La conciencia social p. 151	• **Nota cultural** La música latina en los Estados Unidos p. 178 • **Nota cultural** La influencia hispana en el cine norteamericano p. 186	
ESPAÑA p. 124	**HONDURAS, GUATEMALA Y EL SALVADOR** p. 161	**NICARAGUA, COSTA RICA Y PANAMÁ** p. 195	**Cultura**
Una descripción p. 121 **Estrategia:** Listening for specific information p. 121	El voluntariado p. 157 **Estrategia:** Paraphrasing what you hear p. 157	Planes para un concierto p. 192 **Estrategia:** Anticipating content p. 192	
Communicating about homes and life at home p. 122	Communicating about ways to serve the community p. 158	Communicating about music and film p. 193	
Un anuncio p. 123 **Estrategia:** Noun → adjective agreement p. 123	Una tarjeta postal p. 159 **Estrategia:** Proofreading p. 159	Una reseña p. 194 **Estrategia:** Peer review/editing p. 194	
Lectura: *El concurso* p. 126 **Estrategia:** Scanning p. 126 **Video:** *¡Tienes una gran oportunidad!* p. 128	**Lectura:** *Las cosas no son siempre lo que parecen* p. 164 **Estrategia:** Skimming and Scanning (II) p. 164 **Video:** *¿Quiénes son en realidad?* p. 166	**Lectura:** *La búsqueda de Eduardo* p. 198 **Estrategia:** Anticipating content p. 198 **Video:** *Se conocen* p. 200	Recap of Episodes 1–5

SECOND

(The numbers next to the grammar and vocabulary sections indicate their location within the chapter.)

	CAPÍTULO PRELIMINAR B Introducciones y repasos	CAPÍTULO 7 ¡A comer!	CAPÍTULO 8 ¿Qué te pones?	
Vocabulary sections	**Capítulo Preliminar A** **Capítulo 1** **Capítulo 2** **Capítulo 3** **Capítulo 4** **Capítulo 5**	**1** La comida p. 256 **5** La preparación de las comidas p. 269 **7** En el restaurante p. 277	**1** La ropa p. 294 **5** Las telas y los materiales p. 309	
Grammar sections	**Capítulo Preliminar A** **Capítulo 1** **Capítulo 2** **Capítulo 3** **Capítulo 4** **Capítulo 5**	**2** Repaso del complemento directo p. 261 **3** El pretérito (Parte I) p. 263 **4** El pretérito (Parte II) p. 265 **6** Algunos verbos irregulares en el pretérito p. 272	**2** Los pronombres de complemento indirecto p. 299 **3** *Gustar* y verbos como *gustar* p. 302 **4** Los pronombres de complemento directo e indirecto usados juntos p. 305 **6** Las construcciones reflexivas p. 312 **7** El imperfecto p. 317	
Pronunciation		The letters *r* and *rr* p. 257	The letters *ll* and *ñ* p. 295	
Cultural readings and country focus		• **Nota cultural** Las comidas en el mundo hispano p. 261 • **Nota cultural** La comida hispana p. 271	• **Nota cultural** Zara: la moda internacional p. 298 • **Nota cultural** Los centros comerciales en Latinoamérica p. 316	
Cultura		**CHILE Y PARAGUAY** p. 284	**ARGENTINA Y URUGUAY** p. 324	
Escucha		Las compras en el mercado p. 281 **Estrategia:** Combining strategies p. 281	En el centro comercial p. 321 **Estrategia:** Guessing meaning from context p. 321	
¡Conversemos!		Communicating about food shopping and party planning p. 282	Communicating about clothing and fashion p. 322	
Escribe		Una descripción p. 283 **Estrategia:** Topic sentence and conclusion p. 283	Un email p. 323 **Estrategia:** Circumlocution p. 323	
Ambiciones siniestras	**Ambiciones siniestras**	**Lectura:** *El rompecabezas* p. 286 **Estrategia:** Predicting p. 286 **Video:** *¡Qué rico está el pisco!* p. 288	**Lectura:** *¿Quién fue?* p. 326 **Estrategia:** Guessing meaning from context p. 326 **Video:** *El misterio crece* p. 328	

SEMESTER

CAPÍTULO 9 Estamos en forma	CAPÍTULO 10 ¡Viajemos!	CAPÍTULO 11 El mundo actual	CAPÍTULO 12 Y por fin, ¡lo sé!
1 El cuerpo humano p. 334 **3** Algunas enfermedades y tratamientos médicos p. 341	**1** Los medios de transporte p. 374 **4** El viaje p. 388	**1** Los animales p. 412 **2** El medio ambiente p. 416 **4** La política p. 426	**Reviewing strategies** p. 452
2 Un resumen de los pronombres de complemento directoe indirecto y reflexivos p. 337 **4** **¡Qué!** y **¡cuánto!** p. 346 **5** El pretérito y el imperfecto p. 349 **6** Expresiones con **hacer** p. 356	**2** Los mandatos informales p. 379 **3** Los mandatos formales p. 383 **5** Otras formas del posesivo p. 392 **6** El comparativo y el superlativo p. 394	**3** El subjuntivo p. 419 **5** **Por** y **para** p. 429 **6** Las preposiciones y los pronombres preposicionales p. 432 **7** El infinitivo después de preposiciones p. 436	**Comunicación** Recycling of **Capítulo Preliminar B** to **Capítulo 11**
The letters **d** and **t** p. 335	The letters **b** and **v** p. 375	Review of Word Stress and Accent Marks p. 413	
• **Nota cultural** El agua y la buena salud p. 346 • **Nota cultural** Las farmacias en el mundo hispanohablante p. 356	• **Nota cultural** ¿Cómo nos movemos? p. 386 • **Nota cultural** Venezuela, país de aventuras p. 391	• **Nota cultural** El Yunque: tesoro tropical p. 419 • **Nota cultural** La política en el mundo hispano p. 428	
PERÚ, BOLIVIA Y ECUADOR p. 363	**COLOMBIA Y VENEZUELA** p. 402	**CUBA, PUERTO RICO Y LA REPÚBLICA DOMINICANA** p. 441	**Cultura**
Síntomas y tratamientos p. 360 **Estrategia:** Asking yourself questions p. 360	Las vacaciones p. 399 **Estrategia:** Listening for linguistic cues p. 399	Un anuncio político p. 438 **Estrategia:** Using visual organizers p. 438	
Communicating about ailments and healthy living p. 361	Communicating about travel plans p. 400	Communicating about world issues p. 439	
Un resumen p. 362 **Estrategia:** Sequencing events p. 362	Un reportaje p. 401 **Estrategia:** Using linking words p. 401	Un anuncio de servicio público p. 440 **Estrategia:** Persuasive writing p. 440	
Lectura: ¡Qué mentira! p. 366 **Estrategia:** Asking yourself questions p. 366 **Video:** No llores por mí p. 368	**Lectura:** ¿Qué sabía? p. 404 **Estrategia:** Skipping words p. 404 **Video:** Falsas apariencias p. 406	**Lectura:** Celia p. 444 **Estrategia:** Using visual organizers p. 444 **Video:** El desenlace p. 446	Recap of Episodes 7–11

Preface

Why *¡Anda!* 2e?

We were pleased by the enthusiastic response to the first edition of *¡Anda!*, and we are honored that so many schools have chosen to adopt it for use in their basic Spanish courses. The response confirmed our sense that many schools were feeling a need for a new kind of Spanish textbook program.

We wrote *¡Anda!* originally because Spanish instructors had told us that their courses were changing. In survey after survey, in focus group after focus group, they had said that they were finding it increasingly difficult to accomplish everything they wanted in their elementary Spanish courses. They told us that contact hours were decreasing, that class sizes were increasing, and that more and more courses were being taught partially or totally online. They told us that their lives and their students' lives were busier than ever. And as a result, they told us, there simply wasn't enough time available to do everything they wanted to do. Some reported that they felt compelled to gallop through their text in order to cover all the grammar and vocabulary, omitting important cultural topics and limiting their students' opportunities to develop and practice communication skills. Others said that they had made the awkward choice to use a text designed for first-year Spanish over three or even four semesters. Many instructors were looking for new ways to address the challenges they and their students were facing. We created *¡Anda!* to meet this need.

The challenges we heard about from all these Spanish instructors still exist today, and thus our goals and guiding principles for the second edition of the *¡Anda!* program remain the same as they were in the first edition. But we have made many changes in response to helpful suggestions from users of the earlier edition, and we have sought to make the program even more flexible than its predecessor and even more focused on students' and instructors' needs.

NEW to This Edition

Among the many changes we have made to the *¡Anda!* program are the following:

▶ New *learning objectives* accompanying each *Vocabulario* and *Gramática* chunk make the learning goal of each chunk transparent to students.

▶ New *¿Cómo andas?* self-assessment boxes align directly to the chapter objectives and are numbered to match with the corresponding *Comunicación* sections, helping students tie the objectives to learning outcomes.

▶ The new *¡Conversemos!* section provides communicative activities that combine vocabulary and grammar from the chapter and recycle content from previous chapters, providing students with the opportunity to "put it all together."

▶ A new *writing strategy* has been added to each *Escribe* box to guide students to think critically about the writing process before they begin to write.

▶ A new *chapter opening organizer* now includes references to the complete *¡Anda!* program, allowing for easier integration of supplements and resources.

▶ Revised headings and design for each *Comunicación* section, now labeled I and II, help students and instructors effectively navigate the parts of the chapter.

- ▶ *Pronunciation practice and activities* are now available solely on MySpanishLab and in the Student Activities Manual. Icons in the text guide students to these resources for more detailed information and practice in an interactive setting that allows for more personalized instruction.

- ▶ Many new *teacher annotations* have been added to provide additional guidance and options for instructors and to aid in lesson planning and implementation.

- ▶ New *21st Century Skills* teacher annotations help instructors develop students' language proficiency around modes of communicative competency reflecting real-life communication.

- ▶ Various versions of the text are now available. In addition to the *complete text, split volumes* are now available, each containing a single semester's worth of material. Also available are special versions designed for *high beginner's* courses and *hybrid* courses. Together with the unbound or *"A la carte"* version and a full range of customization options, these versions give instructors the flexibility to adopt the content and format that best meets the needs of their students and program.

The *¡Anda!* Story

The *¡Anda!* program was developed to provide practical responses to the challenges today's Spanish instructors are facing. Its innovations center around three key areas:

1 Realistic goals with a realistic approach

2 Focus on student motivation

3 Tools to promote success

Realistic goals with a realistic approach

¡Anda! is the first college-level Spanish program conceived from the outset as a four-semester sequence of materials. The *¡Anda!* program is divided into two halves, *¡Anda! Curso elemental* and *¡Anda! Curso intermedio*, each of which can be completed in one academic year.

Each volume's scope and sequence has been carefully designed, based on advice and feedback from hundreds of instructors and users at a wide variety of institutions. Each volume introduces a realistic number of new vocabulary words, and the traditional first-year grammar sequence has been spread over two volumes so that it can be presented in four semesters rather than two. As a result, students have adequate time throughout the course to focus on communication, culture, and skills development, and to master the vocabulary and grammar concepts to which they are introduced.

Each volume of *¡Anda!,* for both *Curso elemental* and *Curso intermedio,* has been structured to foster preparation, recycling, and review within the context of a multi-semester sequence of courses. The ten regular chapters are complemented by two *preliminary* chapters and two *recycling* chapters.

Capítulo Preliminar A	Capítulo Preliminar B
Capítulo 1	Capítulo 7
Capítulo 2	Capítulo 8
Capítulo 3	Capítulo 9
Capítulo 4	Capítulo 10
Capítulo 5	Capítulo 11
Capítulo 6 (recycling)	Capítulo 12 (recycling)

- *Capítulo Preliminar A* is designed with **ample vocabulary** to get students up and running and to give them a **sense of accomplishment** quickly. Many students will already be familiar with some of this vocabulary. It also has students reflect on the question "Why study Spanish?"

- *Capítulo Preliminar B* is a **review** of Preliminary A through Chapter 5 and allows those who join the class midyear, or those who need a refresher, to get up to speed at the beginning of the second half of the book.

- *Capítulos 1–5* and *7–11* are **regular** chapters.

- *Chapters 6 and 12* are **recycling** chapters. No new material is presented. Designed for in-class use, these chapters recycle and recombine previously presented vocabulary, grammar, and culture, giving students more time to practice communication without the burden of learning new grammar or vocabulary. NEW rubrics have been provided in these chapters to assess student performance. They provide clear expectations for students as they review.

Each regular chapter of *¡Anda!* provides a realistic approach for the achievement of realistic goals.

- New material is presented in manageable amounts, or **chunks,** allowing students to assimilate and practice without feeling overwhelmed.

- Each chapter contains a **realistic** number of new vocabulary words.

- Vocabulary and grammar explanations are interspersed, each **introduced at the point of need.**

- Grammar explanations are clear and concise, utilizing either deductive or inductive presentations, and include many supporting examples followed by practice activities. The inductive presentations provide students with examples of a grammar concept. They then must formulate the rule(s) through the use of guiding questions. The inductive presentations are accompanied by a new *Explícalo tú* heading and an icon that directs them to Appendix 1 where answers to the questions in the presentations may be found.

- Practice begins with **mechanical** exercises, for which there are correct answers, progresses through more **meaningful,** structured activities in which the student is guided but has some flexibility in determining the appropriate responses, and ends with **communicative** activities in which students are manipulating language to create personalized responses.

Focus on student motivation

The many innovative features of *¡Anda!* that have made it such a successful program continue in the second edition to help instructors generate and sustain interest on the part of their students, whether they be of traditional college age or adult learners:

- Chapters are organized around themes that reflect **student interests** and tap into students' **real-life experiences.**

- Basic **vocabulary** has been selected and tested through *¡Anda!'s* development for its relevance and support, while additional words and phrases are offered so that **students can personalize** their responses and acquire the vocabulary that is most meaningful to them. Additional vocabulary items are found in *Vocabulario útil* boxes throughout the chapters as well as in Appendix 3 (*También se dice…*).

- Activities have been designed to foster active participation by students. The focus throughout is on giving students opportunities to speak and on allowing instructors to **increase the amount of student "talk time"** in each class period. The majority of activities **elicit students' ideas and opinions,** engaging them to respond to each other on a variety of levels. Abundant pair and group activities encourage students to learn from and support each other, creating a comfortable arena for language learning.

- **No assumptions** are made concerning previous experience with Spanish or with language learning in general.

- Each activity is designed to begin with **what the student already knows.**

- A **high-interest mystery story**, *Ambiciones siniestras*, runs through each chapter. Two episodes are presented in each regular chapter, one as the chapter's reading selection (in the *Lectura* section), the other in a corresponding video segment (in the *Video* section).

- Both **"high" and "popular" culture** are woven throughout the chapters to enable students to learn to recognize and appreciate cultural diversity as they explore behaviors and values of the Spanish-speaking world. They are encouraged to think critically about these cultural practices and gifts to society.

Tools to promote success

The *¡Anda!* program includes many unique features and components designed to help students succeed at language learning and their instructors at language teaching.

Student learning support

- A "walking tour" of the *¡Anda!* text and supplements helps students navigate their language program materials and understand better the whys and hows of learning Spanish.

- Explicit, systematic **recycling boxes with page references** help students link current learning to previously studied material in earlier chapters or sections.

- **Periodic review and self-assessment** boxes (*¿Cómo andas? I* and *¿Cómo andas? II*) help students gauge their understanding and retention of the material presented. A final assessment in each chapter (*Y por fin, ¿cómo andas?*) offers a comprehensive self-assessment.

- **Student notes** provide additional explanations and guidance in the learning process. Some of these contain cross-references to other student supplements. Others offer learning strategies (*Estrategia*) and additional information (*Fíjate*).

- **MySpanishLab** offers students a wealth of online resources and a supportive environment for completing homework assignments. When enabled by the instructor, a "Need Help" box appears as students are doing online homework activities, providing links to English and Spanish grammar tutorials, e-book sections, and additional practice activities—all directly relevant to the task at hand. Hints, verb charts, a glossary, and many other resources are available as well.

- A **Workbooklet,** available separately, allows students to complete the activities that involve writing without having to write in their copies of the textbook.

Instructor teaching support

One of the most important keys to student success is instructor success. The *¡Anda!* program has all of the support that you have come to expect and, based on our research, it offers many other enhancements!

- The **Annotated Instructor's Edition** of *¡Anda!* offers a wealth of materials designed to help instructors teach effectively and efficiently. Strategically placed annotations explain the text's methodology and function as **a built-in course in language teaching methods.**

- **Estimated time indicators** for presentational materials and practice activities help instructors create lesson plans.

- Other annotations provide **additional activities** and suggested answers.

- **The annotations are color-coded** and labeled for ready reference and ease of use.

- A treasure trove of supplemental activities, available for download in the **Extra Activities** folder of MySpanishLab, allows instructors to choose additional materials for in-class use.

Teacher Annotations

The teacher annotations in the *¡Anda!* program fall into several categories:

- **Methodology:** A deep and broad set of methods notes designed for the novice instructor.

- **Section Goals:** Set of student objectives for each section.

- **National Standards:** Information containing the correlation between each section with the National Standards as well as tips for increasing student performance.

- **21st Century Skills:** Interpreting the new Partnership for the 21st Century skills and the National Standards. These skills enumerate what is necessary for successful 21st century citizens.

- **Planning Ahead:** Suggestions for instructors included in the chapter openers to help prepare materials in advance for certain activities in the chapter. Also provided is information regarding which activities to assign to students prior to them coming to class.

- **Warm-up:** Suggestions for setting up an activity or how to activate students' prior knowledge relating to the task at hand.

- **Suggestion:** Teaching tips that provide ideas that will help with the implementation of activities and sections.

- **Note:** Additional information that instructors may wish to share with students beyond what is presented in the text.

- **Expansion:** Ideas for variations of a topic that may serve as wrap-up activities.

- **Follow-up:** Suggestions to aid instructors in assessing student comprehension.

- **Notes:** Information on people, places, and things that aid in the completion of activities and sections by providing background knowledge.

- **Additional Activity:** Independent activities related to the ones in the text that provide further practice than those supplied in the text.

- **Alternate Activity:** Variations of activities provided to suit each individual classroom and preferences.

- **Heritage Language Learners:** Suggestions for the heritage language learners in the classroom that provide alternatives and expansions for sections and activities based on prior knowledge and skills.

- **Audioscript:** Written script of all *Escucha* recordings.

- **Recap of *Ambiciones siniestras:*** A synopsis of both the *Lectura* and *Video* sections for each episode of *Ambiciones siniestras.*

The authors' approach

Learning a language is an exciting, enriching, and sometimes life-changing experience. The development of the *¡Anda!* program, and now its second edition, is the result of many years of teaching and research that guided the authors independently to make important discoveries about language learning, the most important of which center on the student. Research-based and pedagogically sound, *¡Anda!* is also the product of extensive information gathered firsthand from numerous focus group sessions with students, graduate instructors, adjunct faculty, full-time professors, and administrators in an effort to determine the learning and instructional needs of each of these groups.

The Importance of the National Foreign Language Standards in *¡Anda!*

The *¡Anda!* program continues to be based on the *National Foreign Language Standards.* The five organizing principles (the 5 Cs) of the Standards for language teaching and learning are at the core of *¡Anda!:* **Communication, Cultures, Connections, Comparisons,** and **Communities.** Each chapter opener identifies for the instructor where and in what capacity each of the 5 Cs are addressed. The **Weave of Curricular Elements** of the *National Foreign Language Standards* provides additional organizational structure for *¡Anda!* Those components of the **Curricular Weave** are: **Language System, Cultural Knowledge, Communication Strategies, Critical Thinking Skills, Learning Strategies, Other Subject Areas,** and **Technology.** Each of the Curricular Weave elements is omnipresent and, like the 5 Cs, permeates all aspects of each chapter of *¡Anda!*

- The *Language System,* which comprises components such as grammar, vocabulary, and phonetics, is at the heart of each chapter.

- The *Comunicación* sections of each chapter present vocabulary, grammar, and pronunciation at the point of need and maximum usage. Streamlined presentations are utilized that allow the learner to be immediately successful in employing the new concepts.

- *Cultural Knowledge* is approached thematically, making use of the chapter's vocabulary and grammar. Many of the grammar and vocabulary activities are presented in cultural contexts. Cultural presentations begin with the two-page chapter openers and always start with what the students already know about the cultural themes/concepts from their home, local, regional, or national cultural perspective. The *Nota cultural* and *Les presento mi país* sections provide rich cultural information about each Hispanic country.

- *Communication and Learning Strategies* are abundant with tips for both students and instructors on how to maximize studying and in-class learning of Spanish, as well as how to utilize the language outside of the classroom.

- *Critical Thinking Skills* take center stage in *¡Anda!* Questions throughout the chapters, in particular tied to the cultural presentations, provide students with the opportunities to answer more than discrete point questions. The answers students are able to provide do indeed require higher-order thinking, but at a linguistic level completely appropriate for a beginning language learner.

- With regard to *Other Subject Areas, ¡Anda!* is diligent with regard to incorporating **Connections** to other disciplines via vocabulary, discussion topics, and suggested activities. This edition also highlights a **Communities** section, which includes experiential and service learning activities in the Student Activities Manual.

- Finally, *technology* is taken to an entirely new level with **MySpanishLab** and the *Ambiciones siniestras* DVD. The authors and Pearson Education believe that technology is a means to the end, not the end in and of itself, and so the focus is not on the technology per se, but on how that technology can deliver great content in better, more efficient, more interactive, and more meaningful ways.

By embracing the National Foreign Language Standards and as a result of decades of experience teaching Spanish, the authors believe that:

- A **student-centered classroom** is the best learning environment.

- Instruction must **begin where the learner is,** and all students come to the learning experience with prior knowledge that needs to be tapped.

- All students can learn in a **supportive environment** where they are encouraged to take risks when learning another language.

- **Critical thinking** is an important skill that must constantly be encouraged, practiced, and nurtured.

- **Learners** need to **make connections** with other disciplines in the Spanish classroom.

With these beliefs in mind, the authors have developed hundreds of creative and meaningful language-learning activities for the text and supporting components that employ students' imagination and engage the senses. For both students and instructors, they have created an instructional program that is **manageable, motivating,** and **clear.**

The Authors

Audrey Heining-Boynton

Audrey Heining-Boynton received her Ph.D. from Michigan State University and her M.A. from The Ohio State University. Her career spans K-12 through graduate school teaching, most recently as Professor of Education and Spanish at The University of North Carolina at Chapel Hill. She has won many teaching awards, including the prestigious ACTFL Anthony Papalia Award for Excellence in Teacher Education, the Foreign Language Association of North Carolina (FLANC) Teacher of the Year Award, and the UNC ACCESS Award for Excellence in Working with LD and ADHD students. Dr. Heining-Boynton is a frequent presenter at national and international conferences, has published more than one hundred articles, curricula, textbooks, and manuals, and has won nearly $4 million in grants to help create language programs in North and South Carolina. Dr. Heining-Boynton has also held many important positions: President of the American Council on the Teaching of Foreign Languages (ACTFL), President of the National Network for Early Language Learning, Vice President of Michigan Foreign Language Association, board member of the Foreign Language Association of North Carolina, committee chair for Foreign Language in the Elementary School for the American Association of Teachers of Spanish and Portuguese, and elected Executive Council member of ACTFL. She is also an appointed two-term *Foreign Language Annals* Editorial Board member and guest editor of the publication.

Glynis Cowell

Glynis Cowell is the Director of the Spanish Language Program in the Department of Romance Languages and Literatures and an Assistant Dean in the Academic Advising Program at The University of North Carolina at Chapel Hill. She has taught first-year seminars, honors courses, and numerous face-to-face and hybrid Spanish language courses. She also team-teaches a graduate course on the theories and techniques of teaching foreign languages. Dr. Cowell received her M.A. in Spanish Literature and her Ph.D. in Curriculum and Instruction, with a concentration in Foreign Language Education, from The University of North Carolina at Chapel Hill. Prior to joining the faculty at UNC-CH in August 1994, she coordinated the Spanish Language Program in the Department of Romance Studies at Duke University. She has also taught Spanish at both the high school and community college level. At UNC-CH she has received the Students' Award for Excellence in Undergraduate Teaching as well as the Graduate Student Mentor Award for the Department of Romance Languages and Literatures.

Dr. Cowell has directed teacher workshops on Spanish language and cultures and has presented papers and written articles on the teaching of language and literature, the transition to blended and online courses in language teaching, and teaching across the curriculum. She is the co-author of two other college textbooks.

Faculty Reviewers

Silvia P. Albanese, *Nassau Community College*
Ángeles Aller, *Whitworth University*
Nuria Alonso García, *Providence College*
Carlos Amaya, *Eastern Illinois University*
Tyler Anderson, *Colorado Mesa University*
Aleta Anderson, *Grand Rapids Community College*
Ines Anido, *Houston Baptist University*
Inés Arribas, *Bryn Mawr College*
Tim Altanero, *Austin Community College*
Bárbara Ávila-Shah, *University at Buffalo*
Ann Baker, *University of Evansville*
Ashlee Balena, *University of North Carolina–Wilmington*
Amy R. Barber, *Grove City College*
Mark Bates, *Simpson College*
Charla Bennaji, *New College of Florida*
Georgia Betcher, *Fayetteville Technical Community College*
Christine Blackshaw, *Mount Saint Mary's University*
Marie Blair, *University of Nebraska*
Kristy Britt, *University of South Alabama*
Isabel Zakrzewski Brown, *University of South Alabama*
Eduardo Cabrera, *Millikin University*
Majel Campbell, *Pikes Peak Community College*
Paul Cankar, *Austin Community College*
Monica Cantero, *Drew University*
Aurora Castillo, *Georgia College & State University*
Tulio Cedillo, *Lynchburg College*
Kerry Chermel, *Northern Illinois University*
Carrie Clay, *Anderson University*
Alyce Cook, *Columbus State University*
Jorge H. Cubillos, *University of Delaware*
Shay Culbertson, *Jefferson State Community College*
Cathleen G. Cuppett, *Coker College*
Addison Dalton, *Virginia Tech*
John B. Davis, *Indiana University, South Bend*
Laura Dennis, *University of the Cumberlands*
Lisa DeWaard, *Clemson University*
Sister Carmen Marie Diaz, *Silver Lake College of the Holy Family*
Joanna Dieckman, *Belhaven University*
Donna Donnelly, *Ohio Wesleyan University*
Kim Dorsey, *Howard College*
Mark A. Dowell, *Randolph Community College*
Dina A. Fabery, *University of Central Florida*
Jenny Faile, *University of South Alabama*
Juliet Falce-Robinson, *University of California, Los Angeles*
Mary Fatora-Tumbaga, *Kauai Community College*
Ronna Feit, *Nassau Community College*
Irene Fernandez, *North Shore Community College*
Erin Fernández Mommer, *Green River Community College*
Rocío Fuentes, *Clark University*

Judith Garcia-Quismondo, *Seton Hill University*
Elaine Gerber, *University of Michigan at Dearborn*
Andrea Giddens, *Salt Lake Community College*
Amy Ginck, *Messiah College*
Kenneth Gordon, *Winthrop University*
Agnieszka Gutthy, *Southeastern Louisiana University*
Shannon Hahn, *Durham Technical Community College*
Nancy Hanway, *Gustavus Adolphus College*
Sarah Harmon, *Cañada College*
Marilyn Harper, *Pellissippi State Community College*
Mark Harpring, *University of Puget Sound*
Dan Hickman, *Maryville College*
Amarilis Hidalgo de Jesus, *Bloomsburg University*
Charles Holloway, *University of Louisiana Monroe*
Anneliese Horst Foerster, *Queens University of Charlotte*
John Incledon, *Albright College*
William Jensen, *Snow College*
Qiu Y. Jimenez, *Bakersfield College*
Roberto Jiménez, *Western Kentucky University (Glasgow Regional Center)*
Valerie Job, *South Plains College*
Michael Jones, *Schenectady County Community College*
Dallas Jurisevic, *Metropolitan Community College*
Hilda M. Kachmar, *St. Catherine University*
Amos Kasperek, *University of Oklahoma*
Melissa Katz, *Albright College*
Lydia Gil Keff, *University of Denver*
Nieves Knapp, *Brigham Young University*
Melissa Knosp, *Johnson C. Smith University*
Pedro Koo, *Missouri State University*
Allison D. Krogstad, *Central College*
Courtney Lanute, *Edison State College*
Rafael Lara-Martinez, *New Mexico Institute of Mining and Technology*
John Lance Lee, *Durham Technical Community College*
Roxana Levin, *St. Petersburg College: Tarpon Springs Campus*
Penny Lovett, *Wake Technical Community College*
Paula Luteran, *Hutchinson Community College*
Katie MacLean, *Kalamazoo College*
Eder F. Maestre, *Western Kentucky University*
William Maisch, *University of North Carolina, Chapel Hill*
H.J. Manzari, *Washington and Jefferson College*
Lynne Flora Margolies, *Manchester College*
Anne Mattrella, *Naugatuck Valley Community College*
Maria R. Matz, *University of Massachusetts, Lowell*
Sandra Delgado Merrill, *University of Central Missouri*
Lisa Mershcel, *Duke University*
Geoff Mitchell, *Maryville College*
Charles H. Molano, *Lehigh Carbon Community College*
Javier Morin, *Del Mar College*
Noemi Esther Morriberon, *Chicago State University*
Gustavo Obeso, *Western Kentucky University*

Elizabeth Olvera, *University of Texas at San Antonio*
Michelle Orecchio, *University of Michigan*
Martha T. Oregel, *University of San Diego*
Cristina Pardo-Ballister, *Iowa State University*
Edward Anthony Pasko, *Purdue University, Calumet*
Joyce Pauley, *Moberly Area Community College*
Gilberto A. Pérez, *Cal Baptist University*
Beth Pollack, *New Mexico State University*
Silvia T. Pulido, *Brevard Community College*
JoAnne B. Pumariega, *Penn State Berks*
Lynn C. Purkey, *University of Tennessee at Chattanooga*
Aida Ramos-Sellman, *Goucher College*
Alice S. Reyes, *Marywood University*
Rita Ricaurte, *Nebraska Wesleyan University*
Geoffrey Ridley Barlow, *Purdue University, Calumet*
Daniel Robins, *Cabrillo College*
Sharon D. Robinson, *Lynchburg College*
Ibis Rodriguez, *Metropolitan University, SUAGM*
David Diego Rodríguez, *University of Illinois, Chicago*
Mileta Roe, *Bard College at Simon's Rock*
Donna Boston Ross, *Catawba Valley Community College*
Marc Roth, *St. John's University*
Kristin Routt, *Eastern Illinois University*
Christian Rubio, *University of Louisiana at Monroe*
Claudia Sahagún, *Broward College*
Adán Salinas, *Southwestern Illinois College*
Ruth Sánchez Imizcoz, *The University of the South*
Love Sánchez-Suárez, *York Technical College*
Gabriela Segal, *Arcadia University*
Diana Semmes, *University of Mississippi*
Michele Shaul, *Queens University of Charlotte*
Steve Sheppard, *University of North Texas, Denton*
Roger K. Simpson, *Clemson University*
Carter Smith, *University of Wisconsin–Eau Claire*
Nancy Smith, *Allegheny College*
Ruth Smith, *University of Louisiana at Monroe*
Margaret L. Snyder, *Moravian College*
Wayne Steely, *Saint Joseph's College*
Irena Stefanova, *Santa Clara University*
Benay Stein, *Northwestern University*
Gwen H. Stickney, *North Dakota State University*
Erika M. Sutherland, *Muhlenberg College*
Carla A. Swygert, *University of South Carolina*
Sarah Tahtinen-Pacheco, *Bethel University*
Luz Consuelo Triana-Echeverria, *St. Cloud State University*
Cynthia Trocchio, *Kent State University*
Elaini Tsoukatos, *Mount St. Mary's University*
Robert Turner, *Shorter University*
Ivelisse Urbán, *Tarleton State University*
Maria Vallieres, *Villanova University*

Sharon Van Houte, *Lorain County Community College*
Yertty VanderMolen, *Luther College*
Kristi Velleman, *American University*
Gayle Vierma, *University of Southern California*
Phoebe Vitharana, *Le Moyne College*
Richard L.W. Wallace, *Crowder College*
Martha L. Wallen, *University of Wisconsin–Stout*
Mary H. West, *Des Moines Area Community College*
Michelangelo Zapata, *Western Kentucky University*
Theresa Zmurkewycz, *Saint Joseph's University*

Faculty Focus Groups

Stephanie Aaron, *University of Central Florida*
María J. Barbosa, *University of Central Florida*
Ileana Bougeois-Serrano, *Valencia Community College*
Samira Chater, *Valencia Community College*
Natalie Cifuentes, *Valencia Community College*
Ana Ma. Diaz, *University of Florida*
Aida E. Diaz, *Valencia Community College*
Dina A. Fabery, *University of Central Florida*
Ana J. Caldero Figueroa, *Valencia Community College*
Pilar Florenz, *University of Central Florida*
Stephanie Gates, *University of Florida*
Antonio Gil, *University of Florida*
José I. González, *University of Central Florida*
Victor Jordan, *University of Florida*
Alice A. Korosy, *University of Central Florida*
Joseph Menig, *Valencia Community College*
Odyscea Moghimi-Kon, *University of Florida*
Kathryn Dwyer Navajas, *University of Florida*
Julie Pomerleau, *University of Central Florida*
Anne Prucha, *University of Central Florida*
Lester E. Sandres Rápalo, *Valencia Community College*
Arcadio Rivera, *University of Central Florida*
Elizabeth Z. Solis, *University of Central Florida*
Dania Varela, *University of Central Florida*
Helena Veenstra, *Valencia Community College*
Hilaurmé Velez-Soto, *University of Central Florida*
Roberto E. Weiss, *University of Florida*
Robert Williams, *University of Central Florida*
Sara Zahler, *University of Florida*

Acknowledgments

The second edition of *¡Anda! Curso elemental* is the result of careful planning between ourselves and our publisher and ongoing collaboration with students and you, our colleagues. We look forward to continuing this dialogue and sincerely appreciate your input. We owe special thanks to the many members of the Spanish-teaching community whose comments and suggestions helped shape the pages of every chapter—you will see yourselves everywhere. We gratefully acknowledge the reviewers for this second edition, and we thank in particular our *¡Anda! Advisory Board* for their invaluable support, input, and feedback. The Board members are:

Megan Echevarría, *University of Rhode Island*

Luz Font, *Florida State College at Jacksonville*

Yolanda Gonzalez, *Valenica College*

Linda Keown, *University of Missouri*

Jeff Longwell, *New Mexico State University*

Gillian Lord, *University of Florida*

Dawn Meissner, *Anne Arundel Community College*

María Monica Montalvo, *University of Central Florida*

Markus Muller, *Long Beach State University*

Joan Turner, *University of Arkansas – Fayetteville*

Donny Vigil, *University of North Texas, Denton*

Iñigo Yanguas, *San Diego State University*

We are also grateful to those who have collaborated with us in the writing of *¡Anda!*

We owe many thanks to Megan Echevarría for her superb work on the Student Activities Manual. We also owe great thanks to Donny Vigil for his authoring of the Testing Program as well as Anastacia Kohl for her important Testing Program authoring contributions.

Equally important are the contributions of the highly talented individuals at Pearson Education. We wish to express our gratitude and deep appreciation to the many people at Pearson who contributed their ideas, tireless efforts, and publishing experience to this second edition of *¡Anda! Curso elemental.* First, we thank Phil Miller, Publisher, and Julia Caballero, Executive Editor, whose support and guidance have been essential. We are indebted to Janet García-Levitas, Development Editor, for all of her hard work, suggestions, attention to detail, and dedication to the programs. We have also been fortunate to have Celia Meana, Development Coordinator, bring her special talents to the project, helping to create the outstanding final product. We would also like to thank Bob Hemmer and Samantha Alducin for all of the hard work on the integration of technology for the *¡Anda!* program with MySpanishLab.

Our thanks to Meriel Martínez, Development Editor, for her efficient and meticulous work in managing the preparation of the Student Activities Manual and the Testing Program. Thanks to Samantha Pritchard, Editorial Assistant, for attending to many administrative details.

Our thanks also go to Denise Miller, Senior Marketing Manager, for her strong support of *¡Anda!,* creating and coordinating all marketing and promotion for this second edition.

Many thanks are also due to Nancy Stevenson, Senior Production Editor, who guided *¡Anda!* through the many stages of production, and to our Art Manager, Gail Cocker. We continue to be indebted to Andrew Lange for the amazing illustrations that translate our vision.

We would like to sincerely thank Mary Rottino, Senior Managing Editor for Product Development, for her unwavering support and commitment to *¡Anda!* and Janice Stangel, Associate Managing Editor, Production, for her support and commitment to the success of *¡Anda!* We also thank our colleagues and students from across the country who inspire us and from whom we learn.

And finally, our love and deepest appreciation to our families for all of their support during this journey: David; John, Jack, and Kate.

Audrey L. Heining-Boynton

Glynis S. Cowell

A WALKING TOUR

¡Hola!
¡Bienvenidos!

I'm Audrey
Heining-Boynton

and I'm
Glynis Cowell

We are the authors of *¡Anda!* and we were thinking that when you visit a new place, one of the best ways to get to know your new environment quickly is to consult your guidebook before you take the trip! We thought it would be a good idea for you to join us on a "walking tour" of your new Spanish textbook and supplementary materials because we know from experience that language texts have a unique organization that is different from that of other textbooks. . . . They use terminology that you might not be familiar with, and lots of the material is written in the language you don't know yet. So let's get on with the tour!

Here it is!

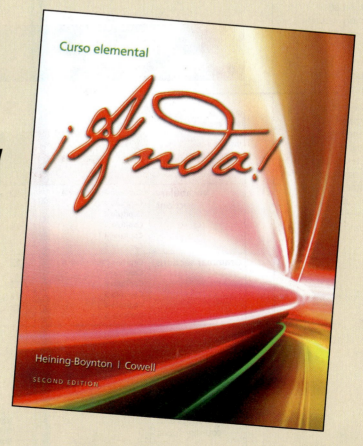

Curso elemental

¡Anda!

Heining-Boynton | Cowell
SECOND EDITION

CHECK OUT THE "MAP" OF YOUR BOOK!

Scope and Sequence. You can think of the scope and sequence as the roadmap of the book. The scope tells you what is covered, and the sequence shows you the order of those topics. In other words, the scope and sequence tells you where everything is! It's a very useful tool for navigating *¡Anda!*

SEMESTER 1
Preliminary A

This chapter gets you up and running quickly, presenting many easy-to-learn words that will allow you to begin speaking in Spanish very quickly. You should feel good about how much Spanish you can use after studying the preliminary chapter.

Chapters 1–5

These are the main textbook chapters. Each chapter has an overall theme—like food, for example—and teaches you the words to use (vocabulary) and how to put them together in a sentence (grammar) so that you can talk about that subject. You'll focus on communication (speaking, listening, reading, and writing) as well as culture.

SEMESTER 2
Preliminary B

This chapter reviews the basic vocabulary and grammar from the first half of the book. Maybe you need this; maybe you don't. Maybe you are joining this class from another school or from high school and you need a little refresher. That's what this chapter is for!

Chapters 7–11

These are typical chapters, just like *Chapters 1–5* above.

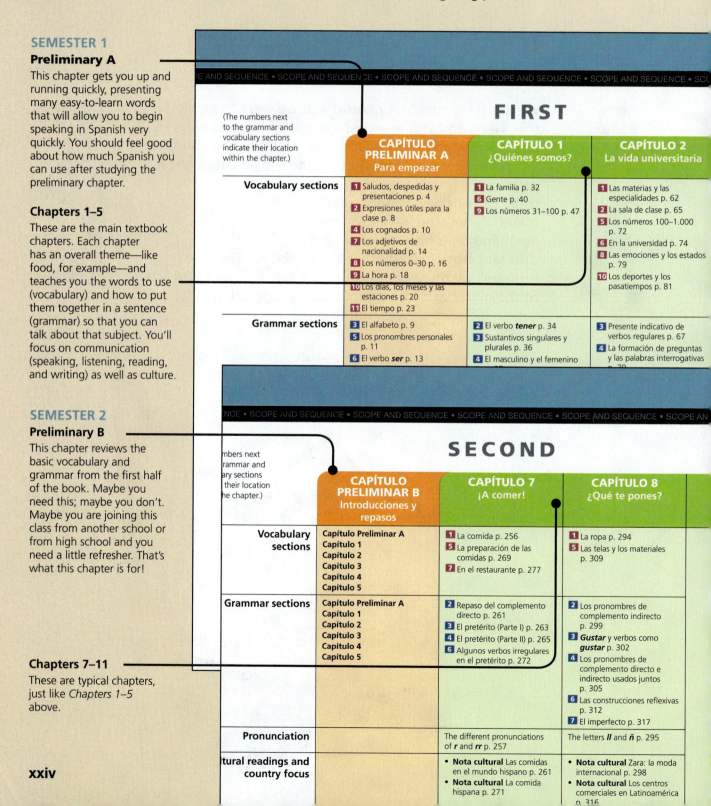

(The numbers next to the grammar and vocabulary sections indicate their location within the chapter.)

FIRST

	CAPÍTULO PRELIMINAR A Para empezar	CAPÍTULO 1 ¿Quiénes somos?	CAPÍTULO 2 La vida universitaria
Vocabulary sections	**1** Saludos, despedidas y presentaciones p. 4 **2** Expresiones útiles para la clase p. 8 **4** Los cognados p. 10 **7** Los adjetivos de nacionalidad p. 14 **8** Los números 0–30 p. 16 **9** La hora p. 18 **10** Los días, los meses y las estaciones p. 20 **11** El tiempo p. 23	**1** La familia p. 32 **6** Gente p. 40 **9** Los números 31–100 p. 47	**1** Las materias y las especialidades p. 62 **2** La sala de clase p. 65 **5** Los números 100–1.000 p. 72 **6** En la universidad p. 74 **8** Las emociones y los estados p. 79 **10** Los deportes y los pasatiempos p. 81
Grammar sections	**3** El alfabeto p. 9 **5** Los pronombres personales p. 11 **6** El verbo *ser* p. 13	**2** El verbo *tener* p. 34 **3** Sustantivos singulares y plurales p. 36 **4** El masculino y el femenino	**3** Presente indicativo de verbos regulares p. 67 **4** La formación de preguntas y las palabras interrogativas

SECOND

	CAPÍTULO PRELIMINAR B Introducciones y repasos	CAPÍTULO 7 ¡A comer!	CAPÍTULO 8 ¿Qué te pones?
Vocabulary sections	**Capítulo Preliminar A** **Capítulo 1** **Capítulo 2** **Capítulo 3** **Capítulo 4** **Capítulo 5**	**1** La comida p. 256 **5** La preparación de las comidas p. 269 **7** En el restaurante p. 277	**1** La ropa p. 294 **5** Las telas y los materiales p. 309
Grammar sections	**Capítulo Preliminar A** **Capítulo 1** **Capítulo 2** **Capítulo 3** **Capítulo 4** **Capítulo 5**	**2** Repaso del complemento directo p. 261 **3** El pretérito (Parte I) p. 263 **4** El pretérito (Parte II) p. 265 **6** Algunos verbos irregulares en el pretérito p. 272	**2** Los pronombres de complemento indirecto p. 299 **3** *Gustar* y verbos como *gustar* p. 302 **4** Los pronombres de complemento directo e indirecto usados juntos p. 305 **6** Las construcciones reflexivas p. 312 **7** El imperfecto p. 317
Pronunciation		The different pronunciations of *r* and *rr* p. 257	The letters *ll* and *ñ* p. 295
Cultural readings and country focus		• **Nota cultural** Las comidas en el mundo hispano p. 261 • **Nota cultural** La comida hispana p. 271	• **Nota cultural** Zara: la moda internacional p. 298 • **Nota cultural** Los centros comerciales en Latinoamérica p. 316

SEMESTER

Chapter 6

We call this a recycling chapter. This means that you will be given the opportunity to reuse everything that you learned from *Preliminary A* through *Chapter 5*. No new information is presented in this chapter so that you can get some time to practice and internalize Spanish. It also helps you prepare for the final exam!

Chapter 12

This is another recycling chapter, just like *Chapter 6* above.

SEMESTER

Appendices

Yes, we know these are at the end of the book, but you might want to look at them now—not at the end of the semester when it's too late! Note that there are five appendices and what each one is for:

Appendix 1
Inductive Grammar Answers

Appendix 2
Verb Charts

Appendix 3
*También se dice…
(You can also say . . .)*

Appendix 4
Spanish–English Glossary

Appendix 5
English–Spanish Glossary

ORGANIZATION OF A CHAPTER

 STOP 1 Have you ever used a Spanish textbook before? Do you know what each section is about? Do you know what you're being asked to read, memorize, and practice, and why? Here's an outline of a typical chapter in *¡Anda!* followed by some actual chapter sections so that you can see what they look like. And we couldn't resist . . . we made lots of notes for you!

COMUNICACIÓN I

Vocabulary and grammar	(in manageable chunks, as needed, each numbered consecutively throughout the chapter)
Pronunciation practice	(after first vocabulary list, located in your Student Activities Manual [SAM] / MySpanishLab)
Nota cultural box	(brief, contextualized readings, relevant to chapter theme)
¿Cómo andas? I	(first self-assessment box)

COMUNICACIÓN II

Vocabulary and grammar	(in manageable chunks, as needed, each numbered consecutively throughout the chapter)
Nota cultural box	(brief, contextualized readings, relevant to chapter theme)
Escucha	(a focus on listening)
¡Conversemos!	(fun, contextualized activities where you "put it all together" orally)
Escribe	(a focus on writing)
¿Cómo andas? II	(second self-assessment box)

CULTURA

(a focus on one or more Spanish-speaking countries—what the people do, what they make, and how they think)

AMBICIONES SINIESTRAS

(a mystery story told through reading and video)

Y por fin, ¿cómo andas?	(cumulative self-assessment box)
Vocabulario activo	(a two-page list of all of the essential vocabulary of the chapter)

CHAPTER OPENER

STOP 2

The chapter title announces the theme of the chapter, which is reflected in the visual on the right.

The questions are designed to get you to think about the topic for the chapter—not to get you to search for THE right answer. Bringing the topic to the forefront of your mind will help you make educated guesses about the meanings of Spanish words. Remember the topic as you work your way through the chapter.

There is a list of goals for the communication, culture, and mystery story sections under *Objetivos*. You will also see other goals such as those for using Spanish outside of your classroom and in the community. Notice how the goals relate to the chapter theme!

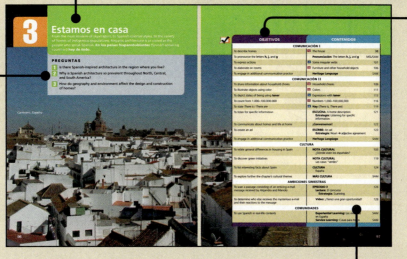

The content related to the goals is listed under *Contenidos,* with page numbers. It's in English so that you can understand it clearly!

COMUNICACIÓN

STOP 3

Comunicación I and II are divided into manageable chunks of what you need to learn: vocabulary (the words you need) and grammar (the structures that you use to put the words together). Vocabulary and grammar are two of the most important tools for communication! By the way, we didn't invent this—research indicates that the best presentation of language separates vocabulary and grammar for a manageable progression especially when combined with recycling and reintroduction of previously studied material—more on that later.

The vocabulary sections are numbered consecutively throughout the chapter.

Communicative goals are listed for each vocabulary and grammar section.

The vocabulary chunks introduce new vocabulary through art.

A lot of the vocabulary is presented without translations so that you can try to figure out the meanings of the Spanish words.

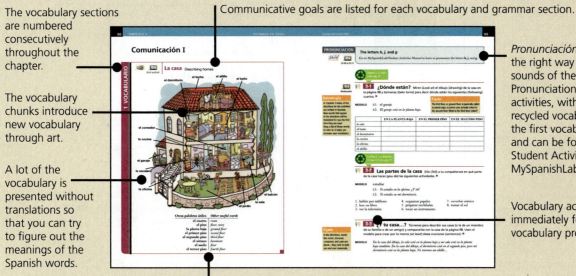

Pronunciación indicates the right way to make the sounds of the language. Pronunciation practice and activities, with new and recycled vocabulary, follow the first vocabulary chunk and can be found in your Student Activities Manual / MySpanishLab.

Vocabulary activities immediately follow each vocabulary presentation.

Vocabulary lists with translations are given for those words that are hard to illustrate and, therefore, hard for you to guess the meanings.

GRAMMAR

The grammar sections introduce new grammar concepts.

STOP 4

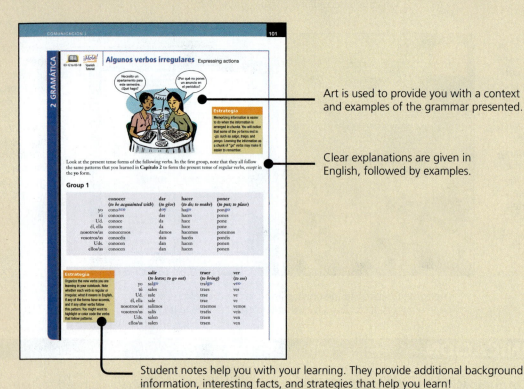

Art is used to provide you with a context and examples of the grammar presented.

Clear explanations are given in English, followed by examples.

Student notes help you with your learning. They provide additional background information, interesting facts, and strategies that help you learn!

Recycling boxes also point out when we have deliberately reused materials from a previous chapter—or from earlier in the same chapter—to help you build upon what you have already studied. Page references are provided so that you can return to that section of the book if you need and/or want to.

Icons indicate when to work in pairs or groups, and also refer you to other resources (e.g., MySpanishLab, audio, corresponding activity numbers in the Student Activities Manual) when you need them.

You'll find a blend of activities that practice individual words and verb forms, as well as activities in which you focus on putting everything together to use the language for purposes of communication.

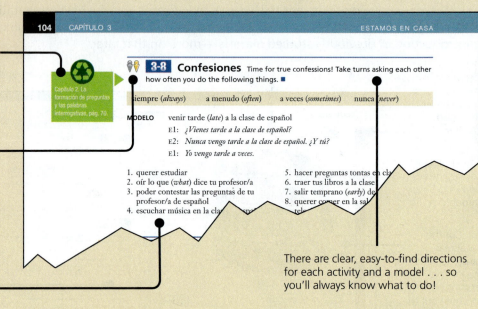

There are clear, easy-to-find directions for each activity and a model . . . so you'll always know what to do!

STOP 5

The second **Comunicación** provides listening comprehension (**Escucha**), more interactive oral activities (**¡Conversemos!**), and writing activities (**Escribe**) prior to the self-assessment check (**¿Cómo andas?**).

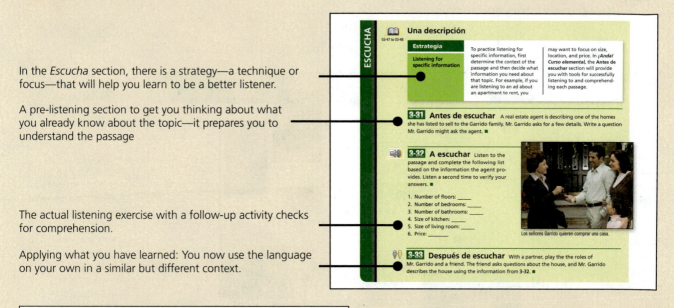

In the *Escucha* section, there is a strategy—a technique or focus—that will help you learn to be a better listener.

A pre-listening section to get you thinking about what you already know about the topic—it prepares you to understand the passage

The actual listening exercise with a follow-up activity checks for comprehension.

Applying what you have learned: You now use the language on your own in a similar but different context.

The *¡Conversemos!* section provides you with even more oral practice. In this section you put together all the grammar and vocabulary you have learned in the current chapter along with opportunities to recycle your Spanish knowledge from previous chapters. These are real-life scenarios in which you interact with a classmate or present on your own.

Escribe is also related to the chapter theme, includes a strategy that will help you learn to be a better writer, and walks you through the writing process with pre-writing and post-writing activities.

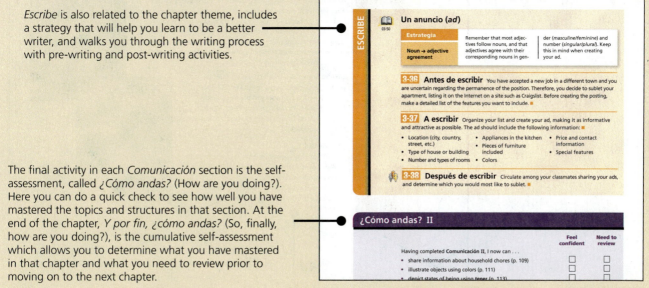

The final activity in each *Comunicación* section is the self-assessment, called *¿Cómo andas?* (How are you doing?). Here you can do a quick check to see how well you have mastered the topics and structures in that section. At the end of the chapter, *Y por fin, ¿cómo andas?* (So, finally, how are you doing?), is the cumulative self-assessment which allows you to determine what you have mastered in that chapter and what you need to review prior to moving on to the next chapter.

Time for a break to grab a cup of **café con leche**?

STOP 6 Between the second **Comunicación** and **Ambiciones siniestras** (the ongoing mystery story) is **Cultura,** designed to provide key facts and high-interest information concerning Spanish-speaking countries and peoples.

You'll find lots of photos with short captions in Spanish.

Read/listen to a native speaker explain a little bit about his or her country . . . what folks do there, what they think, and what they like. We hope you'll want to learn more about these countries and maybe even visit some of them.

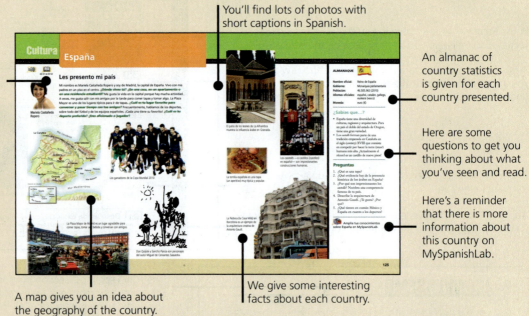

An almanac of country statistics is given for each country presented.

Here are some questions to get you thinking about what you've seen and read.

Here's a reminder that there is more information about this country on MySpanishLab.

A map gives you an idea about the geography of the country.

We give some interesting facts about each country.

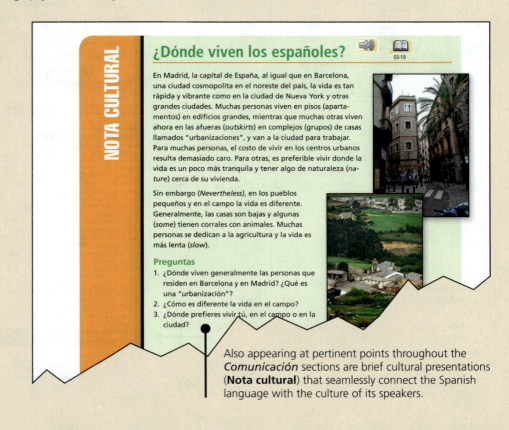

NOTA CULTURAL

¿Dónde viven los españoles?

03-19

En Madrid, la capital de España, al igual que en Barcelona, una ciudad cosmopolita en el noreste del país, la vida es tan rápida y vibrante como en la ciudad de Nueva York y otras grandes ciudades. Muchas personas viven en pisos (apartamentos) en edificios grandes, mientras que muchas otras viven ahora en las afueras (*outskirts*) en complejos (grupos) de casas llamados "urbanizaciones", y van a la ciudad para trabajar. Para muchas personas, el costo de vivir en los centros urbanos resulta demasiado caro. Para otras, es preferible vivir donde la vida es un poco más tranquila y tener algo de naturaleza (*nature*) cerca de su vivienda.

Sin embargo (*Nevertheless*), en los pueblos pequeños y en el campo la vida es diferente. Generalmente, las casas son bajas y algunas (*some*) tienen corrales con animales. Muchas personas se dedican a la agricultura y la vida es más lenta (*slow*).

Preguntas

1. ¿Dónde viven generalmente las personas que residen en Barcelona y en Madrid? ¿Qué es una "urbanización"?
2. ¿Cómo es diferente la vida en el campo?
3. ¿Dónde prefieres vivir tú, en el campo o en la ciudad?

Also appearing at pertinent points throughout the *Comunicación* sections are brief cultural presentations (**Nota cultural**) that seamlessly connect the Spanish language with the culture of its speakers.

READING AND VIDEO

STOP 7 A mystery story called **Ambiciones siniestras** is presented through readings and videos. It reuses many of the grammar structures and vocabulary words presented in the chapter.

Strategies give you ideas and techniques to help you become a better reader.

The pre-reading activity helps you prepare for what you are about to read. It gets you thinking about topics that will be presented in the story so that the context will help you figure out what is going on.

The reading activity asks you to apply the strategies to the reading.

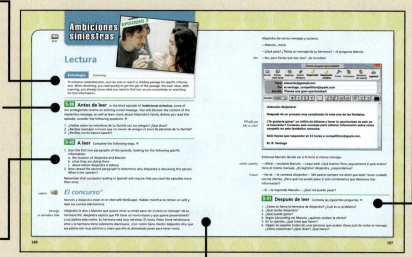

The post-reading activity helps you check your comprehension.

The sequence of activities for the video episode is the same: pre-, during, and post-. The story that was started in the reading is continued in the video. To understand the story, you'll have to read first and then watch the video.

Meet the cast of the video:

Alejandra

VOCABULARY SUMMARIES

STOP 8 The **Vocabulario activo** section at the end of each chapter is where you have all the new vocabulary from the chapter in one place. The words and phrases are organized by topic, in alphabetical order.

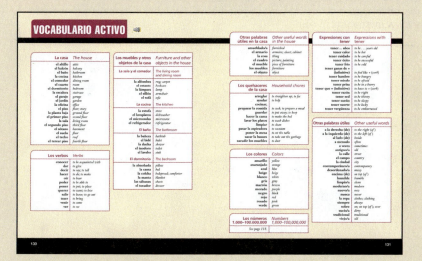

Cisco

Manolo

Eduardo

Marisol

Lupe

Sr. Verdugo

SUPPLEMENTARY MATERIALS

STOP 9

Before we finish our walking tour, we want to walk through the many supplements that we provide. Your instructor may have selected some of them to be used in your course.

Student Activities Manual (paper)	The Student Activities Manual (SAM for short) contains practice activities that were designed as homework to reinforce what you learn in class. Your pronunciation activities are also found in the SAM as well as ideas on how to practice Spanish in your community. Additionally, there are activities that can be done by all students and/or those who have a Hispanic heritage. Although instructors may use the SAM in different ways, one thing is constant: the SAM is assigned as homework. So we make no assumptions . . . we know you probably won't have an instructor around to answer any questions when you're doing your homework at 2:00 A.M.!
Answer Key for the Student Activities Manual	Some instructors want their students to have this answer key; other instructors don't. We'll sell you the answer key only if your instructor requests it.
Workbooklet	We know that most students don't want to write in their textbooks, but we also know that writing is a great method for helping you to learn Spanish! So, we've created a **Workbooklet,** in which we have reproduced all of the activities in *¡Anda!* where writing is an important part of the activity (e.g., you need to gather information in writing from classmates and then report back to the class orally).
Ambiciones siniestras DVD	The DVD of **Ambiciones siniestras** allows you to watch or rewatch the video at any point during your busy 24/7 life. This is a great tool for helping you practice your comprehension and listening skills!
Audio CD for the student text	This audio CD contains the listening passages that correlate with sections of your textbook. A listening icon 🔊 appears in your text with a cross-reference to help you locate the audio.
Audio CDs for the Student Activities Manual	These audio CDs contain the listening passages you'll need for some of the activities in the SAM.
Vistas culturales DVD	If you want to listen to native speakers of Spanish and learn more about each of the Spanish-speaking countries, this is the DVD for you!
MySpanishLab	MySpanishLab contains all of the above supplements and more. It's a state-of-the-art learning management system, designed specifically for language learners and teachers. You'll need an access code to get in, but the price is very reasonable, considering how much you receive. For more information, go to www.myspanishlab.com.

SIGNPOSTS!

STOP 10

When traveling, it's always helpful to watch out for the signposts. Here is a list of signposts that we've used in *¡Anda!*

You will find this first icon in each chapter opener to remind you to take the Readiness Check in MySpanishLab to test your understanding of the English grammar related to the Spanish grammar concepts in the chapter.

Accompanying the activity instructions, this pair icon indicates that the activity is designed to be completed in groups of two.

This group icon indicates that the activity is designed to be completed in small groups or as a whole class.

This icon indicates that an activity involves listening and that the audio is provided for you either on the Companion Website (CW) or, if you are using MySpanishLab, in the eBook.

Activities that ask you to write have been duplicated in a separate *Workbooklet* so that you don't have to write in your text if you don't want to. This icon indicates that an activity has been reproduced in the *Workbooklet*.

The activity references below this icon tell you which activities in the Student Activities Manual (SAM) are related to that particular section of the textbook. You may have the printed SAM or the electronic version in MySpanishLab.

This icon tells you where to find the **Ambiciones siniestras** video: on DVD or in MySpanishLab.

This icon tells you where to find the **Vistas culturales** video and other cultural resources in MySpanishLab.

This icon means that the activity that it accompanies requires you to use the Internet.

This icon indicates that additional resources for pronunciation, practice activities, and Spanish/English tutorials related to the Spanish grammar topic that you are studying are available in MySpanishLab.

***¡Qué disfruten!* Enjoy!**

Para empezar

You are about to begin the exciting journey of studying the Spanish language and learning about Hispanic culture. Learning a language is a skill much like learning to ski or playing an instrument. Developing these skills takes practice and in the beginning, perfection is not expected. Research has shown that successful language learners are willing to take risks and experiment with the language.

What is essential in learning Spanish is to keep trying and be willing to risk making mistakes, knowing that the practice will garner results. *¡Anda! Curso elemental* will be your guide and provide you with key essentials for becoming a successful language learner.

Why should you study Spanish, or for that matter, any language other than English? For some of you, the answer may be quite frankly, "because it is a graduation requirement!" Bear in mind, however, that Spanish is one of the most widely spoken languages in the world. You may find that knowledge of the Spanish language is a useful professional and personal tool.

If you have never studied Spanish before, this preliminary chapter will provide you with some basic words and expressions you will need to begin to use the language in meaningful ways. If you have already learned or studied some Spanish, this preliminary chapter can serve as a quick review.

PREGUNTAS

1 Why is it important to study Spanish?

2 How might Spanish play a role in your future?

Comunicación

A-01 to A-04

Saludos, despedidas y presentaciones
Greeting, saying good-bye, and introducing someone

Buenos días.

Buenas tardes.

Buenas noches.

Buenas noches.

Los saludos	Greetings
¡Hola!	Hi! Hello!
Buenos días.	Good morning.
Buenas tardes.	Good afternoon.
Buenas noches.	Good evening; Good night.
¿Cómo estás?	How are you? (familiar)
¿Cómo está usted?	How are you? (formal)
¿Qué tal?	How's it going?
Más o menos.	So-so.
Regular.	Okay.
Bien, gracias.	Fine, thanks.
Bastante bien.	Just fine.
Muy bien.	Really well.
¿Y tú?	And you? (familiar)
¿Y usted?	And you? (formal)

Las despedidas	Farewells
Adiós.	Good-bye.
Chao.	Bye.
Hasta luego.	See you later.
Hasta mañana.	See you tomorrow.
Hasta pronto.	See you soon.

—¿Qué tal?
—Bien.

—¿Cómo estás?
—Bien, gracias.

—Hasta mañana.
—Adiós.

Las presentaciones	*Introductions*
¿Cómo te llamas?	*What is your name?* (familiar)
¿Cómo se llama usted?	*What is your name?* (formal)
Me llamo…	*My name is . . .*
Soy…	*I am . . .*
Mucho gusto.	*Nice to meet you.*
Encantado/Encantada.	*Pleased to meet you.*
Igualmente.	*Likewise.*
Quiero presentarte a…	*I would like to introduce you to . . .* (familiar)
Quiero presentarle a…	*I would like to introduce you to . . .* (formal)

- The expressions **¿Cómo te llamas?** and **¿Cómo se llama usted?** both mean *What is your name?* but the former is used among students and other peers (referred to as *familiar*). You will learn about the differences between these *familiar* and *formal* forms later in this chapter. Note that **Encantado** is said by a male, and **Encantada** is said by a female.
- Spanish uses special punctuation to signal a question or an exclamation. An upside-down question mark begins a question and an upside-down exclamation mark begins an exclamation, as in **¿Cómo te llamas?** and **¡Hola!**

 A-1 **Saludos y despedidas** Match each greeting or farewell with its logical response. Compare your answers with those of a classmate. ■

1. _____ ¿Qué tal?
2. _____ Hasta luego.
3. _____ ¿Cómo te llamas?
4. _____ Encantada.

a. Me llamo Julia.
b. Bastante bien.
c. Igualmente.
d. Hasta pronto.

A-2 **¡Hola! ¿Qué tal?** Greet five classmates, and ask how each is doing. After you are comfortable with one greeting, try a different one. ■

MODELO E1: *¡Hola! ¿Cómo estás?*

E2: *Bien, gracias. ¿Y tú?*

E1: *Muy bien.*

 A-3 **¿Cómo te llamas?** Introduce yourself to three classmates. ■

MODELO E1: *¡Hola! Soy… ¿Cómo te llamas?*

E2: *Me llamo… Mucho gusto.*

E1: *Encantado/a.*

E2: *Igualmente.*

 A-4 **Quiero presentarte a…** Now, introduce one person you have just met to another classmate. ■

MODELO E1: *John, quiero presentarte a Mike.*

MIKE: *Mucho gusto.*

JOHN: *Igualmente.*

 A-5 **Una fiesta** Imagine that you are at a party. In groups of five, introduce yourselves to each other. Use the model as a guide. ■

MODELO AMY: *Hola, ¿qué tal? Soy Amy.*

ORLANDO: *Hola, Amy. Soy Orlando. ¿Cómo estás?*

AMY: *Muy bien, Orlando. ¿Y tú?*

ORLANDO: *Bien, gracias. Amy, quiero presentarte a Tom.*

TOM: *Encantado.*

E4: *…*

NOTA CULTURAL

Cómo se saluda la gente

A-05 to A-07

How do you generally greet acquaintances? Do you use different greetings for different people?

When native speakers of Spanish meet, they greet each other, ask each other how they are doing, and respond using phrases like the ones you just learned. In most of the Spanish-speaking world, men usually shake hands when greeting each other, although close male friends may greet each other with an **abrazo** (*hug*). Between female friends, the usual greeting is a **besito** (*little kiss*) on one or both cheeks (depending on the country) and a gentle hug. The **besito** is a gentle air kiss. When men and women greet each other, depending on their ages, how well they know each other, and what country they are in, they either simply shake hands and/or greet with a **besito**. While conversing, Spanish speakers may stand quite close to each other.

Preguntas

1. How do people in the Spanish-speaking world greet each other?
2. How do your male friends generally greet each other? And your female friends?
3. In general, how much distance is there between you and the person(s) with whom you are speaking?

2 VOCABULARIO

A-08 to A-10

Expresiones útiles para la clase
Understanding and responding appropriately to basic classroom expressions and requests

The following list provides useful expressions that you and your instructor will use frequently.

Preguntas y respuestas	Questions and answers
¿Cómo?	*What? How?*
¿Cómo se dice…	*How do you say . . .*
en español?	*in Spanish?*
¿Cómo se escribe…	*How do you write . . .*
en español?	*in Spanish?*
¿Qué significa?	*What does it mean?*
¿Quién?	*Who?*
¿Qué es esto?	*What is this?*
Comprendo.	*I understand.*
No comprendo.	*I don't understand.*
Lo sé.	*I know.*
No lo sé.	*I don't know.*
Sí.	*Yes.*
No.	*No.*

Expresiones de cortesía	Polite expressions
De nada.	*You're welcome.*
Gracias.	*Thank you.*
Por favor.	*Please.*

Mandatos para la clase	Classroom instructions (*commands*)
Abra(n) el libro en la página…	*Open your book to page . . .*
Cierre(n) el/los libro/s.	*Close your book/s.*
Conteste(n).	*Answer.*
Escriba(n).	*Write.*
Escuche(n).	*Listen.*
Lea(n).	*Read.*
Repita(n).	*Repeat.*
Vaya(n) a la pizarra.	*Go to the board.*

In Spanish, commands can have two forms. The singular form (**abra, cierre, conteste,** etc.) is directed to one person, while the plural form (those ending in **-n: abran, cierren, contesten,** etc.) is used with more than one person.

A-6 **Práctica** Take turns saying which expressions or commands would be used in the following situations. ■

1. You don't know the Spanish word for something.
2. Your teacher wants everyone to listen.
3. You need your teacher to repeat what he/she has said.
4. You don't know what something means.
5. Your teacher wants students to turn to a certain page.
6. You don't understand something.

 A-7 **Más práctica** Play the roles of instructor (**I**) and student (**estudiante / E**). The instructor either tells the student to do something or asks a question; the student responds appropriately. Practice with at least **five** sentences or questions, using the expressions that you have just learned; then change roles. ■

MODELO   I: *Abra el libro.*

E: (Student opens the book.)

I: *¿Cómo se dice* "hello"?

E: *Se dice* "hola".

3 GRAMÁTICA

A-11 to A-16

El alfabeto   Spelling in Spanish

The Spanish alphabet is quite similar to the English alphabet except in the ways the letters are pronounced. Learning the proper pronunciation of the individual letters in Spanish will help you pronounce new words and phrases.

LETTER	LETTER NAME	EXAMPLES	LETTER	LETTER NAME	EXAMPLES
a	a	adiós	ñ	eñe	mañana
b	be	buenos	o	o	cómo
c	ce	clase	p	pe	por favor
d	de	día	q	cu	qué
e	e	español	r	ere	señora
f	efe	por favor	s	ese	saludos
g	ge	luego	t	te	tarde
h	hache	hola	u	u	usted
i	i	señorita	v	uve	nueve
j	jota	julio	w	doble ve o uve doble	Washington
k	ka	kilómetro	x	equis	examen
l	ele	luego	y	ye o i griega	yo
m	eme	madre	z	zeta	pizarra
n	ene	noche			

A-8 **En español** Take turns saying the following abbreviations in Spanish, helping each other with pronunciation if necessary. ■

1. CD-RW	3. CNN	5. MCI	7. WWW	9. CBS
2. IBM	4. MTV	6. UPS	8. QVC	10. ABC

 A-9 **¿Qué es esto?** Complete the following steps. ■

Paso 1 Take turns spelling the following words for a partner, who will write what you spell. Then pronounce each word.

1. hola	3. usted	5. que
2. mañana	4. igualmente	6. noches

Paso 2 Now spell your name for your partner as he/she writes it down. Your partner will pronounce your name, based on your spelling. Use **otra palabra** (*another word*) to indicate the beginning of a new word.

MODELO E1: *de, a, uve, i, de, otra palabra, ese, eme, i, te, hache*

E2: (escribe y repite) *D-a-v-i-d S-m-i-t-h*

4 VOCABULARIO

A-17 to A-19

Los cognados Identifying cognates

Cognados, or *cognates,* are words that are similar in form and meaning to their English equivalents. As you learn Spanish you will discover many cognates. Can you guess the meanings of the following words?

inteligente   **septiembre**   **familia**   **universidad**

 A-10 **Práctica** Take turns giving the English equivalents for the following words. ■

1. importante	3. programa	5. atractivo	7. especial	9. famoso
2. animal	4. mapa	6. favorito	8. fantástico	10. diferente

A-11 **¿Hablas español?**
Read the classified ad and make a list of all of the cognates; then answer the following questions. ■

1. What job is advertised?
2. What are the requirements?
3. How much does it pay?
4. How can you get more information?

Administrador/a
Departamento de Servicio Público.
Hospital General de Mesa Grande, AR.
Experiencia necesaria.
Fluidez en inglés y español.
$45,000–$60,000.
Teléfono: 480-555-2347

5 GRAMÁTICA

A-20 to A-21 ¡Hola! Spanish/English Tutorials

Los pronombres personales
Expressing the subject pronouns

Can you list the subject pronouns in English? When are they used? The following chart lists the subject pronouns in Spanish and their equivalents in English. As you will note, Spanish has several equivalents for *you*.

yo	*I*	**nosotros/as**	*we*
tú	*you* (familiar)	**vosotros/as**	*you* (plural, Spain)
usted	*you* (formal)	**ustedes**	*you* (plural)
él	*he*	**ellos**	*they* (masculine)
ella	*she*	**ellas**	*they* (feminine)

Tú

Usted

Generally speaking, **tú** (you, singular) is used for people with whom you are on a first-name basis, such as family members and friends.

Usted, abbreviated **Ud.,** is used with people you do not know well, or with people with whom you are not on a first-name basis. **Usted** is also used with older people, or with those to whom you want to show respect.

Spanish shows gender more clearly than English. **Nosotros** and **ellos** are used to refer to either all males or to a mixed group of males and females. **Nosotras** and **ellas** refer to an all-female group.

¿Tú o usted?

A-22 to A-25

Languages are constantly evolving. Words are added and deleted, they change in meaning, and the use of language in certain situations may change as well. For example, the use of **tú** and **usted (Ud.)** is changing dramatically in Spanish. **Tú** may now be used more freely in situations where **usted** was previously used. In some Spanish-speaking countries, it has become acceptable for a shopper to address a young store clerk with **tú.** Just a few years ago, only **usted** would have been appropriate in that context. Nevertheless, the traditional use of **tú** and **usted** still exists. Regarding your choice between **tú** and **usted,** a good rule of thumb is: *When in doubt, be more formal.*

There are a few regional differences in the use of pronouns. Spanish speakers in Spain use **vosotros** ("you all") when addressing more than one person with whom they are on a first-name basis. Elsewhere in the Spanish-speaking world, **ustedes,** abbreviated **Uds.,** is used when addressing more than one person on a formal or informal basis. In Costa Rica, Argentina, and other parts of Latin America, **vos** replaces **tú,** but **tú** would be perfectly understood in these countries.

Preguntas
1. When in doubt, do you use **tú** or **usted**?
2. What new words have been added to the English language in the past twenty years?
3. What are some words and expressions that we do not use in English anymore?

 A-12 **¿Cómo se dice?** Take turns expressing the following in Spanish. ■

1. we (all men)
2. I
3. you (speaking to a friend)
4. they (just women)
5. we (all women)
6. you (speaking to a professor)
7. they (just men)
8. they (fifty women and one man)
9. we (men and women)
10. they (men or women)

 A-13 **¿Tú o usted?** Determine whether you would most likely address the following people with **tú** or **usted.** State your reasons, using the categories below. ■

A respect	C someone with whom you are on a first-name basis
B family member	D someone you do not know well

1. your sister
2. your mom
3. your Spanish professor
4. your grandfather
5. your best friend's father
6. a clerk in a department store
7. your doctor
8. someone you've just met who is older
9. someone you've just met who is your age
10. a child you've just met

6 GRAMÁTICA

A-26 to A-31   Spanish Tutorial

El verbo *ser* Using *to be*

You have already learned the subject pronouns in Spanish. It is time to put them together with a verb. First, consider the verb *to be* in English. The *to* form of a verb, as in *to be* or *to see*, is called an *infinitive*. Note that *to be* has different forms for different subjects.

	to be		
I	**am**	we	**are**
you	**are**	you (all)	**are**
he, she, it	**is**	they	**are**

Verbs in Spanish also have different forms for different subjects.

		ser (*to be*)			
Singular			**Plural**		
yo	**soy**	*I am*	nosotros/as	**somos**	*we are*
tú	**eres**	*you are*	vosotros/as	**sois**	*you are*
Ud.	**es**	*you are*	Uds.	**son**	*you are*
él, ella	**es**	*he/she is*	ellos/as	**son**	*they are*

- In Spanish, subject pronouns are not required, but rather used for clarification or emphasis. Pronouns are indicated by the verb ending. For example:

  Soy means *I am.*

  Es means either *he is, she is,* or *you* (formal) *are.*

- If you are using a subject pronoun, it will appear first, followed by the form of the verb that corresponds to the subject pronoun, and then the rest of the sentence, as in the examples:

  Yo **soy** Mark.   **Soy** Mark.

  Él **es** inteligente.   **Es** inteligente.

As you continue to progress in *¡Anda! Curso elemental,* you will learn to form and respond to questions, both orally and in writing, and you will have the opportunity to create longer sentences.

A-14 **Vamos a practicar** Take turns saying the forms of the verb **ser** that you would use with the following pronouns. Correct your partner's answers as necessary. ■

1. nosotras
2. usted
3. yo
4. él

5. ellas
6. tú
7. ustedes
8. ella

A-15 "Ser o no ser... " Take turns changing these forms of **ser** to the plural if they are singular, and vice versa. Listen to your partner for accuracy and help him/her if necessary. ■

MODELO   E1: yo soy
              E2: *nosotros somos*

1. usted es   2. nosotros somos   3. ella es   4. ellos son   5. tú eres

7 VOCABULARIO

A-32 to A-34

Los adjetivos de nacionalidad Stating nationalities

Me llamo Sonia. Soy puertorriqueña.

Encantado. Yo soy John. Soy estadounidense.

Nacionalidad	Estudiantes		Nacionalidad	Estudiantes
alemán	Hans		**francés**	Jean-Paul
alemana	Ingrid		**francesa**	Brigitte
canadiense	Jacques/Alice		**inglés**	James
chino	Tsong		**inglesa**	Diana
china	Xue Lan		**japonés**	Tabo
cubano	Javier		**japonesa**	Yasu
cubana	Pilar		**mexicano**	Manuel
español	Rodrigo		**mexicana**	Milagros
española	Guadalupe		**nigeriano**	Yena
estadounidense	John/Kate		**nigeriana**	Ngidaha
(norteamericano/a)			**puertorriqueño**	Ernesto
			puertorriqueña	Sonia

In Spanish:

- adjectives of nationality are not capitalized unless one is the first word in a sentence.
- most adjectives of nationality have a form for males, and a slightly different one for females. (You will learn more about this in **Capítulo 1.** For now, simply note the differences.)
- when referring to more than one individual, you make the adjectives plural by adding either an **-s** or an **-es.** (Again, in **Capítulo 1** you will formally learn more about forming plural words.)
- some adjectives of nationality have a written accent mark in the masculine form, but not in the feminine, like **inglés/inglesa** and **francés/francesa.** For example: **Mi papá es *inglés* y mi mamá es *francesa.***

 A-16 **¿Cuál es tu nacionalidad?**
Describe the nationalities of the students listed on page 14. Form complete sentences using either **es** or **son,** following the model. Then practice spelling the nationalities in Spanish with your partner. ■

MODELO	E1:	china
	E2:	*Xue Lan es china.*
	E1:	chinos
	E2:	*Xue Lan y Tsong son chinos.*

1. francesa
2. japonés
3. estadounidenses
4. canadiense
5. mexicanos
6. alemán

 A-17 **¿Qué son?** Take turns naming the nationalities of the people listed. Make sure you use the correct form of **ser** in each sentence. Follow the model. ■

MODELO	E1:	Yena
	E2:	*Yena es nigeriano.*
	E1:	Yena y Ngidaha
	E2:	*Yena y Ngidaha son nigerianos.*

1. Jacques
2. Xue Lan y Tsong
3. Ingrid
4. Brigitte
5. Kate

6. Hans
7. Javier y Pilar
8. Jean-Paul
9. yo
10. mi familia y yo

Los hispanos

A-35

Many terms are associated with people from the Spanish-speaking world, most commonly *Hispanic* and *Latino*. While there is some controversy regarding the use of these terms, typically *Hispanic* refers to all people who come from a Spanish-speaking background. *Latino,* on the other hand, implies a specific connection to Latin America. Whichever term is used, the people denoted are far from homogeneous. Some are racially diverse, most are culturally diverse, and some do not even speak Spanish.

Preguntas

1. Briefly explain the terms *Latino* and *Hispanic*.
2. Name two people who are of Spanish-speaking heritage, and state how they are similar, and how they are different.

A-36 to A-39

Los números 0–30 Counting from 0–30

0	cero	7	siete	13	trece	19	diecinueve	25	veinticinco
1	uno	8	ocho	14	catorce	20	veinte	26	veintiséis
2	dos	9	nueve	15	quince	21	veintiuno	27	veintisiete
3	tres	10	diez	16	dieciséis	22	veintidós	28	veintiocho
4	cuatro	11	once	17	diecisiete	23	veintitrés	29	veintinueve
5	cinco	12	doce	18	dieciocho	24	veinticuatro	30	treinta
6	seis								

 A-18 ¿Qué número? Take turns saying what number comes before and after each of the numbers below. Your partner will check your accuracy. ■

MODELO 1 *cero, dos*

1. 2	3. 8	5. 15	7. 20	9. 24
2. 5	4. 11	6. 17	8. 23	10. 26

 A-19 ¿Cuál es la secuencia? Take turns reading the number patterns aloud while filling in the missing numbers. ■

1. 1, 3, 5, _____, 9, _____, 13, _____, _____
2. 2, 4, _____, 8, _____, 12, _____, 16, _____, 20, _____
3. 3, _____, 9, _____, 15, _____, 21, _____, 27, _____
4. 1, 3, 6, _____, 15, _____, 28

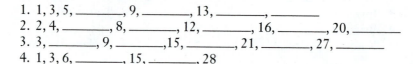

NOTA CULTURAL

El mundo hispano

A-40 to A-41

PAÍS	POBLACIÓN
ARGENTINA	41.343.201
BOLIVIA	9.947.418
CHILE	16.746.491
COLOMBIA	44.205.293
COSTA RICA	4.516.220
CUBA	11.477.459
ECUADOR	14.790.608
EL SALVADOR	6.052.064
ESPAÑA	46.505.963
GUATEMALA	13.550.440
GUINEA ECUATORIAL	650.702
HONDURAS	7.989.415
MÉXICO	112.468.855
NICARAGUA	5.995.928
PANAMÁ	3.410.676
PARAGUAY	6.375.830
PERÚ	29.907.003
PUERTO RICO	3.978.702
LA REPÚBLICA DOMINICANA	9.823.821
URUGUAY	3.510.386
VENEZUELA	27.223.228

*CIA World Fact Book, 2010

Fíjate

Spanish uses a period to indicate thousands and millions, rather than the comma used in English.

(continued)

Workbooklet

Preguntas

Use the map and chart of the Spanish-speaking world to answer the following questions in Spanish. Then, compare your answers with your partner's.

1. Fill in the chart with the names of the Spanish-speaking countries in the appropriate columns. How many such countries are there in each of these areas? How many are there in the world?

AMÉRICA DEL NORTE	CENTROAMÉRICA	EL CARIBE	AMÉRICA DEL SUR	EUROPA	ÁFRICA

2. How many continents contain Spanish-speaking countries? What are they?
3. How many countries have a Spanish-speaking population of 25,000,000 or more? Name them and their continents.

---

9 VOCABULARIO

A-42 to A-44

La hora Stating the time

Es (la) medianoche.

Es (el) mediodía.

Es la una.

Son las diez y cinco.

Son las tres y cuarto.

Son las seis y media.

Son las nueve menos cuarto.

Son las diez menos veinticinco.

La hora	Telling time
¿Qué hora es?	What time is it?
Es la una. / Son las...	It's one o'clock. / It's . . . o'clock.
¿A qué hora... ?	At what time . . . ?
A la... / A las...	At . . . o'clock.
...de la mañana	. . . in the morning
...de la tarde	. . . in the afternoon, early evening

...de la noche	. . . in the evening, at night
la medianoche	midnight
el mediodía	noon
menos cinco	five minutes to the hour
y cinco	five minutes after the hour

When telling time in Spanish:

- use **Es la...** to say times between 1:00 and 1:59.
- use **Son las...** to say times *except* between 1:00 and 1:59.
- use **A la...** or **A las...** to say *at* what time.
- use **la** with **una** (**a la una**) for hours between 1:00 and 1:59.
- use **las** for hours greater than *one* (**a las ocho**).
- use the expressions **mediodía** and **medianoche** to say *noon* and *midnight*.
- **de la tarde** tends to mean from noon until 7:00 or 8:00 P.M.
- **cuarto** and **media** are equivalent to the English expressions *quarter* (fifteen minutes) and *half* (thirty minutes). **Cuarto** and **media** are interchangeable with the numbers **quince** and **treinta**.
- use **y** for times that are before and up to the half-hour mark.
- use **menos** for times that are beyond the half-hour mark.

 A-20 **¿Qué hora es?** Look at the clocks, and take turns asking and responding to **¿Qué hora es?** ■

MODELO   E1:   *¿Qué hora es?*

          E2:   *Son las nueve de la mañana.*

1.

2.

3.

4.

5.

6.

7.

8.

A-21 **Tu horario** Think about your daily schedule. Then, take turns asking and telling your partner at what times you do the following activities. ■

MODELO   E1: *¿A qué hora?*
         E2: *a la una y media*

1.

2.

3.

4.

5.

6.

7.

8.

 A-22 **¿Y el fin de semana?** What is your schedule for the weekend? Take turns telling your partner at what times you plan to do the activities from **A-21** this coming weekend. ■

A-45 to A-51

Los días, los meses y las estaciones
Eliciting the date and season

Los meses y las estaciones (*Months and seasons*)

la primavera

LA PRIMAVERA

| MARZO | ABRIL | MAYO |

marzo, abril y mayo

el verano

EL VERANO

| JUNIO | JULIO | AGOSTO |

junio, julio y agosto

el otoño

septiembre, octubre y noviembre

el invierno

diciembre, enero y febrero

Los días de la semana	*Days of the week*
lunes	*Monday*
martes	*Tuesday*
miércoles	*Wednesday*
jueves	*Thursday*
viernes	*Friday*
sábado	*Saturday*
domingo	*Sunday*

Expresiones útiles	*Useful expressions*
¿Qué día es hoy?	*What day is today?*
¿Cuál es la fecha de hoy?	*What is today's date?*
Hoy es lunes.	*Today is Monday.*
Hoy es el 1° (primero) de septiembre.	*Today is September first.*
Mañana es el 2 (dos) de septiembre.	*Tomorrow is September second.*

Unlike in English, the days of the week and the months of the year are not capitalized in Spanish. Also, in the Spanish-speaking world, in some countries, Monday is considered the first day of the week. On calendars the days are listed from Monday through Sunday.

 A-23 **Antes y después** Which days come directly before and after the ones listed? Take turns saying the days in Spanish. ■

1. sábado
2. lunes

3. viernes
4. domingo

5. jueves
6. miércoles

 A-24 **Y los meses** Which months come directly before and after the ones listed? Take turns saying the months in Spanish. ■

1. octubre
2. febrero
3. mayo
4. agosto
5. diciembre

6. junio
7. septiembre
8. enero
9. octubre
10. marzo

A-25 **¿Cuándo es?** Look at the activities included in the **Guía del ocio**. Take turns determining what activity takes place and at what time on the following days. ■

GUÍA DEL OCIO MADRID

MÚSICA

Sábado 4

- **XVI Festival de Jazz:**
  Joe Henderson
  La Riviera. 21 h.
  - **Alonso y Williams**
  La Madriguera. 24 h.

Domingo 5

- **Pedro Iturralde**
  Clamores. Pases: 22.45 y 0.45 h. Libre.

Lunes 6

- **Moreiras Jazztet**
  Café Central. 22 h.

CINE

Las vidas de Celia
(2005, España)****
Género: Drama
Director: Antonio Chavarrías
Interpretación: Najwa Nimri, Luis Tosar…
Najwa Nimri da vida a una mujer que intenta suicidarse la misma noche que otra joven es asesinada.
Horario: 17.00 - 19.30 - 22.00

Mujeres en el parque
(2006, España)*****
Género: Drama
Director: Felipe Vega
Interpretación: Adolfo Fernández, Blanca Apilánez…
Una película llena de pequeños misterios, donde los personajes se enfrentan a lo difícil de las relaciones personales.
Horario: 17.00 - 19.45 - 22.30

Volver (2006, España)*****
Género: Comedia dramática
Director: Pedro Almodóvar
Interpretación: Penélope Cruz, Carmen Maura…
Se basa en la vida y los recuerdos del director sobre su madre y el lugar donde se crió.
Horario: 18.00 - 20.15

EXPOSICIONES

- **Museo Nacional Centro de Arte Reina Sofía**
  Santa Isabel, 52.
  Metro Atocha
  Tel. 91 4675062
  Horario: de 10 a 21 h. Domingo de 10 a 14.30 h.
  Martes cerrado.

Un recorrido del arte del siglo XX, desde Picasso. Salas dedicadas a los comienzos de la vanguardia. Además, exposiciones temporales.

- **Museo del Prado**
  Paseo del Prado, s/n. Metro Banco de España.
  Tel. 91 420 36 62 y 91 420 37 68
  Horario: martes a sábado de 9 a 19 h. Domingo de 9 a 14 h. Lunes cerrado.

Todas las escuelas españolas, desde los frescos románicos hasta el siglo XVIII. Grandes colecciones de Velázquez, Goya, Murillo, etc. Importante representación de las escuelas europeas (Rubens, Tiziano, Durero, etc.). Escultura clásica griega y romana y Tesoro del Delfín.

MODELO   E1:   el lunes por la noche

               E2:   *El Moreiras Jazztet es a las veintidós horas / a las diez.*

1. el sábado por la noche
2. el miércoles por la mañana
3. el domingo
4. el sábado por la noche
5. el martes por la tarde

11 VOCABULARIO

El tiempo Reporting the weather

¿Qué tiempo hace? (*What's the weather like?*)

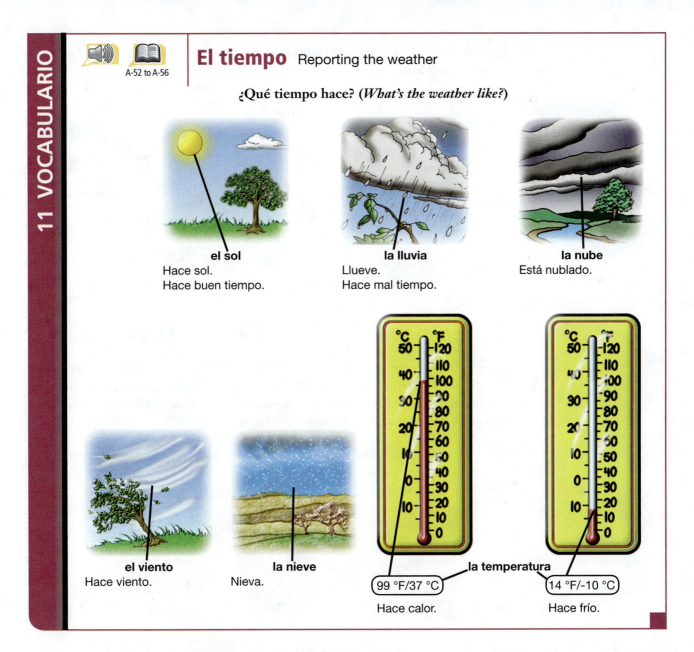

el sol
Hace sol.
Hace buen tiempo.

la lluvia
Llueve.
Hace mal tiempo.

la nube
Está nublado.

el viento
Hace viento.

la nieve
Nieva.

la temperatura

99 °F/37 °C
Hace calor.

14 °F/-10 °C
Hace frío.

 A-26 **¿Qué tiempo hace?** Take turns asking and answering what the most typical weather is during the following seasons where you go to school. ■

MODELO   E1: ¿Qué tiempo hace… en (el) verano?

E2: *En (el) verano hace sol.*

¿Qué tiempo hace…?

1. en (el) otoño
2. en (el) invierno
3. en (la) primavera
4. en (el) verano

A-27 **España** Take turns answering the question **¿Qué tiempo hace?** based on the map of Spain. ◼

MODELO   E1:   ¿Qué tiempo hace en Sevilla?

      E2:   *Hace calor.*

1. ¿Qué tiempo hace en Mallorca?
2. ¿Qué tiempo hace en Pamplona?
3. ¿Qué tiempo hace en Barcelona?
4. ¿Qué tiempo hace en Madrid?
5. ¿Qué tiempo hace en Córdoba?

 A-28 **Y América del Sur** Take turns making statements about the weather based on the map of South America. You can say what the weather is like, and also what it is not like. Follow the model. ◼

MODELO   E1:   *Llueve en Bogotá.*

      E2:   *No hace frío en Venezuela.*

> **Fíjate**
>
> To make a negative statement, simply place the word no before the verb: *No llueve en Caracas. No nieva en Buenos Aires. No hace calor en Punta Arenas.*

12 GRAMÁTICA

A-57 to A-59

Gustar   Sharing personal likes and dislikes

To express likes and dislikes, you say the following:

Me gusta la primavera.

No me gusta el invierno.

Me gustan los viernes.

No me gustan los lunes.

¡Explícalo tú!

1. To say you like or dislike one thing, what form of **gustar** do you use?
2. To say you like or dislike more than one thing, what form of **gustar** do you use?

 Check your answers to the preceding questions in *Appendix 1*.

A-29 **¿Qué te gusta?** Ask your partner whether he/she likes or dislikes the following things. ■

Estrategia

Say " *¿Te gusta… ?* to ask "Do you like . . . ?"

MODELO   la primavera

      E1: *¿Te gusta la primavera?*

      E2: *Sí, me gusta la primavera.*

1. el otoño
2. el invierno
3. el verano
4. los lunes

5. los sábados
6. los domingos
7. los viernes
8. la clase de español

 A-30 **¿Qué más te gusta?** Take turns asking your partner about the following places and things. ■

MODELO   E1: *¿Te gustan las hamburguesas?*

      E2: *No, no me gustan las hamburguesas.*

1.

Las Vegas, Nevada

2.

las guitarras

3.

las camionetas

4.

la pizza

5.

San Antonio, Texas

6.

los teléfonos celulares

7.

el béisbol

8.

el fútbol

Y por fin, ¿cómo andas?

Each of the coming chapters of *¡Anda! Curso elemental* will have three self-check sections for you to assess your progress. A **¿Cómo andas? I** (*How are you doing?*) section will appear one third of the way through each chapter, another, **¿Cómo andas? II,** will appear at the two-thirds point, and a third and final one will appear at the end of the chapter called **Y por fin, ¿cómo andas?** (*Finally, how are you doing?*) Use the checklists to measure what you have learned in the chapter. Place a check in the *Feel confident* column of the topics you feel you know, and a check in the *Need to review* column of those that you need to practice more. Be sure to go back and practice because it is the key to your success!

	Feel confident	Need to review
Having completed this chapter, I now can . . .		
Comunicación		
• greet, say good-bye, and introduce someone (p. 4)	☐	☐
• understand and respond appropriately to basic classroom expressions and requests (p. 8)	☐	☐
• spell in Spanish (p. 9)	☐	☐
• identify cognates (p. 10)	☐	☐
• express the subject pronouns (p. 11)	☐	☐
• use *to be* (p. 13)	☐	☐
• state nationalities (p. 14)	☐	☐
• count from 0 to 30 (p. 16)	☐	☐
• state the time (p. 18)	☐	☐
• elicit the date and season (p. 20)	☐	☐
• report the weather (p. 23)	☐	☐
• share personal likes and dislikes (p. 25)	☐	☐
Cultura		
• compare and contrast greetings in the Spanish-speaking world and in the United States (p. 7)	☐	☐
• explain when to use the familiar and formal *you* (p. 12)	☐	☐
• summarize the diversity of the Spanish-speaking world (p. 16)	☐	☐
• name the continents and countries where Spanish is spoken (p. 17)	☐	☐
Comunidades		
• use Spanish in real-life contexts (SAM)	☐	☐

Estrategia

The *¿Cómo andas?* and *Por fin, ¿cómo andas?* sections are designed to help you assess your understanding of specific concepts. In *Capítulo Preliminar A*, there is one opportunity for you to reflect on how well you understand the concepts. Beginning with *Capítulo 1* there will be three opportunities per chapter for you to stop and reflect on what you have learned. These checklists help you become accountable for your own learning, and help you determine what you need to review. Use the checklist as a way to communicate with your instructor about any concepts you still need to review. Additionally, you might also use your checklist as a way to study with a peer group or peer tutor. If you need to review a particular concept, more practice is available on MySpanishLab.

VOCABULARIO ACTIVO

Los saludos — *Greetings*

Bastante bien.	*Just fine.*
Bien, gracias.	*Fine, thanks.*
Buenos días.	*Good morning.*
Buenas noches.	*Good evening; Good night.*
Buenas tardes.	*Good afternoon.*
¿Cómo está usted?	*How are you? (formal)*
¿Cómo estás?	*How are you? (familiar)*
¡Hola!	*Hi! Hello!*
Más o menos.	*So-so.*
Muy bien.	*Really well.*
¿Qué tal?	*How's it going?*
Regular.	*Okay.*
¿Y tú?	*And you? (familiar)*
¿Y usted?	*And you? (formal)*

Las despedidas — *Farewells*

Adiós.	*Good-bye.*
Chao.	*Bye.*
Hasta luego.	*See you later.*
Hasta mañana.	*See you tomorrow.*
Hasta pronto.	*See you soon.*

Las presentaciones — *Introductions*

¿Cómo te llamas?	*What is your name? (familiar)*
¿Cómo se llama usted?	*What is your name? (formal)*
Encantado/a.	*Pleased to meet you.*
Igualmente.	*Likewise.*
Me llamo…	*My name is . . .*
Mucho gusto.	*Nice to meet you.*
Quiero presentarte a…	*I would like to introduce you to . . . (familiar)*
Quiero presentarle a…	*I would like to introduce you to . . . (formal)*
Soy…	*I am . . .*

Expresiones útiles para la clase — *Useful classroom expressions*

Preguntas y respuestas — *Questions and answers*

¿Cómo?	*What? How?*
¿Cómo se dice… en español?	*How do you say . . . in Spanish?*
¿Cómo se escribe… en español?	*How do you write . . . in Spanish?*
Comprendo.	*I understand.*
Lo sé.	*I know.*
No.	*No.*
No comprendo.	*I don't understand.*
No lo sé.	*I don't know.*
Sí.	*Yes.*
¿Qué es esto?	*What is this?*
¿Qué significa?	*What does it mean?*
¿Quién?	*Who?*

Expresiones de cortesía — *Polite expressions*

De nada.	*You're welcome.*
Gracias.	*Thank you.*
Por favor.	*Please.*

Mandatos para la clase — *Classroom instructions (commands)*

Abra(n) el libro en la página…	*Open your book to page . . .*
Cierre(n) el/los libro/s.	*Close your book/s.*
Conteste(n).	*Answer.*
Escriba(n).	*Write.*
Escuche(n).	*Listen.*
Lea(n).	*Read.*
Repita(n).	*Repeat.*
Vaya(n) a la pizarra.	*Go to the board.*

Las nacionalidades — *Nationalities*

alemán/alemana	*German*
canadiense	*Canadian*
chino/a	*Chinese*
cubano/a	*Cuban*
español/a	*Spanish*
estadounidense (norteamericano/a)	*American*
francés/francesa	*French*
inglés/inglesa	*English*
japonés/japonesa	*Japanese*
mexicano/a	*Mexican*
nigeriano/a	*Nigerian*
puertorriqueño/a	*Puerto Rican*

Los números 0–30 — *Numbers 0–30*

See page 16.

La hora — *Telling time*

A la… / A las…	*At . . . o'clock.*
¿A qué hora… ?	*At what time . . . ?*
…de la mañana	*. . . in the morning*
…de la noche	*. . . in the evening, at night*
…de la tarde	*. . . in the afternoon, early evening*
¿Cuál es la fecha de hoy?	*What is today's date?*
Es la… / Son las…	*It's . . . o'clock.*
Hoy es…	*Today is . . .*
Mañana es…	*Tomorrow is . . .*
la medianoche	*midnight*
el mediodía	*noon*
menos cinco	*five minutes to the hour*
¿Qué día es hoy?	*What day is today?*
¿Qué hora es?	*What time is it?*
y cinco	*five minutes after the hour*

Los días de la semana — *Days of the week*

lunes	*Monday*
martes	*Tuesday*
miércoles	*Wednesday*
jueves	*Thursday*
viernes	*Friday*
sábado	*Saturday*

Los meses del año — *Months of the year*

enero	*January*
febrero	*February*
marzo	*March*
abril	*April*
mayo	*May*
junio	*June*
julio	*July*
agosto	*August*
septiembre	*September*
octubre	*October*
noviembre	*November*
diciembre	*December*

Las estaciones — *Seasons*

el invierno	*winter*
la primavera	*spring*
el otoño	*autumn; fall*
el verano	*summer*

Expresiones del tiempo — *Weather expressions*

Está nublado.	*It's cloudy.*
Hace buen tiempo.	*The weather is nice.*
Hace calor.	*It's hot.*
Hace frío.	*It's cold.*
Hace mal tiempo.	*The weather is bad.*
Hace sol.	*It's sunny.*
Hace viento.	*It's windy.*
Llueve.	*It's raining.*
la lluvia	*rain*
Nieva.	*It's snowing.*
la nieve	*snow*
la nube	*cloud*
¿Qué tiempo hace?	*What's the weather like?*
el sol	*sun*
la temperatura	*temperature*
el viento	*wind*

Algunos verbos — *Some verbs*

gustar	*to like*
ser	*to be*

1

¿Quiénes somos?

What makes us who we are? What makes each of us unique? We may come from different geographical locations and represent different cultures, races, and religions, yet in many respects we are much the same. We have the same basic needs, share common likes and dislikes, and possess similar hopes and dreams.

PREGUNTAS

1 List the personal characteristics that make you unique. Which of the characteristics do you share with members of your family? Whom do you resemble most in your family?

2 How does where people live affect who they are?

3 What are some different nationalities and cultures you encounter on a regular basis in your community? What do you have in common with them?

Comunicación I

1 VOCABULARIO

01-01 to 01-05

La familia   Describing families

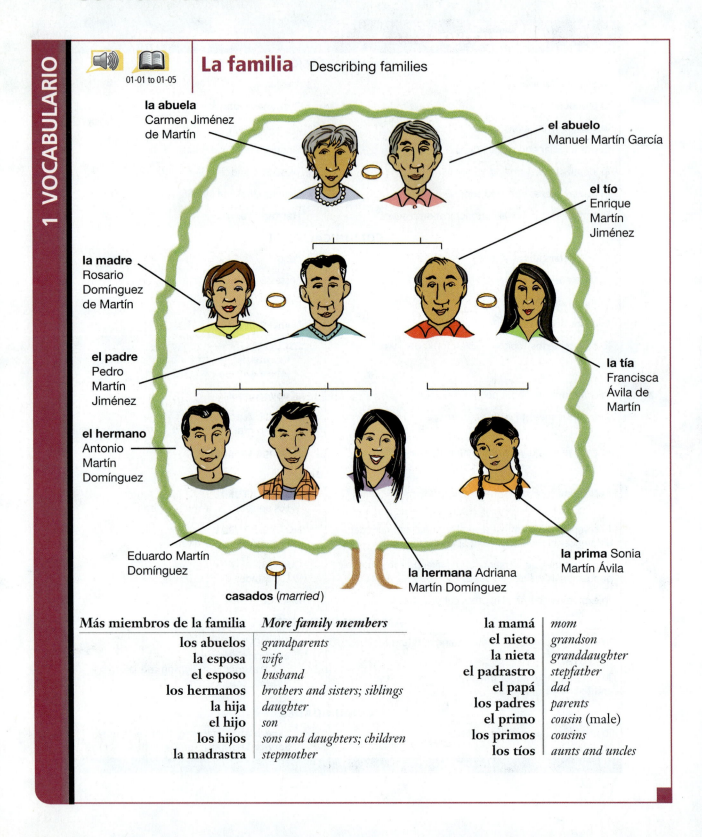

la abuela Carmen Jiménez de Martín

el abuelo Manuel Martín García

el tío Enrique Martín Jiménez

la madre Rosario Domínguez de Martín

el padre Pedro Martín Jiménez

la tía Francisca Ávila de Martín

el hermano Antonio Martín Domínguez

la prima Sonia Martín Ávila

Eduardo Martín Domínguez

la hermana Adriana Martín Domínguez

casados (*married*)

Más miembros de la familia	*More family members*		
los abuelos	*grandparents*	la mamá	*mom*
la esposa	*wife*	el nieto	*grandson*
el esposo	*husband*	la nieta	*granddaughter*
los hermanos	*brothers and sisters; siblings*	el padrastro	*stepfather*
la hija	*daughter*	el papá	*dad*
el hijo	*son*	los padres	*parents*
los hijos	*sons and daughters; children*	el primo	*cousin* (male)
la madrastra	*stepmother*	los primos	*cousins*
		los tíos	*aunts and uncles*

01-06 to 01-08

PRONUNCIACIÓN

Vowels

Go to MySpanishLab / Student Activities Manual to learn about the pronunciation of vowels.

Fíjate

You will find this *Pronunciación* section, and accompanying activities, on MySpanishLab and in the Student Activities Manual.

 Capítulo Preliminar A.
El verbo *ser,* pág. 13.

Estrategia

¡Anda! Curso elemental has provided you with recycling references to help guide your continuous review of previously learned material. Make sure to consult the indicated pages if you need to refresh your memory about the topic.

 1-1 **La familia de Eduardo** Look at Eduardo's family tree and state how the following people are related to him. Share your answers with a partner. ■

MODELO   E1: *¿Quién es* (Who is) *Antonio?*

E2: *Es su* (his) *hermano.*

1. Francisca   3. Enrique   5. Pedro   7. Sonia
2. Carmen   4. Manuel   6. Rosario   8. Adriana

1-2 **Mi familia**

Estrategia

For additional vocabulary choices, consult Appendix 3, *También se dice…*

Paso 1   Draw and label **three** generations of your own family tree, or create a fictitious one. Share your information with a partner, following the model. Please save your drawing! You will need it for **1-6.**

MODELO   E1: *Mary es mi* (my) *hermana.*

E2: *George es mi papá.*

Paso 2   Write **five** of the sentences that you shared orally with your partner, or **five** different sentences about your family members. Follow the **modelo** in **Paso 1.**

MODELO   _____ _____ mi _____. ■
          (Subject)   *(verb)*   *(family member)*

NOTA CULTURAL

Los apellidos en el mundo hispano

01-09 to 01-11

In Spanish-speaking countries, it is customary for people to use both paternal and maternal last names (surnames). For example, Eduardo's father is **Pedro Martín Jiménez** and his mother's maiden name is **Rosario Domínguez Montalvo.** Eduardo's first last name is his father's first last name (**Martín**); Eduardo's second last name is his mother's first last name (**Domínguez**). Therefore, Eduardo's full name is **Eduardo Martín Domínguez.** In most informal situations, though, Eduardo would use only his first last name, so he would call himself **Eduardo Martín.**

In most Spanish-speaking countries, a woman usually retains the surname of her father upon marriage, while giving up her mother's surname. She takes her husband's last name, preceded by the preposition **de** (*of*). For example, when Eduardo's mother married his father, her name became **Rosario Domínguez de Martín.** Therefore, if a woman named **Carmen Torres López** married **Ricardo Colón Montoya,** her name would become **Carmen Torres de Colón.**

(continued)

Preguntas

1. It may seem unusual to use more than one last name at a time, but this custom is not unique to Spanish-speaking contexts. Are there any equivalents in the United States or in other countries?

2. Can you think of any advantages to using both the mother's and the father's last names?

Sr. Pablo Valenzuela Domínguez   Sr. Roberto Rebolledo Sánchez
Sra. Alicia Ochoa de Valenzuela   Sra. Rosario Menéndez de Rebolledo

Tienen el gusto de invitarles al matrimonio de sus hijos

José Luis   y   María Luisa

que se celebrará el sábado, día 14 de junio de 2008,
a las 8:00 de la tarde,
en la Iglesia Santa Margarita

Iglesia Santa Margarita
Avenida Juárez, n° 32
Colonia Escobar
Cholula

Recepción:
Hotel Los Galgos
Salón Primavera
5:00 de la tarde

Fíjate

Below are some common Spanish first names and nicknames.

Hombres

Antonio	Toño, Toni
Francisco	Paco, Pancho, Cisco
Guillermo	Memo, Guillo, Guille
Jesús	Chu, Chuito, Chucho, Chus
José	Pepe
Manuel	Manolo, Mani
Ramón	Moncho, Monchi

Mujeres

Antonia	Toñín, Toña, Toñi(ta)
Concepción	Concha, Conchita
Guadalupe	Lupe, Lupita
María Soledad	Marisol
María Teresa	Maite, Marité, Maritere
Pilar	Pili
Rosario	Charo

---

2 GRAMÁTICA

01-12 to 01-16   Spanish Tutorial   ¡Hola!

El verbo *tener* Expressing what someone has

Tengo una hermana y un hermano.

In **Capítulo Preliminar A** you learned the present tense of **ser.** Another very common verb in Spanish is **tener** (*to have*). The present tense forms of the verb **tener** follow.

tener (*to have*)					
Singular			**Plural**		
yo	**tengo**	*I have*	nosotros/as	**tenemos**	*we have*
tú	**tienes**	*you have*	vosotros/as	**tenéis**	*you all have*
Ud.	**tiene**	*you have*	Uds.	**tienen**	*you all have*
él, ella	**tiene**	*he/she has*	ellos/as	**tienen**	*they have*

1-3 **¿Quién tiene familia?** Take turns giving the correct form of the verb **tener** for each subject listed. ∎

MODELO   E1: la prima
         E2: *tiene*

1. tú   3. nosotros   5. yo
2. los padres   4. Pedro, Carmen y Rosario   6. el tío

Capítulo Preliminar A. El verbo *ser*, pág. 13.

1-4 **¡Apúrate!** One person makes a ball out of a piece of paper, says a subject pronoun, and tosses the ball to someone in the group. That person catches it, gives the corresponding form of **tener,** then says another pronoun and tosses the ball to someone else. After finishing **tener,** repeat the game with **ser.** ∎

MODELO   E1: *yo*
         E2: *tengo; ellas*
         E3: *tienen; usted*
         E4: *tiene;…*

1-5 **La familia de José** Complete the paragraph with the correct forms of **tener.** Then share your answers with a partner. Finally, based on what you learned in the previous culture presentation regarding last names, what is José's father's last name? What is José's mother's maiden name? ∎

Yo soy el primo de José. Él (1) <u>tiene</u> una familia grande. (2) <u>Tiene</u> tres hermanos, Pepe, Alonso y Tina. Su hermano Pepe está casado (*is married*) y (3) <u>tiene</u> dos hijos. También José y sus hermanos (4) <u>tengo</u> muchos tíos, siete en total. La madre de José (5) <u>tienen</u> tres hermanos y dos están casados. El padre de José (6) <u>tiene</u> una hermana y ella está casada con mi padre: ¡es mi madre! Nosotros (7) <u>tenemos</u> una familia grande. ¿Y tú?, ¿(8) <u>tienes</u> una familia grande?

José Olivo Peralta y su familia

 1-6 **De tal palo, tal astilla** Create **three** sentences with **tener** based on the family tree that you sketched for **1-2,** page 33. Tell them to your partner, who will then share what you said with another classmate. ∎

Fíjate

The word *un* in the *modelo* for **1-6** is the shortened form of the number *uno.* It is used before a masculine noun—a concept that will be explained later in this chapter.

MODELO   E1 (ALICE):   *Tengo un hermano, Scott. Tengo dos tíos, George y David. No tengo abuelos.*

         E2 (JEFF):   *Alice tiene un hermano, Scott. Tiene dos tíos, George y David. No tiene abuelos.*

3 GRAMÁTICA

01-17 to 01-20 Spanish/English Tutorials

Sustantivos singulares y plurales
Using singular and plural nouns

Raúl tiene dos primas y Jorge tiene una prima.

To pluralize singular nouns and adjectives in Spanish, follow these simple guidelines.

1. If the word ends in a vowel, add **-s**.

hermana	→	hermanas		abuelo	→	abuelos
día	→	días		mi	→	mis

2. If the word ends in a consonant, add **-es**.

mes	→	meses		ciudad	→	ciudades
televisión	→	televisiones		joven	→	jóvenes

3. If the word ends in a **-z**, change the **z** to **c**, and add **-es**.

lápiz	→	lápices		feliz	→	felices

Fíjate

Note that *televisión* loses its accent mark in the plural. Also, note the plural of *joven* is *jóvenes*. You will learn about accent marks in *Capítulo 2*.

 1-7 **Te toca a ti** Take turns making the following singular nouns plural. ■

MODELO   E1: primo

E2: *primos*

1. padre
2. tía
3. taxi
4. francés
5. nieto
6. alemán
7. abuela
8. sol
9. emoción
10. favor

 1-8 **De nuevo** Now take turns making the following plural nouns singular. ■

MODELO   E1: primos

E2: *primo*

1. hijos
2. días
3. discusiones
4. madres
5. lápices
6. jóvenes
7. familias
8. libertades
9. nietos
10. meses

01-21 to 01-22

¡Hola! Spanish Tutorial

4 GRAMÁTICA

El masculino y el femenino
Identifying masculine and feminine nouns

El abuelo y las tías.

In Spanish, all nouns (people, places, and things) have gender; they are either masculine or feminine. Use the following rules to help you determine the gender of nouns. If a noun does not belong to any of the following categories, you must memorize the gender as you learn that noun.

1. Most words ending in **-a** are feminine.

    la hermana, la hija, la mamá, la tía
    *Some exceptions: **el día, el papá,** and words of Greek origin ending in **-ma,** such as **el problema** and **el programa**.

2. Most words ending in **-o** are masculine.

    el abuelo, el hermano, el hijo, el nieto
    *Some exceptions: **la foto** (*photo*), **la mano** (*hand*), **la moto** (*motorcycle*)
    *Note: **la foto** and **la moto** are shortened forms for **la fotografía** and **la motocicleta.**

3. Words ending in **-ción** and **-sión** are feminine.

    la discusión, la recepción, la televisión
    *Note: The suffix **-ción** is equivalent to the English *-tion.*

4. Words ending in **-dad** or **-tad** are feminine.

    la ciudad (*city*), **la libertad, la universidad**
    *Note: these suffixes are equivalent to the English *-ty.*

> **Estrategia**
>
> Making educated guesses about the meanings of unknown words will help to make you a successful Spanish learner!

As you learned in **Capítulo Preliminar A,** words that look alike and have the same meaning in both English and Spanish, such as **discusión** and **universidad,** are known as *cognates*. Use them to help you decipher meaning and to form words. For example, **prosperidad** looks like what English word? What is its gender?

1-9 **¿Recuerdas?** Take turns determining which of the following nouns are masculine (**M**) and which are feminine (**F**). ∎

1. _____ hijas
2. _____ discusión
3. _____ mapa
4. _____ nacionalidad
5. _____ hermano
6. _____ manos
7. _____ mamá
8. _____ abuelos

1-10 **Para practicar** Take turns deciding whether these cognates are masculine or feminine. Can you guess their English equivalents? ∎

1. guitarra
2. teléfono
3. computadora
4. drama
5. cafetería
6. educación

5 GRAMÁTICA

01-23 to 01-27 Spanish/English Tutorials

Los artículos definidos e indefinidos
Conveying *the, a, one,* and *some*

Eduardo tiene una hermana. La hermana de Eduardo se llama Adriana.

Like English, Spanish has two kinds of articles, definite and indefinite. The definite article in English is *the*; the indefinite articles are *a, an,* and *some*.

In Spanish, articles and other adjectives mirror the gender (masculine or feminine) and number (singular or plural) of the nouns to which they refer. For example, an article referring to a singular masculine noun must also be singular and masculine. Note the forms of the articles in the following charts.

> **Fíjate**
> Note that *el* means "the," and *él* means "he."

Los artículos definidos

el hermano	*the brother*	**los** hermanos	*the brothers/the brothers and sisters*
la hermana	*the sister*	**las** hermanas	*the sisters*

Los artículos indefinidos

un hermano	*a/one brother*	**unos** hermanos	*some brothers/some brothers and sisters*
una hermana	*a/one sister*	**unas** hermanas	*some sisters*

1. *Definite articles* are used to refer to **the** person, place, or thing.

2. *Indefinite articles* are used to refer to **a** or **some** person, place, or thing.

Adriana es **la** hermana de Eduardo y **los** abuelos de él se llaman Carmen y Manuel.	*Adriana is Eduardo's sister, and his grandparents' names are Carmen and Manuel.*
Jorge tiene **una** tía y **unos** tíos.	*Jorge has an aunt and some uncles.*

1-11 **Vamos a practicar** Complete the following steps. ■

Paso 1 Take turns giving the correct form of the *definite* article for each of the following nouns.

MODELO E1: tías
E2: *las tías*

1. tío
2. padres
3. mamá
4. papá
5. hermanas
6. hijo
7. abuela
8. primo

Paso 2 This time provide the correct form of the *indefinite* article.

MODELO E1: tías
E2: *unas tías*

👥 **1-12** **Una concordancia** Take turns matching the family members with the corresponding articles. Each family member will have **two** articles: one definite and one indefinite. ■

1. _____ hijo
2. _____ hermanas
3. _____ tía
4. _____ primas
5. _____ abuelos
6. _____ nieta
7. _____ padres
8. _____ madre

a. el
b. la
c. los
d. las
e. un
f. una
g. unos
h. unas

👥 **1-13** **¿Quiénes son?** Fill in the blanks with the correct form of either the definite or indefinite article. Then take turns sharing your answers and explaining your choices. You may want to refer to the family tree on page 32. ■

Estrategia

To say "Eduardo's sister" or "Eduardo's grandparents," you add *de Eduardo* to each of your sentences: *Es la hermana de Eduardo. Son los abuelos de Eduardo.*

MODELO   Adriana es _la_ hermana de Eduardo.

(1) _____ abuelos se llaman Manuel y Carmen. Eduardo tiene (2) _____ tío.

(3) _____ tío se llama Enrique. Eduardo tiene (4) _____ prima; se llama Sonia.

(5) _____ hermano de Eduardo se llama Antonio.

¿Cómo andas? I

Each chapter has three places at which you will be asked to assess your progress. This first assessment comes as you have completed approximately one third of the chapter. How confident are you with your progress to date?

	Feel confident	Need to review
Having completed **Comunicación I,** I now can . . .		
• describe families (p. 32)	☐	☐
• pronounce vowels (MSL / SAM)	☐	☐
• illustrate formation of Hispanic last names (p. 33)	☐	☐
• express what someone has (p. 34)	☐	☐
• use singular and plural nouns (p. 36)	☐	☐
• identify masculine and feminine nouns (p. 37)	☐	☐
• convey *the, a, one,* and *some* (p. 38)	☐	☐

Comunicación II

6 VOCABULARIO

Gente Giving details about yourself and others

01-28 to 1-31

Miguelito/Clarita

el niño/la niña

Daniel/Mariela

**el chico, el muchacho/
la chica, la muchacha**

Javier/Ana

el joven/la joven

Manuel/Manuela

el hombre/la mujer

la Sra. Torres/
la Srta. Sánchez/
el Sr. Martín

**la señora/
la señorita/el señor**

Manolo/Pilar

el amigo/la amiga

Roberto/Pepita

el novio/la novia

El hombre and **la mujer** are terms for *man* and *woman*. **Señor, señora,** and **señorita** are often used as titles of address; in that case, they may also be abbreviated as **Sr., Sra.,** and **Srta.,** respectively.

—Buenos días, **Sr.** Martín.   *Good morning, Mr. Martín.*
—¿Cómo está Ud., **Sra.** Sánchez?   *How are you, Mrs. Sánchez?*

 1-14 **Los opuestos** Take turns giving the gender opposites for the following words. Include the appropriate articles. ■

MODELO   E1: el novio
            E2: *la novia*

1. el chico
2. un hombre
3. la joven
4. un señor
5. una amiga
6. la niña

1-15 **¿Cómo se llama?** Take turns answering the following questions, based on the drawings on page 40. ∎

Capítulo Preliminar A.
Saludos, despedidas y presentaciones, pág. 4.

MODELO   E1:   ¿Cómo se llama el hombre?

E2:   *El hombre se llama Manuel.*

1. ¿Cómo se llama la joven?
2. ¿Cómo se llama el niño?

3. ¿Cómo se llaman los novios?
4. ¿Cómo se llama la señora?

7 GRAMÁTICA

01-32 to 01-36   Spanish/English Tutorials

Los adjetivos posesivos Stating possession

You have already used the possessive adjective **mi** (*my*). Other forms of possessive adjectives are also useful in conversation.

Look at the following chart to see how to personalize talk about your family (*our* dad, *his* sister, *our* cousins, etc.) using possessive adjectives.

Mis padres se llaman Juan y María. ¿Cómo se llaman tus padres?

Fíjate

Note that *tu* means "your," and *tú* means "you."

Fíjate

Vuestro/a/os/as is only used in Spain.

Los adjetivos posesivos

mi, mis	*my*	nuestro/a/os/as	*our*
tu, tus	*your*	vuestro/a/os/as	*your*
su, sus	*your*	su, sus	*your*
su, sus	*his, her, its*	su, sus	*their*

Note:

1. Possessive adjectives agree in form with the person, place, or thing possessed, *not with the possessor.*
2. Possessive adjectives agree in number (singular or plural), and in addition, **nuestro** and **vuestro** indicate gender (masculine or feminine).
3. The possessive adjectives **tu/tus** (*your*) refer to someone with whom you are familiar and/or on a first name basis. **Su/sus** (*your*) is used when you are referring to people to whom you refer with *usted* and *ustedes*: that is, more formally and perhaps not on a first-name basis. **Su/sus** (*your* plural or *their*) is used when referring to individuals whom you are addressing with *ustedes* or when expressing possession with *ellos* and *ellas*.

mi hermano	*my brother*	**mis** hermanos	*my brothers/siblings*
tu primo	*your cousin*	**tus** primos	*your cousins*
su tía	*her/his/your/their aunt*	**sus** tías	*her/his/your/their aunts*
nuestra familia	*our family*	**nuestras** familias	*our families*
vuestra mamá	*your mom*	**vuestras** mamás	*your moms*
su hija	*her/his/your/their daughter*	**sus** hijas	*his/her/your/their daughters*

(continued)

Eduardo tiene una novia.	*Eduardo has a girlfriend.*
Su novia se llama Julia.	*His girlfriend's name is Julia.*
Nuestros padres tienen dos amigos.	*Our parents have two friends.*
Sus amigos son Jorge y Marta.	*Their friends are Jorge and Marta.*

 1-16 **¿De quién es?** Take turns supplying the correct possessive adjectives for the family members listed. ◼

MODELO   E1: (*our*) papás

E2: *nuestros papás*

1. (*your*/familiar) novia
2. (*my*) hermanos
3. (*our*) mamá
4. (*your*/formal) tío
5. (*her*) amiga
6. (*his*) hermanas

 1-17 **Relaciones familiares** Take turns completing the paragraph about Eduardo's family relationships, from Sonia's point of view. You may want to refer to the family tree on page 32. ◼

Yo soy Sonia. Eduardo es (1) _____ primo. Antonio y Adriana son (2) _____ primos también (*also*). (3) _____ padres, Pedro y Rosario, son (4) _____ tíos. (5) _____ padres se llaman Enrique y Francisca. (6) Además (*Furthermore*), _____ amiga Pilar es como (*like*) parte de (7) (*our*) _____ familia.

 1-18 **Tu familia** Using at least **three** different possessive adjectives, talk to your partner about your family. You may want to refer to the family tree you drew for **1-2.** ◼

MODELO   *En mi familia somos cinco personas. Mi padre se llama John y mi madre es Marie. Sus amigos son Mary y Dennis. Tengo dos hermanos, Clark y Blake. Nuestros tíos son Alice y Ralph y nuestras primas se llaman Gina y Glynis.*

Los adjetivos descriptivos
Supplying details about people, places, and things

Descriptive adjectives are words that describe people, places, and things.

1. In English, adjectives usually come before the words they describe (e.g., **the *red* car**), but in Spanish, they usually follow the words (e.g., **el coche *rojo***).
2. Adjectives in Spanish agree with the nouns they modify in number (singular or plural) and in gender (masculine or feminine).

Carlos es un **chico** simpátic**o**.	*Carlos is a nice boy.*
Adela es una **chica** simpátic**a**.	*Adela is a nice girl.*
Carlos y Adela son (unos) **chicos** simpátic**os**.	*Carlos and Adela are (some) nice children.*

3. A descriptive adjective can also follow the verb **ser** directly. When it does, it still agrees with the noun to which it refers, which is the subject in this case.

Carlos es simpátic**o**.	*Carlos is nice.*
Adela es simpátic**a**.	*Adela is nice.*
Carlos y Adela son simpátic**os**.	*Carlos and Adela are nice.*

Las características físicas, la personalidad y otros rasgos

alto   alta   bajo   baja

guapo   guapa

delgado
delgada

gordo
gorda

débil   fuerte

inteligente

joven   mayor

pobre

rico
rica

(continued)

La personalidad	*Personality*
aburrido/a	*boring*
antipático/a	*unpleasant*
bueno/a	*good*
cómico/a	*funny; comical*
interesante	*interesting*
malo/a	*bad*
paciente	*patient*
perezoso/a	*lazy*
responsable	*responsible*
simpático/a	*nice*
tonto/a	*silly; dumb*
trabajador/a	*hard-working*

Las características físicas	*Physical characteristics*
bonito/a	*pretty*
feo/a	*ugly*
grande	*big; large*
pequeño/a	*small*

Otras palabras útiles	*Other useful words*
muy	*very*
(un) poco	*(a) little*

 Capítulo Preliminar A.
El verbo *ser*, pág. 13.

 **1-19** **¿Cómo son?** Take turns describing the following people to a classmate. ∎

MODELO   E1: Jorge
E2: *Jorge es débil.*

Jorge

1. Juan

2. María

3. Lupe y Marco

4. Roberto

5. Beatriz

6. yo

1-20 **¿Cómo los describes?** Circulate among your classmates, asking for descriptions of the following people. Write what each person says, along with his/her name. ■

MODELO
E1: *¿Cómo es Jon Stewart?*
E2: *Jon Stewart es cómico, inteligente y muy trabajador.*
E1: *¿Cómo te llamas?*
E2: *Mi nombre es Rubén.*

PERSONA(S)	DESCRIPCIÓN	NOMBRE DEL ESTUDIANTE
Jon Stewart	Es cómico, inteligente y muy trabajador.	Rubén
1. Justin Bieber		
2. tus padres		
3. tu mejor (*best*) amigo/a y tú		
4. Shakira		
5. los estudiantes en la clase de español		

 1-21 **Al contrario** Student 1 creates a sentence using the cues provided, and Student 2 expresses the opposite. Pay special attention to adjective agreement. ■

MODELO
los hermanos González/guapo
E1: *Los hermanos González son guapos.*
E2: *¡Ay no, son muy feos!*

Capítulo Preliminar
A. El verbo *ser*,
pág. 13.

1. los abuelos / pobre
2. la señora López / muy antipático
3. Jaime / delgado

4. la tía Claudia / mayor
5. Tomás y Antonia / alto
6. nosotros / perezoso

 1-22 **¿Cómo eres?** Imagine you are applying to a dating service. ■

Paso 1 Describe yourself to your partner using at least **three** adjectives, and then describe your ideal date.

MODELO *Me llamo Julie. Soy joven, muy inteligente y alta. Mi hombre ideal es inteligente, paciente y cómico.*

Paso 2 How similar are you and your partner and how similar are your ideal mates?

MODELO *Rebeca y yo somos jóvenes, altas y muy inteligentes. Nuestros hombres ideales son cómicos y pacientes.*

Estrategia

Being an "active listener" is an important skill in any language. *Active listening* means that you hear and understand what someone is saying. Being able to repeat what someone says helps you practice and perfect the skill of active listening.

 1-23 **¿Es cierto o falso?** Describe **five** famous (or infamous!) people or characters. Your partner can react by saying **Es verdad** (*It's true*) or **No es verdad** (*It's not true*). If your partner disagrees with you, he/she must correct your statement. ■

MODELO   E1:   *Santa Claus es gordo y un poco feo.*
              E2:   *No es verdad. Sí, es gordo pero no es feo. Es guapo.*

 1-24 **¿Cuáles son sus cualidades?** Think of the qualities of your best friend and those of someone you do not particularly like (**una persona que no me gusta**). Using adjectives that you know in Spanish, write at least **three** sentences that describe each of these people. Share your list with a partner. ■

MODELO   MI MEJOR (*BEST*) AMIGO/A   UNA PERSONA QUE NO ME GUSTA
             1. Es trabajador/a.   1. Es antipático/a.
             2. Es inteligente.   2. No es paciente.
             3. …   3. …

Capítulo Preliminar A.
Los pronombres personales, pág. 11.

 1-25 **Describe a una familia** Bring family photos (personal ones or some taken from the Internet or a magazine) to class and describe the family members to a classmate, using at least **five** sentences. ■

MODELO   *Tengo dos hermanas, Kate y Ana. Ellas son simpáticas y bonitas. Mi papá no es aburrido y es muy trabajador. Tengo seis primos…*

NOTA CULTURAL

El español, lengua diversa

01-43 to 01-44

The title of this chapter, **¿Quiénes somos?**, suggests that we are all a varied combination of many factors, one of which is language. As you know, the English language is rich in state, regional, and national variations. For example, what word do you use when referring to soft drinks? Some people in the United States say *soda*, others say *pop*, and still others use *Coke* as a generic term for all brands and flavors of soft drinks.

The Spanish language also has many variations. For example, to describe someone as *funny* you could say **cómico/a** in many Latin American countries, but **divertido/a** or **gracioso/a** in Spain. Similarly, there are multiple ways to say the word *bus*: in Mexico,

(continued)

camión; in Puerto Rico and Cuba, **guagua;** in Spain, **autobús.** In *¡Anda! Curso elemental,* such variants will appear in the **También se dice...** section in Appendix 3.

The pronunciation of English also varies in different parts of the United States and throughout the rest of the English-speaking world, and so it is with Spanish across the Spanish-speaking world. Nevertheless, wherever you go you will find that Spanish is still Spanish, despite regional and national differences. You should have little trouble understanding native speakers from different countries or making yourself understood. You may have to attune your ears to local vocabulary or pronunciation, but that's part of the intrigue of communicating in another language.

Preguntas

1. What are some characteristics of the English spoken in other countries, such as Canada, Great Britain, Australia, and India?
2. What are some English words that are used where you live that are not necessarily used in other parts of the country?

9 VOCABULARIO

01-45 to 01-48

Los números 31–100 Counting from 31 to 100

The numbers 31–100 function in much the same way as the numbers 0–30. Note how the numbers 30–39 are formed. This pattern will repeat itself up to 100.

31	treinta y uno	37	treinta y siete	51	cincuenta y uno...
32	treinta y dos	38	treinta y ocho	60	sesenta
33	treinta y tres	39	treinta y nueve	70	setenta
34	treinta y cuatro	40	cuarenta	80	ochenta
35	treinta y cinco	41	cuarenta y uno...	90	noventa
36	treinta y seis	50	cincuenta	100	cien

Estrategia

Practice the numbers in Spanish by reading and pronouncing any numbers you see in your daily routine (e.g., highway signs, prices on your shopping receipts, room numbers on campus, phone numbers, etc.).

1-26 Examen de matemáticas

Are you ready to test your math skills? Take turns reading and solving the problems aloud. Then create your own math problems to test your partner. ■

MODELO   E1: $97 - 53 =$

            E2: *Noventa y siete menos cincuenta y tres son cuarenta y cuatro.*

Vocabulario útil	
más	*plus*
menos	*minus*
son	*equals*
por	*times; by*
dividido por	*divided by*

1. $81 + 13 =$
2. $65 - 26 =$
3. $24 + 76 =$
4. $99 - 52 =$
5. $12 \times 8 =$
6. $8 \times 7 =$
7. $65 \div 5 =$
8. $100 \div 2 =$

1-27 **¿Qué número es?** Look at the pages from the telephone book. Say **five** phone numbers and have your partner tell you whose numbers they are. Then switch roles. ∎

MODELO   E1: *Ochenta y ocho, sesenta y ocho, setenta y cinco*
            E2: *Adelaida Santoyo*

SANTOS JAIME-SIERRA 12I 12 SM 3 CP 77500....**84-0661**
SANTOS JAVIER L1 Y 12 M10 SM43 PEDREGAL CP 77500..**80-5138**
SANTOS SEGOVIA FREDDY CALLE 45 NTE MANZ 34 LTE 3 COL 77528..**80-2242**
SANTOS SEGURA ALBA ROSA COL LEONA VICARIO M 8 L SM 74 77500.......................................**80-0861**
SANTOS SOLIS FELIPE CALLE 20 OTE NO 181 SM 68 M 12 L 28 CP 77500.....................................**80-1330**
SANTOS VELÁZQUEZ MARÍA JESÚS CALLE 3 NO 181 77537...**86-6949**
SANTOS VILLANUEVA ARMINDA CALLE 46 PTE MANZ 20 77510...**88-3999**
SANTOS JOSÉ E CALLE 33 OTE 171 L 14 M 25 CP 77500..**80-1175**
SANTOSCOY LAGUNES ELIZABETH CERRADA FLAMBOYANES 2 SM23.....................**87-6204**
SANTOYO ADELAIDA CALLE 75 NTE DEPTO 7 EDIF 2 SM 92 CP 77500..**88-6875**
SANTOYO BETANCOURT PEDRO ARIEL HDA NUM 12 NABZ 61 77517..**88-7941**
SANTOYO CORTEZ LIGIA EDIFICIO QUETZAL DEPTO C-1 SM 32 77500...**87-4676**
SANTOYO MARTÍN AIDA MARÍA NANCE DEP 4 MZA 12 NUM 13..**87-3799**

 1-28 **¿Quiere dejar un recado?** Imagine that you work in a busy office. You take messages with the following phone numbers. Say the numbers to a partner who will write them down. Then switch roles, mixing the order of the numbers. ∎

MODELO   E1: 223-7256
            E2: *dos, veintitrés, setenta y dos, cincuenta y seis*

1. 962-2136
2. 615-9563

3. 871-4954
4. 414-4415

5. 761-7920
6. 270-2325

Capítulo Preliminar A.
Los números 0–30,
pág. 16.

Fíjate

In most of the Spanish-speaking world, commas are used where the English-speaking world uses decimal points, and vice versa. For example, in English one says "six point four percent," in Spanish, *seis coma cuatro por ciento.*

 1-29 **Los hispanos en los EE.UU.** Use the information from the pie chart to answer the following questions in Spanish. ∎

Vocabulario útil	
por ciento	*percent*

PORCENTAJE DE POBLACIÓN HISPANA

Otros países
Sudamérica 6%
Centroamérica 6%
8%
La República Dominicana 3%
Cuba 4%
64% México
Puerto Rico 9%

Source: US Census Bureau State & County Quick Facts

1. What percentage of U.S. Hispanics is from Cuba?
2. What percentage of U.S. Hispanics is from Puerto Rico?
3. What percentage of U.S. Hispanics is from Mexico?
4. What percentage of U.S. Hispanics is from South America?
5. What percentage of U.S. Hispanics comes from countries other than Mexico?

ESCUCHA

01-49 to 01-50

Presentaciones

The first steps to becoming a successful listener are to determine the topic and then listen for words that you know. If you are in a social situation, you can determine the topic by looking for visual cues (body language, pictures, etc.) or by asking the speaker(s) for clarification.

When listening to passages in *¡Anda! Curso elemental,* look at the activities or questions connected with the passage to help you determine the topic. Remember that words that you know include *cognates* which are words that look and sound like words in English.

Aural comprehension is critical in learning to communicate in Spanish. You are working on developing your listening skills every time your instructor speaks or when you work in pairs or groups in class. You will also practice this skill when you watch the video episodes of *Ambiciones siniestras,* the mystery story that accompanies *¡Anda! Curso elemental.*

In *¡Anda! Curso elemental* you will have the opportunity to learn and practice strategies to assist you in developing listening skills in Spanish. Let's begin with listening for words you know, including cognates.

1-30 **Antes de escuchar** In the following segment, Alejandra, one of the characters from **Ambiciones siniestras,** introduces her family. Write down two things that you expect to hear. ■

1-31 **A escuchar** Listen as Alejandra introduces her family. Use the following steps to help you. ■

a. First, look at the incomplete sentences in c. They will give you an idea about the topic of the passage.
b. Listen to the passage, concentrating on the words you know. Make a list of those words.
c. Listen one more time and complete the following sentences.

1. La familia de Alejandra es _____.
2. Los nombres de sus padres son _____.
3. Alejandra tiene _____ hermanos y _____ hermanas.

1-32 **Después de escuchar** Take turns saying **three** sentences about you and your family to a partner. Your partner will tell you the words he/she knows. ■

¡CONVERSEMOS!

01-51

1-33 **Jefe nuevo** With a partner, imagine that your new boss came to your office today to introduce himself/herself. Call your best friend, and describe your new boss in at least **four** sentences. ■

1-34 **Mucho gusto** You have just met a new neighbor. Imagine that your partner is your new neighbor, and describe yourself and your family to him/her. Use at least **six** sentences. In addition to **ser** and **tener,** create sentences using *Me gusta / No me gusta,* etc. ■

ESCRIBE

01-52

Un poema

Estrategia	
Organizing ideas / Preparing to Write	Whether you are writing informally or formally, organizing your ideas before you write is important. The advance preparation will help you express yourself clearly and concisely. Jotting down notes or ideas helps in the organizational process.

1-35 **Antes de escribir** Write down all the Spanish nouns and adjectives you can think of that describe you. Start by reviewing the vocabulary lists for **Capítulo 1** and **También se dice…,** Appendix 3. ■

1-36 A escribir

Complete the following steps in order to write your first poem in Spanish. ■

Paso 1 Using either your first, middle, or last name, match a noun or descriptive adjective with each letter of that name. For example:

"Sarah": **S** = simpática, **a** = alta, **r** = responsable, **a** = amiga, **h** = hermana

With these words, create what is known as an *acrostic* poem.

Paso 2 Now build phrases or sentences around your letters, using **tener, ser,** possessive adjectives, and numbers.

MODELO		
Simpática		**SARAH**
Alta		*es Simpática*
Responsable	*no es baja; es Alta*	
Amiga		*es Responsable*
Hermana	*tiene cien Amigas*	
		es mi Hermana.

1-37 Después de escribir

Read your poem to a classmate. ■

¿Cómo andas? II

This is your second self-assessment. You have now completed two thirds of the chapter. How confident are you with the following topics and concepts?

Having completed **Comunicación II**, I now can . . .	Feel confident	Need to review
• give details about myself and others (p. 40)	☐	☐
• state possession (p. 41)	☐	☐
• supply details about people, places, and things (p. 43)	☐	☐
• compare and contrast several regional and national differences in the English and Spanish languages (p. 46)	☐	☐
• count from 31 to 100 (p. 47)	☐	☐
• determine the topic and listen for known words (p. 49)	☐	☐
• communicate about people I know (p. 50)	☐	☐
• organize ideas to write a poem (p. 50)	☐	☐

Los Estados Unidos

01-53 to 01-54

Rafael Sánchez
Martínez

Les presento mi país

Mi nombre es Rafael Sánchez Martínez y soy de San Diego, California. Soy bilingüe: hablo inglés y español. Soy estadounidense y tengo herencia hispana. Mi abuelo es mexicano y mi abuela es puertorriqueña. Hay muchos hispanohablantes (*Spanish speakers*) en los Estados Unidos. **¿Puedes (*Can you*) identificar otras cuatro o cinco ciudades en el mapa con grandes poblaciones hispanohablantes?** Hay hispanohablantes famosos de muchas carreras diferentes, como Soledad O'Brien y Aarón Sánchez. **¿Por qué son famosas estas personas?** También se nota la influencia hispana en los restaurantes y en los supermercados donde se ofrecen productos hispanos de compañías como Goya, Ortega, Corona, Marinela y Tecate. Mi restaurante favorito se llama Café Coyote. **¿Cuál es tu restaurante favorito?**

Los Estados Unidos

Cristina Saralegui es una de las hispanas más influyentes de los Estados Unidos.

Albert Pujols es un famoso beisbolista dominicano.

St. Augustine es la primera ciudad europea en los Estados Unidos, fundada en el año 1565 por los españoles.

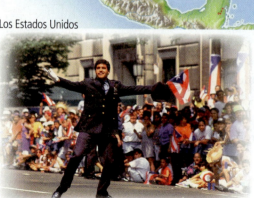

Celebrando la herencia puertorriqueña con un desfile en la Quinta Avenida de Nueva York.

ESTADO

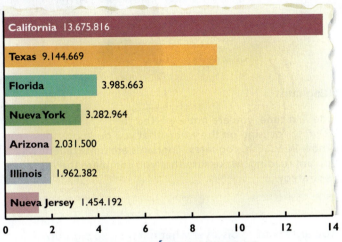

POBLACIÓN HISPANA

Source: US Census Bureau State & County Quick Facts

CIUDAD

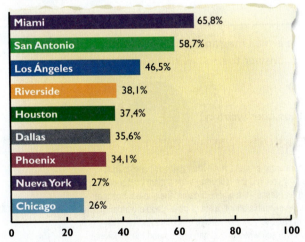

PORCENTAJE DE POBLACIÓN HISPANA

Source: Brookings Institution

ALMANAQUE

Nombre oficial:	Estados Unidos de América
Gobierno:	República constitucional y federal
Población:	307.006.550 (2010)
Población de origen hispano:	15.8% (2010)
Moneda:	el dólar ($)

¿Sabías que...?

- Para el año 2050, una de cada cuatro personas en los Estados Unidos va a ser de origen hispano.
- En los Estados Unidos se celebra el mes de la herencia hispana entre el 15 de septiembre y el 15 de octubre.

Preguntas

1. ¿Qué importancia tiene St. Augustine, Florida?
2. ¿Qué estados tienen la mayor (*the largest*) población hispana?
3. ¿Quiénes son algunos (*some*) hispanos famosos en los Estados Unidos? ¿Cuál es tu favorito?

Learn more about Hispanics in the United States in MySpanishLab.

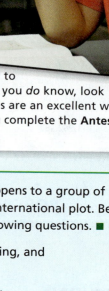

Ambiciones siniestras

01-57

Lectura

Three students from different universities are writing e-mail messages to friends or family members. What can you learn about the three students from their e-mails? What can you learn about the person to whom or about whom each one is writing?

Estrategia Recognizing Cognates

When you read something for the first time, you are not expected to understand every word. In addition to focusing on the words that you *do* know, look for words similar to those you know in English, *cognates*. Cognates are an excellent way to help you understand what you are reading. Make sure that you complete the **Antes de leer** activities to practice this strategy.

1-38 **Antes de leer** You are about to discover what happens to a group of college students as they unwittingly become involved in a sinister international plot. Before you read the first episode of **Ambiciones siniestras,** answer the following questions. ∎

1. How much time do you spend on the computer composing, reading, and answering e-mails?
2. To whom do you write most frequently? For what purpose(s)?
3. With a partner, list as many reasons as you can for sending e-mails.

1-39 **A leer** Read through the e-mail messages quickly, underlining all cognates. Share your list with a classmate. Then, answer the following questions. ∎

1. How many messages are there?
2. Who wrote each message?
3. To whom or for whom were the messages written?

Estrategia

When writing or reading e-mails, note what parts are common to all of them. Usually you find the following information: who sent the message and the address from where it came, the subject line that indicates what the e-mail is about, a list of other people who might have received it, etc. Use your knowledge of writing and receiving e-mails in English to see whether you can understand the additional information presented in this episode of *Ambiciones siniestras.*

Conexiones

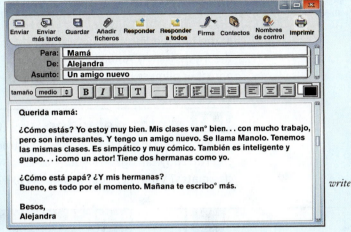

Para: Mamá
De: Alejandra
Asunto: Un amigo nuevo

Querida mamá:

¿Cómo estás? Yo estoy muy bien. Mis clases van° bien. . . con mucho trabajo, pero son interesantes. Y tengo un amigo nuevo. Se llama Manolo. Tenemos las mismas clases. Es simpático y muy cómico. También es inteligente y guapo. . . ¡como un actor! Tiene dos hermanas como yo.

¿Cómo está papá? ¿Y mis hermanas?
Bueno, es todo por el momento. Mañana te escribo° más.

Besos,
Alejandra

are going

write

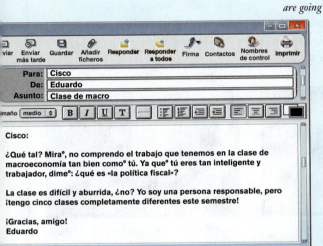

Para: Cisco
De: Eduardo
Asunto: Clase de macro

Cisco:

¿Qué tal? Mira°, no comprendo el trabajo que tenemos en la clase de macroeconomía tan bien como° tú. Ya que° tú eres tan inteligente y trabajador, dime°: ¿qué es «la política fiscal»?

La clase es difícil y aburrida, ¿no? Yo soy una persona responsable, pero ¡tengo cinco clases completamente diferentes este semestre!

¡Gracias, amigo!
Eduardo

Look
as well as / Since
tell me

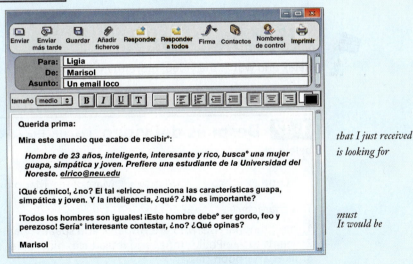

Para: Ligia
De: Marisol
Asunto: Un email loco

Querida prima:

Mira este anuncio que acabo de recibir°:

Hombre de 23 años, inteligente, interesante y rico, busca° una mujer guapa, simpática y joven. Prefiere una estudiante de la Universidad del Noreste. elrico@neu.edu

¡Qué cómico!, ¿no? El tal «elrico» menciona las características guapa, simpática y joven. Y la inteligencia, ¿qué? ¿No es importante?

¡Todos los hombres son iguales! ¡Este hombre debe° ser gordo, feo y perezoso! Sería° interesante contestar, ¿no? ¿Qué opinas?

Marisol

that I just received
is looking for

must
It would be

1-40 **Después de leer** Answer the following questions. ■

1. What was the purpose of each message? Was it friendly communication? Did the person need something from someone else?
2. Of the senders, recipients, and others mentioned in the messages, which person is most like you? Which one would you most like to meet? Why?

01-58 to
01-62

Video

In the first reading episode you were introduced briefly to some of the characters of the mystery story **Ambiciones siniestras**. The next episode in video format will provide a further glimpse into the lives of the characters on their respective campuses.

1-41 **Antes del video** Let's think about you and your campus experiences for a minute. Do you take classes on a traditional college campus? What courses are you currently taking? Are your classes large or small? Are you friends with any of your classmates? What are your professors like? ■

Cisco y Eduardo en su clase de macroeconomía.

La familia de Lupe es hispana y la familia de Marisol es hispana también.

Alejandra y Manolo en su clase de literatura española.

Episodio 1

¿Quiénes son?

Relax and watch the video, more than once if you choose; then complete the following activity.

1-42 **Después del video** Identify the person(s) who fit(s) each description below. ■

Lupe   Cisco   Eduardo   Marisol   Manolo   Alejandra

This character . . .

1. has grandparents who are Hispanic and speaks Spanish with siblings.
2. seems to like Phillip Jones and introduces him to her friend.
3. likes afternoon classes.
4. helps Eduardo prepare for class.
5. are students in a Spanish literature class.
6. needs help with his economics class.

Estrategia

In this video episode, you get to place the names of the characters with their faces. Using the information in your textbook, focus on the specific items you will need to answer questions about after watching the video. For **1-42** (*Después del video*), you see the characters' names. While you are listening and watching, jot down the name of the character that fits each description.

Y por fin, ¿cómo andas?

Each chapter will end with a checklist like the one that follows. This is the third time in the chapter that you are given the opportunity to check your progress. Use the checklist to measure what you have learned in the chapter. Place a check in the *Feel confident* column for the topics you feel you know, and a check in the *Need to review* column for the topics that you need to practice more.

	Feel confident	Need to review
Having completed this chapter, I now can . . .		
Comunicación I		
• describe families (p. 32)	☐	☐
• pronounce vowels (MSL / SAM)	☐	☐
• express what someone has (p. 34)	☐	☐
• use singular and plural nouns (p. 36)	☐	☐
• identify masculine and feminine nouns (p. 37)	☐	☐
• convey *the, a, one,* and *some* (p. 38)	☐	☐
Comunicación II		
• give details about myself and others (p. 40)	☐	☐
• state possession (p. 41)	☐	☐
• supply details about people, places, and things (p. 43)	☐	☐
• count from 31 to 100 (p. 47)	☐	☐
• determine the topic and listen for known words (p. 49)	☐	☐
• communicate about people I know (p. 50)	☐	☐
• organize ideas to write a poem (p. 50)	☐	☐
Cultura		
• illustrate formation of Hispanic last names (p. 33)	☐	☐
• compare and contrast several regional and national differences in the English and Spanish languages (p. 46)	☐	☐
• discuss the size, location, and makeup of the Hispanic population in the United States (p. 52)	☐	☐
Ambiciones siniestras		
• recognize cognates when reading and meet the six protagonists (p. 54)	☐	☐
• discover more about the protagonists' classes and their lives (p. 55)	☐	☐
Comunidades		
• use Spanish in real-life contexts (SAM)	☐	☐

VOCABULARIO ACTIVO

La familia	Family
el/la abuelo/a	grandfather/grandmother
los abuelos	grandparents
el/la esposo/a	husband/wife
el/la hermano/a	brother/sister
los hermanos	brothers and sisters; siblings
el/la hijo/a	son/daughter
los hijos	sons and daughters; children
la madrastra	stepmother
la madre/la mamá	mother/mom
el/la nieto/a	grandson/granddaughter
el padrastro	stepfather
el padre/el papá	father/dad
los padres	parents
el/la primo/a	cousin
los primos	cousins
el/la tío/a	uncle/aunt
los tíos	aunts and uncles

La gente	People
el/la amigo/a	friend
el/la chico/a	boy/girl
el hombre	man
el/la joven	young man/young woman
el/la muchacho/a	boy/girl
la mujer	woman
el/la niño/a	little boy/little girl
el/la novio/a	boyfriend/girlfriend
el señor (Sr.)	man; gentleman; Mr.
la señora (Sra.)	woman; lady; Mrs.
la señorita (Srta.)	young woman; Miss

Los adjetivos	Adjectives
La personalidad y otros rasgos	*Personality and other characteristics*
aburrido/a	boring
antipático/a	unpleasant
bueno/a	good
cómico/a	funny; comical
inteligente	intelligent
interesante	interesting
malo/a	bad
paciente	patient
perezoso/a	lazy
pobre	poor
responsable	responsible
rico/a	rich
simpático/a	nice
tonto/a	silly; dumb
trabajador/a	hard-working

Las características físicas	Physical characteristics
alto/a	tall
bajo/a	short
bonito/a	pretty
débil	weak
delgado/a	thin
feo/a	ugly
fuerte	strong
gordo/a	fat
grande	big; large
guapo/a	handsome/pretty
joven	young
mayor	old
pequeño/a	small

Los números 31–100	Numbers 31–100
treinta y uno	thirty-one
treinta y dos	thirty-two
treinta y tres	thirty-three
treinta y cuatro	thirty-four
treinta y cinco	thirty-five
treinta y seis	thirty-six
treinta y siete	thirty-seven
treinta y ocho	thirty-eight
treinta y nueve	thirty-nine
cuarenta	forty
cuarenta y uno	forty-one
cincuenta	fifty
cincuenta y uno	fifty-one
sesenta	sixty
setenta	seventy
ochenta	eighty
noventa	ninety
cien	one hundred

Un verbo	Verb
tener	to have
Otras palabras útiles	*Other useful words*
muy	very
(un) poco	(a) little

Vocabulario útil	Useful vocabulary
más	plus
menos	minus
son	equals
por ciento	percent
por	times; by
dividido por	divided by

If you are interested in discovering additional vocabulary for the topics studied in each chapter, consult Appendix 3, **También se dice…,** for additional words. It contains expanded vocabulary that you may need for your own personal expression, including regionally used words and slang. Enjoy!

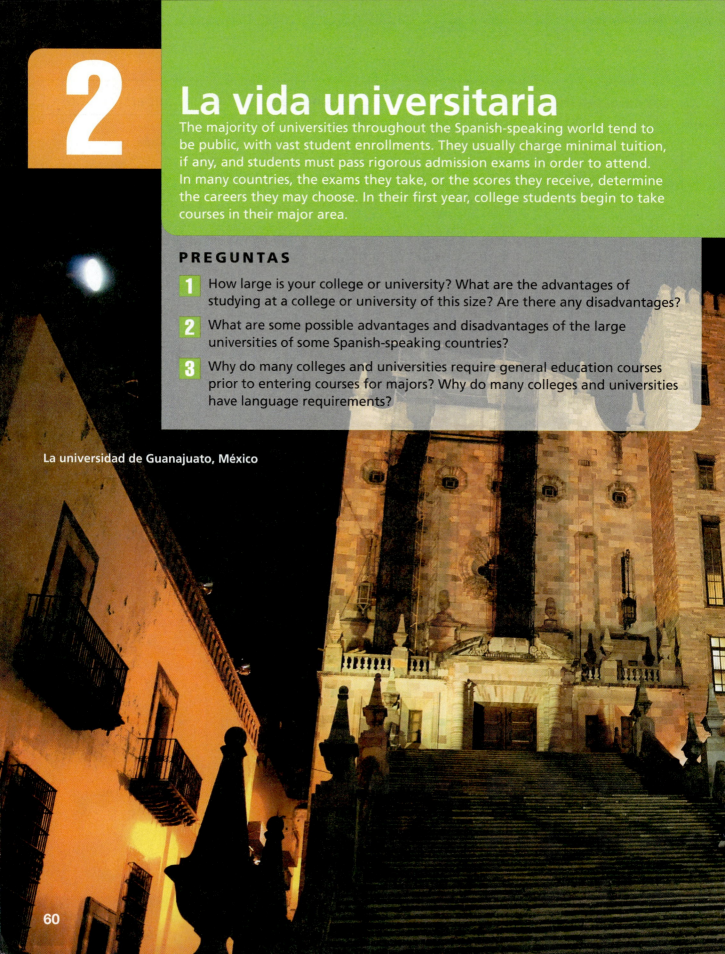

2

La vida universitaria

The majority of universities throughout the Spanish-speaking world tend to be public, with vast student enrollments. They usually charge minimal tuition, if any, and students must pass rigorous admission exams in order to attend. In many countries, the exams they take, or the scores they receive, determine the careers they may choose. In their first year, college students begin to take courses in their major area.

PREGUNTAS

1 How large is your college or university? What are the advantages of studying at a college or university of this size? Are there any disadvantages?

2 What are some possible advantages and disadvantages of the large universities of some Spanish-speaking countries?

3 Why do many colleges and universities require general education courses prior to entering courses for majors? Why do many colleges and universities have language requirements?

La universidad de Guanajuato, México

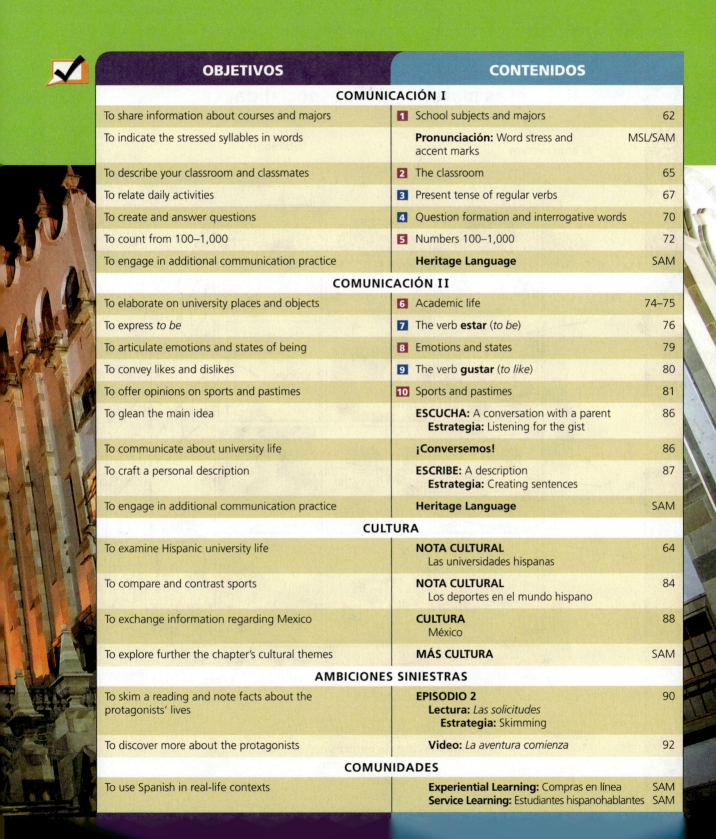

Comunicación I

02-01 to 02-05

Las materias y las especialidades
Sharing information about courses and majors

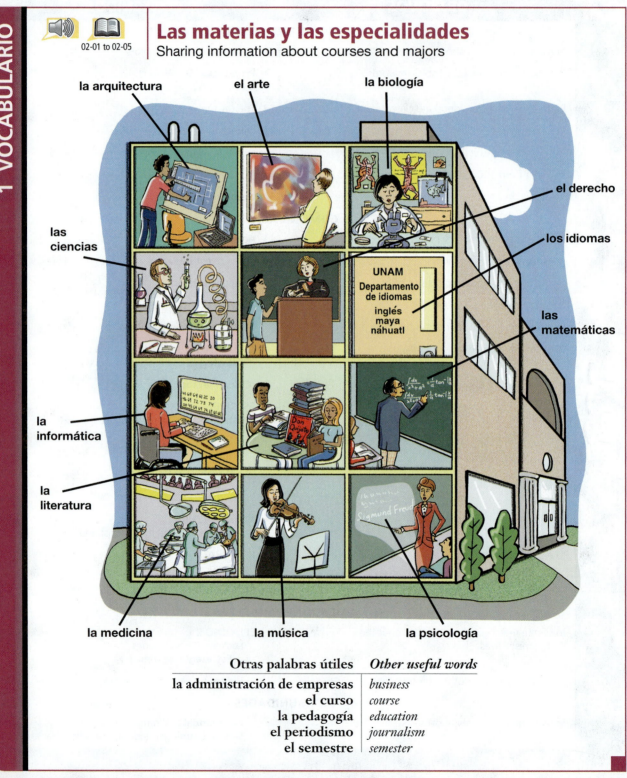

la arquitectura

el arte

la biología

el derecho

los idiomas

las ciencias

UNAM
Departamento de idiomas

inglés
maya
náhuatl

las matemáticas

la informática

la literatura

la medicina

la música

la psicología

Otras palabras útiles	*Other useful words*
la administración de empresas	*business*
el curso	*course*
la pedagogía	*education*
el periodismo	*journalism*
el semestre	*semester*

PRONUNCIACIÓN

02-06 to 02-08

Word stress and accent marks

Go to MySpanishLab / Student Activities Manual to learn about word stress and accent marks.

2-1 **¿Cuál es su especialidad?** Complete the following steps. ■

Paso 1 Take turns matching the following famous people with the majors they may have studied in college.

1. _____ Pablo Picasso
2. _____ Maya Angelou
3. _____ Marie Curie
4. _____ Sigmund Freud
5. _____ el presidente de Coca-Cola
6. _____ Supreme Court Justice Sonia Sotomayor
7. _____ Taylor Swift
8. _____ Bill Gates

a. la música
b. el arte
c. la psicología
d. la informática
e. la literatura
f. las ciencias
g. el derecho
h. la administración de empresas

Paso 2 Now, can you name the majors the following famous Hispanics may have studied in college?

1. Ellen Ochoa (astronauta)
2. Jorge Ramos (periodista [journalist])
3. Isabel Allende (autora)
4. Carlos Santana (músico)

Workbooklet

2-2 **¿Qué clases tienes?** Complete the following chart, then share your schedule with a partner. ■

Capítulo Preliminar A.
La hora, pág. 18; Los
días de la semana,
pág. 20.

HORARIO DE CLASES

CLASES	DÍAS DE LA SEMANA	HORA
matemáticas	martes y jueves	1:30

MODELO *Este semestre tengo cinco cursos. Tengo la clase de matemáticas los martes y jueves a la una y media… ¿Y tú?*

Estrategia

If the meaning of any of the vocabulary words is not clear, verify the definition in the *Vocabulario activo* at the end of this chapter.

Capítulo 1. El verbo *tener*, pág. 34; Los adjetivos descriptivos, pág. 43.

Estrategia

Go to Appendix 3, *También se dice…*, for an expanded list of college majors. *También se dice…* includes additional vocabulary and regional expressions for all chapters. Although not exhaustive, the list will give you an idea of the variety and richness of the Spanish language.

2-3 **Unos estereotipos** Do you think stereotypes exist just at your university? In your opinion, the following characteristics are stereotypically associated with students majoring in which fields? Share your responses with your group of three or four students, then report the group findings to the class. ■

MODELO   Los estudiantes de _____ son ricos.

E1:   *Tengo "Los estudiantes de administración de empresas son ricos". ¿Qué tienes tú?*

E2:   *También tengo "Los estudiantes de administración de empresas son ricos".*

E3:   *Tengo "Los estudiantes de informática son ricos".*

GRUPO: *Tenemos "Los estudiantes de administración de empresas y los estudiantes de informática son ricos".*

Los estudiantes de…

1. _____ son ricos.
2. _____ son simpáticos.
3. _____ son trabajadores.
4. _____ son cómicos.
5. _____ son responsables.
6. _____ son pacientes.
7. _____ son interesantes.
8. _____ son muy inteligentes.

NOTA CULTURAL

Las universidades hispanas

02-09

There are many similarities and differences between the system of higher education in the United States and that of the Spanish-speaking world. For example, students in universities across the Spanish-speaking world usually begin their career courses immediately, as opposed to having several years of liberal arts courses. Also, although many universities have student housing, it is common for students to live at home or rent apartments with other students.

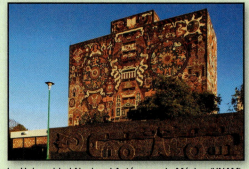
La Universidad Nacional Autónoma de México (UNAM)

With regard to collegiate sports and pastimes, there are usually varieties of extracurricular activities available in the form of clubs. For example, clubs can be sports-related, or they can be centered around other organized activities such as socially conscious volunteerism groups.

Technology permeates Hispanic universities. As in the United States, it is not uncommon for students to take online courses or have opportunities for some type of distance learning.

Preguntas

1. What are similarities between your life as a college student and that of a student in the Spanish-speaking world?
2. Where in the Spanish-speaking world would you like to study? Find the university's web site and share with the class the programs and opportunities that the school has to offer.

2 VOCABULARIO

La sala de clase Describing your classroom and classmates

02-10 to 02-13

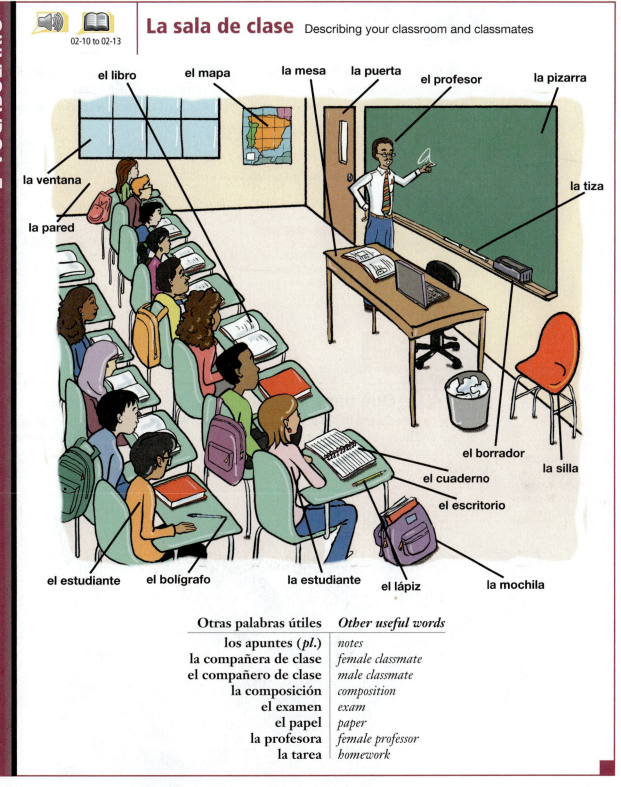

el libro · el mapa · la mesa · la puerta · el profesor · la pizarra · la ventana · la pared · la tiza · el borrador · la silla · el cuaderno · el escritorio · el estudiante · el bolígrafo · la estudiante · el lápiz · la mochila

Otras palabras útiles	Other useful words
los apuntes (*pl.*)	*notes*
la compañera de clase	*female classmate*
el compañero de clase	*male classmate*
la composición	*composition*
el examen	*exam*
el papel	*paper*
la profesora	*female professor*
la tarea	*homework*

Capítulo Preliminar A. Los números 0–30, pág. 16.

2-4 **¿Cómo es tu sala de clase?** Using the numbers 0–30, take turns indicating how many there are in your classroom of each of the items presented in **La sala de clase.** You and your partner should each create at least **five** sentences following the model. ■

MODELO   E1:   *Hay veinticinco mochilas y tres ventanas.*

               E2:   *Sí, y también hay diecinueve cuadernos.*

Fíjate

Hay is a little word that carries a lot of meaning. It can be both singular and plural, and it means both "there is" and "there are."

Vocabulario útil	
hay	*there is; there are*
pero	*but*
también	*too; also*
y	*and*

Capítulo 1. El verbo *tener*, pág. 34.

2-5 **¿Qué tiene Chucho?** Chucho is running late for class again. He has remembered some things and forgotten others. Make a list of **five** things he possibly has and does not have for class, using the verb **tener.** Share your list with a classmate. ■

Fíjate

To make a negative statement, simply place the word *no* before the verb: *Chucho tiene los apuntes. Chucho* no *tiene los apuntes.*

MODELO   *Chucho tiene los apuntes, pero no tiene el libro de matemáticas. También tiene…*

2-6 **¿Qué tienen tus compañeros?** Randomly choose three students and complete the chart below. Then take turns having your partner identify the classmates as you state **five** things each one has or does not have for class. ■

MODELO   E1: *La estudiante 1 tiene dos cuadernos, un libro, un bolígrafo y dos lápices.*
¡No tiene la tarea!

E2: *¿Es Sarah?*

E1: *Sí, es Sarah. / No, no es Sarah.*

ESTUDIANTE 1 _____	ESTUDIANTE 2 _____	ESTUDIANTE 3 _____
(NO) TIENE...	(NO) TIENE...	(NO) TIENE...
1.	1.	1.
2.	2.	2.
3.	3.	3.
4.	4.	4.
5.	5.	5.

3 GRAMÁTICA

02-14 to 02-18   ¡Hola! Spanish/English Tutorials

Presente indicativo de verbos regulares
Relating daily activities

Mario es un estudiante de derecho. ¿Qué hace (*does he do*) todos los días?

Llega a la clase a las nueve de la mañana.

Lee en la biblioteca.

Habla con sus compañeros.

Trabaja dos horas como tutor.

Come en la cafetería con amigos.

A las 6:30 **espera** el autobús y **regresa** a su apartamento.

(continued)

Spanish has three groups of verbs which are categorized by the ending of the infinitive. Remember that an infinitive is expressed in English by the word *to: to have*, *to be*, and *to speak* are all infinitive forms of English verbs. Spanish infinitives end in **-ar, -er,** or **-ir.** Look at the following infinitives.

Verbos que terminan en *-ar*			
comprar	*to buy*	**preguntar**	*to ask (a question)*
contestar	*to answer*	**preparar**	*to prepare; to get ready*
enseñar	*to teach; to show*	**regresar**	*to return*
esperar	*to wait for; to hope*	**terminar**	*to finish; to end*
estudiar	*to study*	**tomar**	*to take; to drink*
hablar	*to speak*	**trabajar**	*to work*
llegar	*to arrive*	**usar**	*to use*
necesitar	*to need*		

Verbos que terminan en *-er*			
aprender	*to learn*	**correr**	*to run*
comer	*to eat*	**creer**	*to believe*
comprender	*to understand*	**leer**	*to read*

Verbos que terminan en *-ir*			
abrir	*to open*	**recibir**	*to receive*
escribir	*to write*	**vivir**	*to live*

To talk about daily or ongoing activities or actions, you need to use the present tense. You can also use the present tense to express future events.

Mario **lee** en la biblioteca.

Mario **lee** en la biblioteca mañana.

{ *Mario reads in the library.*
Mario is reading in the library.
Mario will read in the library tomorrow.

To form the present indicative, drop the **-ar, -er,** or **-ir** ending from the infinitive, and add the appropriate ending. The endings are in blue in the following chart. Follow this simple pattern with all regular verbs.

Estrategia

If you would like to review the difference between the formal "you" and the informal "you," return to the cultural reading *¿Tú o usted?* on page 12 of *Capítulo Preliminar A.*

	hablar (*to speak*)	comer (*to eat*)	vivir (*to live*)
yo	habl**o**	com**o**	viv**o**
tú	habl**as**	com**es**	viv**es**
Ud.	habl**a**	com**e**	viv**e**
él, ella	habl**a**	com**e**	viv**e**
nosotros/as	habl**amos**	com**emos**	viv**imos**
vosotros/as	habl**áis**	com**éis**	viv**ís**
Uds.	habl**an**	com**en**	viv**en**
ellos/as	habl**an**	com**en**	viv**en**

2-7 **Vamos a practicar** Take ten small pieces of paper and write a different noun or pronoun (**yo, tú, él,** etc.) on each one. On another five small pieces of paper write five infinitives, one on each piece of paper. Take turns drawing a paper from each pile. Give the correct form of the verb you selected to match the noun or pronoun you picked from the pile. Each person should say at least **five** verbs in a row correctly. ■

MODELO	INFINITIVE:	*preguntar*
	PRONOUN OR NOUN:	*mi madre*
	E1:	*mi madre pregunta*

2-8 **El email de Carlos** Complete Carlos's e-mail message to his mother using the correct form of the verbs in parentheses. ■

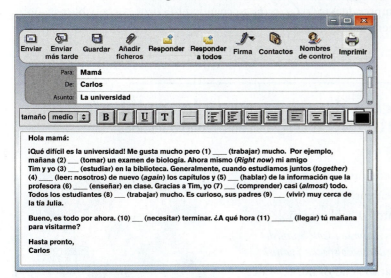

Carlos es estudiante de la UNAM. ¿Qué escribe?

Workbooklet

 2-9 **Dime quién, dónde y cuándo** Look at the three columns below. Then, connect a pronoun to an activity, and then to a class, to create **five** sentences. Share your answers with a classmate. ■

| MODELO | E1: | *nosotros / usar un microscopio / clase de ciencias* |
| | E2: | Usamos un microscopio en la clase de ciencias. |

Fíjate

Remember that subject pronouns (*yo, tú, él, ella,* etc.) are used for emphasis or clarification, and therefore do not always need to be expressed.

PRONOMBRE	ACTIVIDAD	CLASE
yo	preparar una presentación	matemáticas
nosotros/as	leer mucho	literatura
ellos/as	necesitar una calculadora	español
ella	estudiar leyes (*laws*)	periodismo
tú	escribir muchas composiciones	historia
Uds.	contestar muchas preguntas	derecho
él	aprender mucho	arquitectura

2-10 **¿A quién conoces que...?** Who do you know who displays the following characteristics? Complete the following questions. Then, take turns asking and answering in complete sentences to practice the new verbs. ■

MODELO   ¿Quién _____ (hablar) mucho?

E1:   *¿Quién habla mucho?*

E2:   *Mi hermano Tom habla mucho. También mis hermanas hablan mucho.*

1. ¿Quién _____ (correr) mucho?
2. ¿Quién _____ (estudiar) muy poco (*very little*)?
3. ¿Quién _____ (escribir) muchos emails?
4. ¿Quién _____ (llegar) siempre tarde a la clase?
5. ¿Quién _____ (abrir) su mochila?
6. ¿Quién _____ (usar) los apuntes de sus amigos?
7. ¿Quién _____ (comprender) todo (*everything*) cuando el/la profesor/a habla español?
8. ¿Quién _____ (creer) en Santa Claus?

4 GRAMÁTICA

02-19 to 02-23   Spanish/English Tutorials

La formación de preguntas y las palabras interrogativas Creating and answering questions

Asking yes/no questions

Yes/no questions in Spanish are formed in two different ways:

1. Adding question marks to the statement.

Antonio habla español.   →   ¿Antonio habla español?

Antonio speaks Spanish.   *Does Antonio speak Spanish?*
                           or Antonio speaks Spanish?

As in English, your voice goes up at the end of the sentence. Remember that written Spanish has an upside-down question mark at the beginning of a question.

2. Inverting the order of the subject and the verb.

Antonio habla español.   →   ¿Habla Antonio español?

SUBJECT + VERB   VERB + SUBJECT

Antonio speaks Spanish.   *Does Antonio speak Spanish?*

Answering yes/no questions

Answering questions is also like it is in English.

¿Habla Antonio español?   *Does Antonio speak Spanish?*
Sí, habla español.   *Yes, he speaks Spanish.*
No, no habla español.   *No, he does not speak Spanish.*

Notice that in the negative response to the question above, both English and Spanish have two negative words.

Antonio: ¿Cuántos idiomas hablas?
Silvia: Hablo dos, español y francés. ¿Y tú?
Antonio: Solo hablo español, pero mi loro habla cinco idiomas.

Information questions

Information questions begin with interrogative words. Study the list of question words below and remember, accents are used on all interrogative words and also on exclamatory words: **¡Qué bueno!** (*That's great!*)

Las palabras interrogativas

¿Qué?	*What?*	**¿Qué** idioma habla Antonio?	*What language does Antonio speak?*
¿Por qué?	*Why?*	**¿Por qué** no trabaja Antonio?	*Why doesn't Antonio work?*
¿Cómo?	*How?*	**¿Cómo** está Antonio?	*How is Antonio?*
¿Cuándo?	*When?*	**¿Cuándo** es la clase?	*When is the class?*
¿Adónde?	*To where?*	**¿Adónde** va Antonio?	*(To) Where is Antonio going?*
¿Dónde?	*Where?*	**¿Dónde** vive Antonio?	*Where does Antonio live?*
¿De dónde?	*From where?*	**¿De dónde** regresa Antonio?	*Where is Antonio coming back from?*
¿Cuánto/a?	*How much?*	**¿Cuánto** estudia Antonio para la clase?	*How much does Antonio study for the class?*
¿Cuántos/as?	*How many?*	**¿Cuántos** idiomas habla Antonio?	*How many languages does he speak?*
¿Cuál?	*Which (one)?*	**¿Cuál** es su clase favorita?	*Which is his favorite class?*
¿Cuáles?	*Which (ones)?*	**¿Cuáles** son sus clases favoritas?	*Which are his favorite classes?*
¿Quién?	*Who?*	**¿Quién** habla cinco idiomas?	*Who speaks five languages?*
¿Quiénes?	*Who? (pl.)*	**¿Quiénes** hablan cinco idiomas?	*Who speaks five languages?*

Note that, although the subject is not always necessary, when it is included in the sentence it follows the verb.

 2-11 **¿Sí o no?** Take turns asking and answering the following yes/no questions in complete sentences. ■

MODELO   E1:   ¿Estudias francés?

E2:   *Sí, estudio francés. / No, no estudio francés.*

1. ¿Hablas español?
2. ¿Estudias mucho?
3. ¿Aprendes mucho?
4. ¿Escribes mucho en clase?
5. ¿Es tu profesor/a de Venezuela?
6. ¿Trabajas?
7. ¿Vives con tus padres?
8. ¿Lees muchas novelas?

 2-12 **Preguntas, más preguntas** With a partner, determine which interrogative word would elicit each of the following responses and create a question that would elicit each statement. ■

MODELO   E1:   Estudio **matemáticas.**

E2:   *¿Qué estudias?*

Fíjate

Porque written as one word and without an accent mark means "because."

1. Martín estudia **en la sala de clase.**
2. Estudiamos español **porque es interesante.**
3. **Susana y Julia** estudian.
4. Estudian **entre las 7:00 y las 10:00 de la noche.**
5. Leen **rápidamente.**
6. Leo **tres libros.**

 2-13 **¿Y tú?** Interview your classmates using the following questions about Spanish class. ■

MODELO E1: ¿Cuántas sillas hay en la clase?

E2: *Hay veinte sillas.*

1. ¿Quién enseña la clase?
2. ¿Dónde enseña la clase?
3. ¿Quiénes hablan en la clase generalmente?
4. ¿Cuántos estudiantes hay en la clase?
5. ¿Qué libro(s) usas en la clase?
6. ¿Tomas muchos apuntes en la clase?
7. ¿Es la clase fácil o difícil?
8. ¿Trabajas mucho en la clase de español?

Vocabulario útil	
difícil	*difficult*
fácil	*easy*

Capítulo 1. La familia, pág. 32; El verbo *tener*, pág. 34; Los adjetivos descriptivos, pág. 43.

 2-14 **¿Y tu familia o amigos?** Write **five** questions you could ask classmates about their families or friends, then move around the room asking those questions of as many people as possible. ■

MODELO E1: *¿Cómo se llaman tus padres? ¿Dónde viven tus abuelos?*

E2: *¿Cuántos hermanos tienes?…*

---

5 VOCABULARIO

 02-24 to 02-27

Los números 100–1.000 Counting from 100–1,000

100	**cien**	200	**doscientos**			600	**seiscientos**
101	**ciento uno**	201	**doscientos uno**			700	**setecientos**
102	**ciento dos**	300	**trescientos**			800	**ochocientos**
116	**ciento dieciséis**	400	**cuatrocientos**			900	**novecientos**
120	**ciento veinte**	500	**quinientos**			1.000	**mil**

1. The conjuction **y** is used to connect only 31–39, 41–49, 51–59, 61–69, 71–79, 81–89, and 91–99.

   32 = treinta **y** dos, 101 = ciento uno, 151 = ciento cincuenta **y** uno

2. **Ciento** is shortened to **cien** before any noun.

   cien hombres   **cien** mujeres

3. Multiples of **cientos** agree in number and gender with nouns they modify.

   doscientos estudiantes   **trescientas** jóvenes

4. Note the use of a decimal instead of a comma in **1.000.**

2-15 **¡Dinero!** Take turns saying the following amounts of money aloud, in the currencies listed below. ■

U.S. dollar (dólares) = USD

Euro (euros) = EUR

Mexican peso (pesos) = MXN

Honduran lempira (lempiras) = HNL

MODELO   E1:   325 USD

E2:   *trescientos veinticinco dólares*

1. 110 USD
2. 415 MXN
3. 376 HNL
4. 822 EUR
5. 638 MXN
6. 544 USD
7. 763 HNL
8. 999 EUR

 2-16 **Vamos a adivinar** On a popular TV show, *The Price is Right,* contestants must guess the prices of different items. Bring in **five** ads of items priced between $100 and $1,000 and cover the prices. In groups of three or four, take turns guessing the prices in U.S. dollars. The person who comes closest without going over the price wins each item! ■

Fíjate

If the item you are pricing is plural, the verb form will be *cuestan.*

MODELO   E1:   *¿Cuesta* (It costs) *ciento cincuenta y cinco dólares?*

E2:   *No.*

E1:   *Cuesta ciento ochenta dólares.*

E2:   *Sí.*

¿Cómo andas? I

	Feel confident	Need to review
Having completed **Comunicación I**, I now can . . .		
• share information about courses and majors (p. 62)	☐	☐
• indicate the stressed syllables in words (MSL/SAM)	☐	☐
• examine Hispanic university life (p. 64)	☐	☐
• describe my classroom and classmates (p. 65)	☐	☐
• relate daily activities (p. 67)	☐	☐
• create and answer questions (p. 70)	☐	☐
• count from 100–1,000 (p. 72)	☐	☐

Comunicación II

6 VOCABULARIO

02-28 to 02-32

En la universidad   Elaborating on university places and objects

Los lugares

el cuarto

Otras palabras útiles	*Other useful words*
el apartamento	*apartment*
el edificio	*building*
el laboratorio	*laboratory*
la tienda	*store*

La residencia

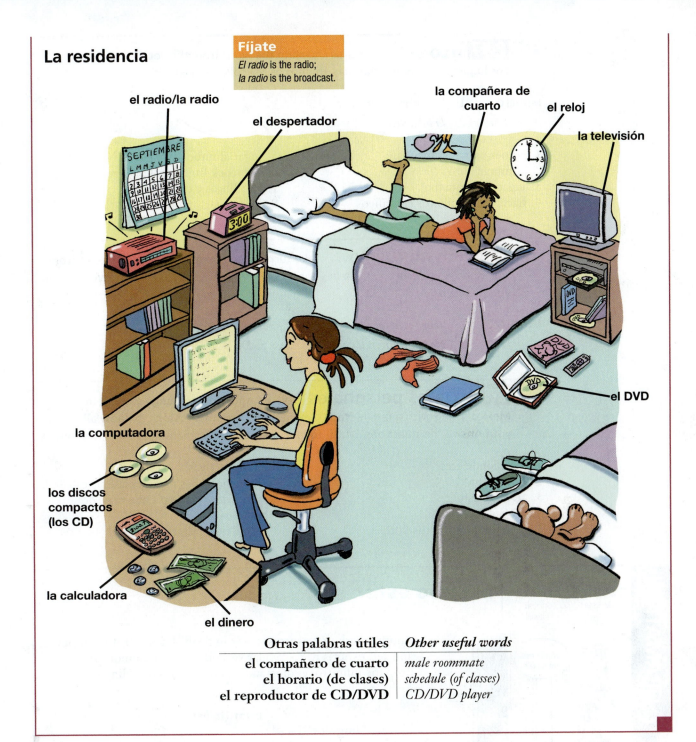

el radio/la radio

el despertador

la compañera de cuarto

el reloj

la televisión

la computadora

los discos compactos (los CD)

la calculadora

el dinero

el DVD

Otras palabras útiles	*Other useful words*
el compañero de cuarto	*male roommate*
el horario (de clases)	*schedule (of classes)*
el reproductor de **CD/DVD**	*CD/DVD player*

2-17 **¡Lo sé!** Take turns choosing the word from the vocabulary list, **Los lugares,** that is associated with each of the following words. ■

MODELO   E1:   leer libros, estudiar

                E2:   *la biblioteca*

1. comer pasta y tomar café
2. comprar libros
3. jugar al básquetbol
4. hacer experimentos científicos
5. jugar al fútbol
6. Hancock Building, Chicago, IL
7. leer libros y estudiar
8. hablar con amigos

 2-18 **En mi cuarto…** Take turns telling your partner which items from the list **La residencia** you have in your room or where you live. Then say which items you do not have. ■

MODELO   E1:   *Tengo una calculadora, una computadora, un despertador…*

                E2:   *No tengo un radio, un reproductor de DVD…*

2-19 **Datos personales** You are a foreign exchange student in Mexico, living with a family. Your Mexican little "brother" wants to know all about you! Answer his questions, which follow, then ask a classmate the same questions. ■

1. ¿De dónde eres?
2. ¿Qué estudias?
3. ¿Dónde estudias?
4. ¿Dónde comes?
5. ¿Dónde compras tus libros?
6. ¿Dónde vives?
7. ¿Qué necesitas para tu clase de español?
8. ¿Qué necesitas para una clase de matemáticas?
9. ¿Qué tienes en tu mochila?

7 GRAMÁTICA

02-33 to 02-37   Spanish Tutorial

El verbo *estar*   Expressing *to be*

¿Dónde está mi hijita?

Estoy aquí, papi, ¡en el armario!

Another verb that expresses *to be* in Spanish is **estar.** Like **tener** and **ser, estar** is not a regular verb; that is, you cannot simply drop the infinitive ending and add the usual **-ar** endings.

estar (*to be*)			
Singular		**Plural**	
yo	**estoy**	nosotros/as	**estamos**
tú	**estás**	vosotros/as	**estáis**
Ud.	**está**	Uds.	**están**
él, ella	**está**	ellos/as	**están**

Ser and **estar** are not interchangeable because they are used differently. Two uses of **estar** are:

1. To describe the location of someone or something.

Manuel **está** en la sala de clase.	*Manuel is in the classroom.*
Nuestros padres **están** en México.	*Our parents are in Mexico.*

2. To describe how someone is feeling or to express a change from the norm.

Estoy bien. ¿Y tú?	*I'm fine. And you?*
Estamos tristes hoy.	*We are sad today. (Normally we are upbeat and happy.)*

 2-20 **¿Cuál es la palabra?** Take turns giving the correct form of **estar** for each subject. ■

1. nosotras
2. el estudiante
3. tú
4. la pizarra
5. yo
6. los profesores

 2-21 **Busco...** You are on campus and you want to know where you can find the following items, people, and places. Take turns creating questions to determine the location of each person or thing. Your partner provides a response using the correct form of **estar + en** (*in, on,* or *at*). ■

Estrategia

You have noted that the majority of the classroom activities are with a partner. So that each person has equal opportunities, one of you should do the even-numbered items in an activity, the other do the odd-numbered items.

MODELO el mapa / libro

E1: *¿Dónde está el mapa?*

E2: *El mapa está en el libro.*

1. las calculadoras / la mochila
2. los apuntes / el cuaderno
3. tú / el laboratorio
4. el despertador / la mesa
5. yo / la residencia
6. mi amigo y yo / el centro estudiantil

 2-22 **¡Ahora mismo!** With a partner, determine what the following people may be doing, using the following verbs. ■

aprender	comprar	comer	escribir	estudiar
hablar	leer	preparar	tomar	trabajar

MODELO E1: Marta está en la sala de clase.

E2: *Toma apuntes.*

1. Juan y Pepa están en la biblioteca.
2. Mi hermana está en la librería.
3. El profesor está en su casa.
4. Los estudiantes están en la cafetería.
5. María está en su apartamento.
6. Patricia está en el centro estudiantil.
7. Tú estás en el laboratorio.
8. Mi amiga y yo estamos en la clase de español.

2-23 **La clase de geografía** Take turns asking a partner in which countries the following capitals are located. ■

MODELO E1: *¿Dónde está Washington, D.C.?*

E2: *Washington, D.C., está en los Estados Unidos.*

> **Fíjate**
>
> Knowledge of geography is increasingly important in our global community. Activity **2-23** presents an opportunity to review the countries and capitals of the Spanish-speaking world.

1. Madrid
2. México, D.F.
3. Lima
4. San Juan
5. La Paz

6. Buenos Aires
7. Santiago
8. Tegucigalpa
9. Santo Domingo
10. La Habana

8 VOCABULARIO

 02-38 to 02-41

Las emociones y los estados
Articulating emotions and states of being

Chema/Gloria — **aburrido/a**

Roberto/Mayra — **cansado/a**

Samuel/Tina — **contento/a**

Ruy/Carmen — **enfermo/a**

Memo/Eva — **enojado/a**

Carlos/Patricia — **nervioso/a**

Ramón/Raquel — **preocupado/a**

Fernando/Silvia — **triste**

Carlos/Rebeca — **feliz**

 2-24 **¿Cómo están?** Look at the drawings from *Las emociones y los estados* and take turns answering the following questions. ■

MODELO
E1: ¿Cómo está Silvia?
E2: *Silvia está triste.*

1. ¿Cómo están Ruy y Carmen?
2. ¿Cómo está Roberto?
3. ¿Quién está preocupada?

4. ¿Quiénes están nerviosos?
5. ¿Cómo están Chema y Gloria?
6. ¿Cómo estás tú?

2-25 **¿Qué pasa?** Which adjectives from the drawings above best describe how you might feel in each of the following situations? Share your responses with a partner. ■

MODELO
E1: recibes $1.000
E2: *Estoy contento/a.*

1. Estás en el hospital.
2. Tienes un examen muy difícil hoy.
3. Corres quince millas (*miles*).
4. Tu profesor de historia lee un libro por (*for*) una hora y quince minutos.
5. Esperas y esperas pero tu amigo no llega. (¡Y no te llama por teléfono!)
6. Sacas una "A" en tu examen de español.

2-26 **¿Dónde y cómo?** Together, look at the following drawings and determine where the people are, what they are doing, and how they might be feeling. ■

Tomás

Tina

Ana y Mirta

El profesor Martín
y sus estudiantes

MODELO   E1: El profesor Martín

E2: *El profesor Martín está en la clase. Enseña matemáticas. Está contento.*

1. Tomás
2. Tina

3. Ana y Mirta
4. Los estudiantes del profesor Martín

 ¡Hola!
02-42 to 02-46   Spanish
Tutorial

El verbo *gustar*   Conveying likes and dislikes

¿Te gusta
el arte
abstracto?

Estrategia

You may have noticed that there are two types of grammar presentations in *¡Anda! Curso elemental*:

1. You are given the grammar rule.
2. You are given guiding questions to help *you* construct the grammar rule, and to state the rule in your own words.

No matter which type of presentation, educational researchers have found it is *always* important for you to state the rules orally. Accurately stating the rules demonstrates that you are on the road to using the grammar concept(s) correctly in your speaking and writing.

To express likes and dislikes you say the following:

Me gusta la profesora.   *I like the professor.*
Me gustan las clases de idiomas.   *I like language classes.*
¿Te gustan las novelas de Sandra Cisneros?   *Do you like Sandra Cisneros's novels?*
Te gusta el arte abstracto.   *You like abstract art.*
No **le gusta** estudiar.   *He does not like to study.*

¡Explícalo tú!

1. To say you like or dislike one thing, what form of **gustar** do you use?
2. To say you like or dislike more than one thing, what form of **gustar** do you use?
3. Which words in the examples mean *I? You? He/she?*
4. If a verb is needed after **gusta/gustan**, what form of the verb do you use?

✔ **To check your answers to the preceding questions, see Appendix 1.**

2-27 **¿Qué te gusta?** Decide whether or not you like the following items, and share your opinions with a classmate. ∎

MODELO   E1: las clases difíciles

E2: *(No) Me gustan las clases difíciles.*

1. el centro estudiantil
2. los sábados
3. vivir en un apartamento
4. la informática

5. aprender idiomas
6. la cafetería
7. correr
8. los libros de Harry Potter

2-28 **Te toca a ti** Now change the cues from **2-27** into questions, and ask a different classmate to answer. ∎

Estrategia

Remember, if you answer negatively, you will need to say *no* twice. If you need to review, check *La formación de preguntas* on page 70 of this chapter.

MODELO   E1: *¿Te gustan las clases difíciles?*

E2: *No, no me gustan las clases difíciles.*

10 VOCABULARIO

02-47 to 02-50

Los deportes y los pasatiempos
Offering opinions on sports and pastimes

bailar

caminar

escuchar música

jugar al básquetbol

jugar al béisbol

ir de compras

(continued)

jugar al fútbol

jugar al fútbol americano

jugar al golf

montar en bicicleta

jugar al tenis

nadar

ver la televisión

patinar

tocar un instrumento

tomar el sol

Otras palabras útiles	*Other useful words*
el equipo	*team*
hacer ejercicio	*to exercise*
la pelota	*ball*

Capítulo Preliminar A. Los días, los meses y las estaciones, pág. 20.

2-29 **¿En qué mes te gusta...?** For a fan or a participant, sports and pastimes can be seasonal. ■

Paso 1 Make a list of the top **three** sports or pastimes you enjoy in the months listed below.

| enero | mayo | julio | octubre |

MODELO enero

1. patinar, 2. bailar, 3. tocar un instrumento

Paso 2 Circulate around the classroom and compare your preferences with those of your classmates. Do you see any trends?

MODELO E1: *¿Qué deportes y pasatiempos te gusta practicar más en enero?*

E2: *Me gusta patinar, bailar y tocar un instrumento.*

Workbooklet

2-30 **¿Cuánto te gusta?** What activities do you enjoy in your spare time? Write **ten** activities in the chart and rank the sports and pastimes by placing a mark in the column that best describes your feeling toward the sport or pastime. What do you suppose **¡Lo odio!** means? Share your answers with your partner, following the model. ■

Fíjate

Remember that *gustar* is formed differently from regular verbs.

MODELO E1: *Me gusta mucho el fútbol.*

E2: *No me gusta patinar.*

	ME GUSTA MUCHO	ME GUSTA	NO ME GUSTA	¡LO ODIO!
1. el fútbol	X			
2. patinar			X	
3. ...				

Los deportes en el mundo hispano

02-51

El fútbol es el deporte más popular en el mundo hispanohablante. Sin embargo (*Nevertheless*), los hispanos participan en una gran variedad de actividades físicas y deportivas como el béisbol, el boxeo, el básquetbol (o baloncesto), el tenis, el vóleibol y el atletismo (*track and field*). España y los países latinoamericanos participan en los Juegos Olímpicos. Además (*Furthermore*), los países latinoamericanos, junto con Canadá y los Estados Unidos, participan en los Juegos Panamericanos que ocurren cada cuatro años, siempre un año antes de los Juegos Olímpicos.

Los deportes forman una parte importante de la vida universitaria, especialmente en la Universidad Nacional Autónoma de México (la UNAM). Además de contar con el equipo de fútbol Club Universidad Nacional, ofrecen (*they offer*) unas treinta y nueve disciplinas deportivas que incluyen los deportes mencionados y también el fútbol americano, el judo, el karate, el ciclismo, la natación, la lucha libre (*wrestling*) y más. Hay varios gimnasios, dos estadios, siete piscinas y muchas otras áreas para practicar estos deportes.

Los Juegos Panamericanos ocurren cada cuatro años.

Preguntas

1. What is the most important sport in the Spanish-speaking world?
2. Does your college/university offer the same sports as the UNAM? What are some differences?

2-31 **¿Eres activo/a?** Just how active are you? Complete the chart with activities that should, or do, occupy your time. Share your results with a partner. So . . . are you leading a well-balanced life? ■

Workbooklet

Vocabulario útil	
a menudo	often
a veces	sometimes; from time to time
nunca	never

A MENUDO	A VECES	NUNCA	NECESITO HACERLO (*DO IT*) MÁS
1.	1.	1.	1.
2.	2.	2.	2.
3.	3.	3.	3.
4.	4.	4.	4.
5.	5.	5.	5.

  2-32 **Tus preferencias** Select your **three** favorite sports and/or pastimes (**que más me gustan**) and then select your **three** least favorite (**que menos me gustan**) from **2-31.** ■

Workbooklet

Paso 1 Write your choices in the chart. Then, create **two** sentences summarizing your choices.

LOS DEPORTES/PASATIEMPOS QUE MÁS ME GUSTAN	LOS DEPORTES/PASATIEMPOS QUE MENOS ME GUSTAN
1. patinar	1.
2. bailar	2.
3. leer	3.

MODELO *Los deportes o pasatiempos que más me gustan son patinar, bailar y leer. Los deportes o pasatiempos que menos me gustan son…*

Paso 2 Circulate around the classroom to find classmates with the same likes and dislikes as you. Follow the model. When you find someone with the same likes or dislikes, write his/her name in the chart that follows.

MODELO E1: *¿Qué deporte o pasatiempo te gusta más?*

E2: *El deporte que me gusta más es el tenis.*

E1: *¿Qué deporte o pasatiempo te gusta menos?*

E2: *El pasatiempo que me gusta menos es ir de compras.*

LOS/LAS COMPAÑEROS/AS	EL DEPORTE/PASATIEMPO QUE MÁS LES GUSTA
1.	
2.	
3.	

LOS/LAS COMPAÑEROS/AS	EL DEPORTE/PASATIEMPO QUE MENOS LES GUSTA
1.	
2.	
3.	

ESCUCHA

Una conversación

02-52 to 02-53

Estrategia	When *listening for the gist,* you	rather on the overall meaning.
Listening for the gist	listen for the main idea(s). You do not focus on each word, but	Practice summarizing the gist in several words or a sentence.

2-33 **Antes de escuchar** In the following segment Eduardo, a university student and one of the characters from **Ambiciones siniestras,** is talking on the phone with his mother. Write a question you might possibly hear in their conversation. ■

 2-34 **A escuchar** Listen as Eduardo and his mother converse. ■

1. The first time you listen, concentrate on the questions she asks, noting key words and ideas.
2. In the second listening, focus on Eduardo's answers, again noting key words and ideas.
3. During the third listening determine whether these sentences are true (**T**) or false (**F**).
   a. Eduardo's mother calls Eduardo to see how he is doing.
   b. Eduardo does not have classes on Tuesday.
   c. Eduardo's mother ends the conversation abruptly.

La mamá de Eduardo escucha a su hijo.

 2-35 **Después de escuchar** In one sentence, what is the gist of their conversation? Share your sentence with a partner. ■

¡CONVERSEMOS!

02-54

 2-36 **La vida universitaria** Imagine that you are at a gathering on campus for exchange students from Mexico. Introduce yourself. ■

Paso 1 Create at least **five sentences** about you. Then create at least **five questions** to ask the person you are meeting. Include the following information:

- Introductions from *Capítulo Preliminar A* (p. 4)
- Vocabulary including majors, courses, professions, campus places, emotions and states of being, and sports and pastimes
- New **–ar, -er,** and **-ir** verbs from this chapter.

Paso 2 Take turns playing the roles of the student on your campus and the visiting Mexican student.

ESCRIBE

 Una descripción

02-55

You have been practicing speaking in sentences. Remember:

1. Basic sentences need:

   (subj.) + verb + (rest of the sent.)

2. A sentence can express a complete idea with just a verb form, e.g., *Corren.* Subjects clarify, e.g., *Ellos corren* or *Juan y Marta corren.*

3. To make a sentence negative, place *no* before the verb, e.g., *No nadamos.*

4. Make sure that your intended subject and verb ending agree, e.g., **yo** = **-o**, etc. *Yo corro.*

5. Make sure that adjectives agree with their corresponding nouns, e.g., *amigos inteligentes.*

2-37 **Antes de escribir** Imagine that you are applying for a job on campus—either to work in the library, the student center, or the athletic department. Make a list in Spanish of what makes you a viable applicant. ■

MODELO   (athletic department)

Lista: ✓ Me gustan los deportes; nado y corro muy bien.

           ✓ Soy buena estudiante, inteligente, creativa, organizada y trabajadora.

           ✓ Me gustan las cosas nuevas/las personas nuevas..

2-38 **A escribir** Using your list, create a personal description using the model. ■

MODELO   Tengo veinte años y soy buena estudiante. Soy organizada y trabajadora. Me gustan mucho...

 2-39 **Después de escribir** Your instructor will collect the descriptions, and read some of them to the class. He/She may ask you to guess who wrote each one. ■

¿Cómo andas? II

	Feel confident	Need to review
Having completed **Comunicación II**, I now can . . .		
• elaborate on university places and objects (pp. 74–75)	☐	☐
• express *to be* (p. 76)	☐	☐
• articulate emotions and states of being (p. 79)	☐	☐
• convey likes and dislikes (p. 80)	☐	☐
• offer opinions on sports and pastimes (p. 81)	☐	☐
• compare and contrast sports (p. 84)	☐	☐
• glean the main idea (p. 86)	☐	☐
• communicate about university life (p. 86)	☐	☐
• craft a personal description (p. 87)	☐	☐
• engage in additional communication practice (SAM)	☐	☐

México

02-56 to 02-57

Les presento mi país

Gabriela García
Cordera

Mi nombre es Gabriela García Cordera y soy de Monte Albán, México. Soy una estudiante de la Universidad Nacional Autónoma de México (la UNAM) que está en la Ciudad de México. Vivo cerca de (*near*) la universidad con la familia de mi tía porque normalmente hay pocas residencias estudiantiles en las universidades y muchos estudiantes viven con sus parientes (*relatives*). La UNAM es la universidad más grande de México y de América Latina. **¿Cuántos estudiantes hay en tu universidad?** En la UNAM, tenemos un equipo de fútbol, los "Pumas". El fútbol es muy popular en mi país: es el pasatiempo nacional. **¿Qué deporte es muy popular en tu país?** Monte Albán está en el estado de Oaxaca, un centro famoso de artesanía. En particular, hay hojalatería (*tin work*), cerámicas de barro negro (*black clay*), cestería (*basket making*), fabricación de textiles y de alebrijes (*painted wooden animals*) y mucho más. **¿Qué tipo de artesanía hay en tu región?**

La biblioteca de la Universidad Nacional Autónoma de México. La fachada tiene un mosaico de la historia de México.

En Oaxaca, un centro famoso de artesanía, venden alebrijes. Estas figuras de madera son una forma de arte popular.

El fútbol es el pasatiempo nacional del país.

El Palacio Nacional de Bellas Artes es un centro cultural muy importante de México.

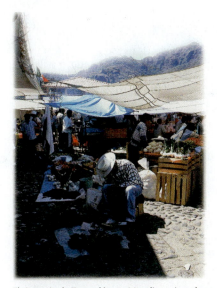

El tianguis de Tepotzlán en Morelia se instala los sábados y domingos con una variedad de artículos como comida y ropa.

ALMANAQUE

Nombre oficial:	Estados Unidos Mexicanos
Gobierno:	República federal
Población:	111.211.789 (2010)
Idiomas:	español (oficial); maya, náhuatl
Moneda:	peso mexicano ($)

¿Sabías que…?

- El origen del chicle (*gum*) es el látex del chicozapote (*sapodilla tree* en inglés), un árbol tropical de la península de Yucatán. Los mayas, tribu antigua y muy importante de Yucatán, usaban (*used*) el látex como chicle.
- La planta "cabeza de negro", del estado mexicano de Veracruz, forma la base del proceso para crear la cortisona y "la píldora", el contraceptivo oral.

Preguntas

1. What is the most popular sport in Mexico?
2. What is a "tianguis"? What do we have in the United States that is similar?
3. What are the origins of cortisone and the birth control pill?
4. What are some of the handcrafted items from Mexico? What are similar handcrafted items made in your region?
5. What are some differences between the UNAM and your school?

Amplía tus conocimientos sobre México en MySpanishLab.

89

02-60

Ambiciones siniestras

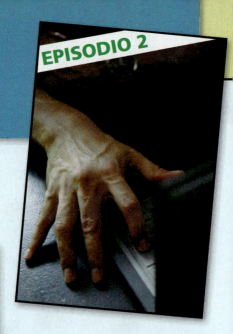

Lectura

Estrategia | Skimming

When you skim, or read quickly, you generally do so to capture the gist of the passage. Practice with skimming helps you learn to focus on main ideas in your reading.

2-40 **Antes de leer** In this episode you will discover more information about three of the university students who are among the six protagonists of the story, specifically Alejandra, Manolo, and Cisco. You will learn their complete names, where they are from, and some of their interests. ■

1. Note that there are a few key words in the reading passage you may not know. They are written below with their English equivalents and are listed in order of appearance. They are also boldfaced in the body of the reading.

la seguridad (**-dad** = *-ty*)	*security*
las solicitudes	*applications*
mientras	*while*
los ensayos	*essays*
el oeste	*west*
el noreste	*northeast*

Based on this list of words, can you begin to guess what the context of the reading will be?

2-41 **A leer** To boost your comprehension, it is helpful to skim the passage for the first reading and then ask yourself what key information you have learned. ■

1. Skim the first three paragraphs of this episode, then answer the following questions.
   a. What is the person doing?
   b. Do you think what he is doing is part of his job?
   c. How many students has he located so far?
2. Now skim the remaining paragraphs and write down key points for each paragraph.
3. Then, reread the entire episode, this time more carefully, to add details to those main ideas. Do not forget to take advantage of cognates like **prestigiosa** and **paciencia** to boost your comprehension.

Las solicitudes

in front of
at his side

Un hombre joven está enfrente de° su computadora. Trabaja impacientemente y con rapidez. A su lado° tiene unos papeles con unos códigos misteriosos.

Let's see

—A ver°. ¿Cómo paso por **la seguridad** de esta prestigiosa universidad? Ahhhh… sí. Paciencia. Ahora… para encontrar la lista de los estudiantes y sus **solicitudes**… Excelente.

to find

Es fácil dar con° jóvenes inteligentes, creativos e inocentes.

Fíjate

The dashes indicate dialogue or spoken words. In English we use quotation marks (" ").

El hombre lee **los ensayos** de las solicitudes de varios estudiantes, dos de una universidad del **oeste** y uno de una universidad del **noreste**. **Mientras** lee, habla.

—De la universidad del **oeste**:

far from

Alejandra Sánchez Torres. Es de San Antonio, Texas; está lejos de° su casa. Aquí habla mucho de su familia. Tiene muchos hermanos. Hmmm… le gusta pintar y escribir poesía. También le gusta viajar. ¡Perfecto! Y espera estudiar arte…

Manuel Rodríguez Ángulo. Manolo. Es de California, San Diego. Tiene cuatro hermanos… sus padres están divorciados. Le gustan todos los deportes, especialmente el fútbol americano. Es excelente estudiante también… desea especializarse en medicina.

De la universidad del **noreste**:

what a name!
so many / such

Francisco Quiroga Godoy, Cisco, es de familia hispana y vive en West Palm Beach. Cuando no estudia, trabaja en restaurantes, cafés y, ¡qué nombre!°, "El Golden Gal Day Spa". Con tantos° trabajos y tan° buenas notas debe ser un joven muy disciplinado. Especialidad: informática. Muy bien.

picious / to be interested in
does he want

A este hombre tan sospechoso°… ¿por qué le interesan° estos estudiantes? ¿Qué quiere° de ellos?

2-42 **Después de leer** Answer the following questions. ■

1. How many applications does the man review in this episode? Who are the students about whom he reads?
2. Complete the following chart:

PERSONAJE	¿DE DÓNDE ES?	¿FAMILIA?	¿POSIBLE ESPECIALIDAD?	¿ACTIVIDADES?
Alejandra				
Manolo				
Cisco				

3. According to the information in the previous chart, create sentences about the similarities and differences between Alejandra, Manolo, and Cisco.

Video

2-43 **Antes del video** In **Las solicitudes**, a suspicious man is reading information off the computer about three of our protagonists. In the second part of this episode you will watch him in video format as he continues to discover information about our characters. Before watching the episode, think about the possible answers to these questions: ■

1. Who is this person and why is he interested in Lupe, Cisco, Eduardo, Marisol, Manolo, and Alejandra?
2. What information could this man discover on the Internet about you?
3. What web sites could provide him with information about you?
4. What do you have in common with the characters so far?

Otras actividades: trabajar como voluntario en una organización de ayuda para niños.

Especialidad: periodismo e historia.
Aficiones: jugar al básquetbol, nadar y correr.

¡Aquí comienza la aventura!

«La aventura comienza»

Episodio 2

Relax and watch the video, more than once if you choose; then answer the following questions.

2-44 **Después del video** Answer the following questions. ■

1. What Spanish adjectives best describe the man at the computer?
2. Where might he be? Is he alone?
3. Which characters is he investigating now? List two facts he discovers about each one.
4. What does he do with the information he gets?
5. What is he doing as the episode ends?

Y por fin, ¿cómo andas?

	Feel confident	Need to review
Having completed this chapter, I now can . . .		

Comunicación I

- share information about courses and majors (p. 62) ☐ ☐
- indicate the stressed syllables in words (MSL/SAM) ☐ ☐
- describe my classroom and classmates (p. 65) ☐ ☐
- relate daily activities (p. 67) ☐ ☐
- create and answer questions (p. 70) ☐ ☐
- count from 100–1,000 (p. 72) ☐ ☐

Comunicación II

- elaborate on university places and objects (pp. 74–75) ☐ ☐
- express *to be* (p. 76) ☐ ☐
- articulate emotions and states of being (p. 79) ☐ ☐
- convey likes and dislikes (p. 80) ☐ ☐
- offer opinions on sports and pastimes (p. 81) ☐ ☐
- glean the main idea (p. 86) ☐ ☐
- communicate about university life (p. 86) ☐ ☐
- craft a personal description (p. 87) ☐ ☐

Cultura

- examine Hispanic university life (p. 64) ☐ ☐
- compare and contrast sports (p. 84) ☐ ☐
- exchange information regarding Mexico (p. 88) ☐ ☐

Ambiciones siniestras

- skim a reading and note facts about the protagonists' lives (p. 90) ☐ ☐
- discover more about the protagonists (p. 92) ☐ ☐

Comunidades

- use Spanish in real-life contexts (SAM) ☐ ☐

VOCABULARIO ACTIVO

Las materias y las especialidades	Subjects and majors
la administración de empresas	business
la arquitectura	architecture
el arte	art
la biología	biology
las ciencias (*pl.*)	science
el curso	course
el derecho	law
los idiomas (*pl.*)	languages
la informática	computer science
la literatura	literature
las matemáticas (*pl.*)	mathematics
la medicina	medicine
la música	music
la pedagogía	education
el periodismo	journalism
la psicología	psychology
el semestre	semester

En la sala de clase	In the classroom
los apuntes (*pl.*)	notes
el bolígrafo	ballpoint pen
el borrador	eraser
el/la compañero/a de clase	classmate
la composición	composition
el cuaderno	notebook
el escritorio	desk
el/la estudiante	student
el examen	exam
el lápiz	pencil
el libro	book
el mapa	map
la mesa	table
la mochila	book bag; knapsack
el papel	paper
la pared	wall
la pizarra	chalkboard
el/la profesor/a	professor

la puerta	door
la sala de clase	classroom
la silla	chair
la tarea	homework
la tiza	chalk
la ventana	window

Los verbos	Verbs
abrir	to open
aprender	to learn
comer	to eat
comprar	to buy
comprender	to understand
contestar	to answer
correr	to run
creer	to believe
enseñar	to teach; to show
escribir	to write
esperar	to wait for; to hope
estar	to be
estudiar	to study
hablar	to speak
leer	to read
llegar	to arrive
necesitar	to need
preguntar	to ask (a question)
preparar	to prepare; to get ready
recibir	to receive
regresar	to return
terminar	to finish; to end
tomar	to take; to drink
trabajar	to work
usar	to use
vivir	to live

Las palabras interrogativas	Interrogative words

See page 70.

Los números 100–1.000 / Numbers 100–1,000

See page 72.

Los lugares / Places

el apartamento	apartment
la biblioteca	library
la cafetería	cafeteria
el centro estudiantil	student center; student union
el cuarto	room
el edificio	building
el estadio	stadium
el gimnasio	gymnasium
el laboratorio	laboratory
la librería	bookstore
la residencia estudiantil	dormitory
la tienda	store

La residencia / The dorm

la calculadora	calculator
el/la compañero/a de cuarto	roommate
la computadora	computer
el despertador	alarm clock
el dinero	money
el disco compacto (el CD)	compact disk
el DVD	DVD
el horario (de clases)	schedule (of classes)
el radio/la radio	radio
el reloj	clock; watch
el reproductor de CD/DVD	CD/DVD player
la televisión	television

Los deportes y los pasatiempos / Sports and pastimes

bailar	to dance
caminar	to walk
el equipo	team
escuchar música	to listen to music
hacer ejercicio	to exercise
ir de compras	to go shopping
jugar al básquetbol	to play basketball
jugar al béisbol	to play baseball
jugar al fútbol	to play soccer
jugar al fútbol americano	to play football
jugar al golf	to play golf
jugar al tenis	to play tennis
montar en bicicleta	to ride a bike
nadar	to swim
patinar	to skate
la pelota	ball
tocar un instrumento	to play an instrument
tomar el sol	to sunbathe
ver la televisión	to watch television

Otras palabras útiles / Other useful words

a menudo	often
a veces	sometimes; from time to time
difícil	difficult
fácil	easy
hay	there is; there are
nunca	never
pero	but
también	too; also
y	and

Emociones y estados / Emotions and states of being

aburrido/a	bored (with estar)
cansado/a	tired
contento/a	content; happy
enfermo/a	ill; sick
enojado/a	angry
feliz	happy
nervioso/a	upset; nervous
preocupado/a	worried
triste	sad

3 Estamos en casa

From the most modern of skyscrapers, to Spanish colonial styles, to the variety of homes of indigenous populations, Hispanic architecture is as varied as the people who speak Spanish. **En los países hispanohablantes** (*Spanish-speaking countries*) **hay de todo.**

PREGUNTAS

1 Is there Spanish-inspired architecture in the region where you live?

2 Why is Spanish architecture so prevalent throughout North, Central, and South America?

3 How do geography and environment affect the design and construction of homes?

Carmona, España

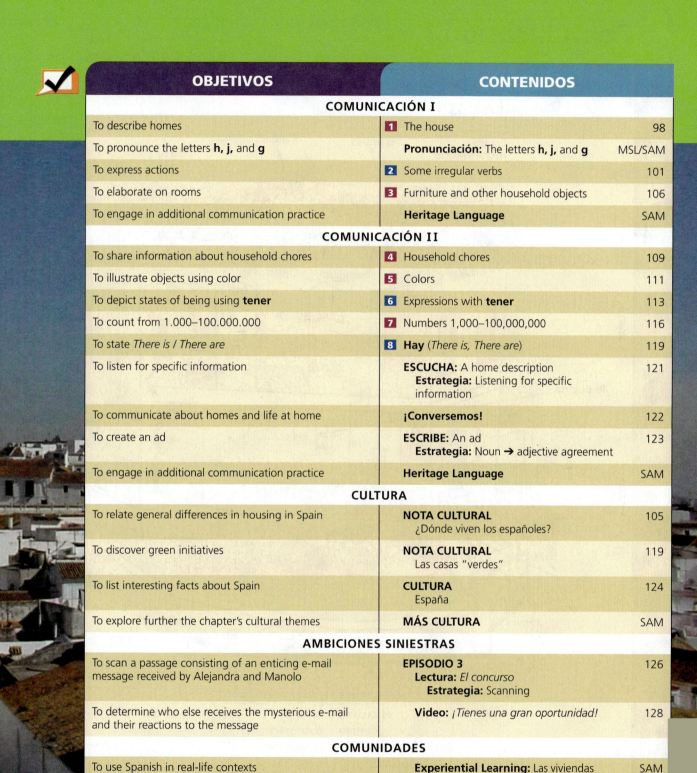

Comunicación I

03-01 to 03-07

La casa Describing homes

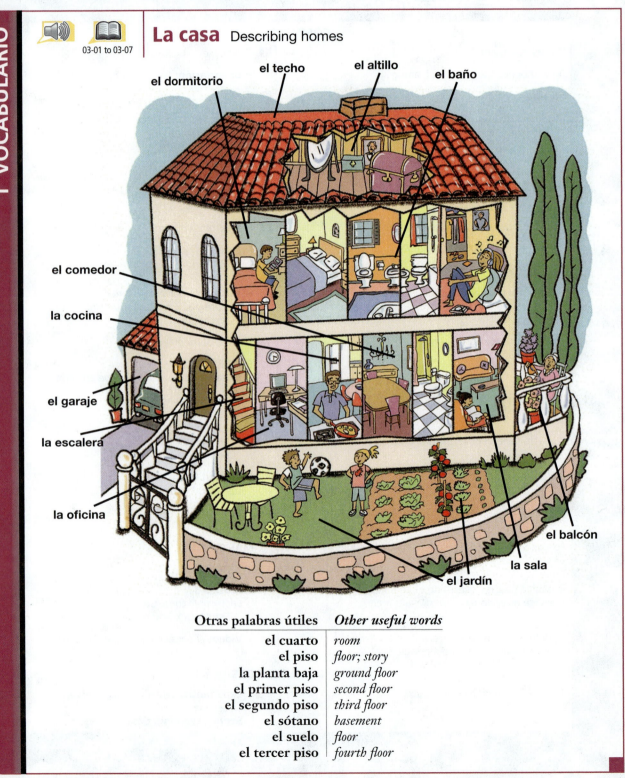

el techo

el altillo

el dormitorio

el baño

el comedor

la cocina

el garaje

la escalera

la oficina

el balcón

la sala

el jardín

Otras palabras útiles	Other useful words
el cuarto	*room*
el piso	*floor; story*
la planta baja	*ground floor*
el primer piso	*second floor*
el segundo piso	*third floor*
el sótano	*basement*
el suelo	*floor*
el tercer piso	*fourth floor*

PRONUNCIACIÓN

The letters *h, j,* and *g*

03-08 to 03-11

Go to MySpanishLab/Student Activities Manual to learn to pronounce the letters **h, j,** and **g**.

Capítulo 2. *El verbo estar*, pág. 76.

Workbooklet

3-1 **¿Dónde están?** Miren (*Look at*) el dibujo (*drawing*) de la casa en la página 98 y túrnense (*take turns*) para decir dónde están los siguientes (*following*) cuartos. ∎

Estrategia

In *Capítulo 3* many of the directions for the activities are written in Spanish. New words that appear in the directions will be translated for you the first time they are used. Keep a list of those words to refer to; it helps you increase your vocabulary.

Fíjate

The first floor, or ground floor, is generally called *la planta baja; el primer piso* actually refers to the second floor. What is the third floor called?

MODELO   E1: el garaje

E2: *El garaje está en la planta baja.*

	EN LA PLANTA BAJA	EN EL PRIMER PISO	EN EL SEGUNDO PISO
la sala			
el baño			
el dormitorio			
la cocina			
la oficina			
el altillo			

Capítulo 2. Los deportes y los pasatiempos, pág. 81.

3-2 **Las partes de la casa** Dile (*Tell*) a tu compañero/a en qué parte de la casa haces (*you do*) las siguientes actividades. ∎

MODELO   estudiar

E1: *Yo estudio en la oficina. ¿Y tú?*

E2: *Yo estudio en mi dormitorio.*

1. hablar por teléfono
2. leer un libro
3. ver la televisión
4. organizar papeles
5. preparar enchiladas
6. tocar un instrumento
7. escuchar música
8. tomar el sol

3-3 **¿Y tu casa...?** Túrnense para describir sus casas (o la de un miembro de su familia o de un amigo) y compararlas con la casa de la página 98. Usen el modelo para crear por lo menos (*at least*) **cinco** oraciones (*sentences*). ∎

Fíjate

In the directions, words like *miren, túrnense, comparen,* and *usen* are plural—they refer to both you and your classmate.

MODELO   *En la casa del dibujo, la sala está en la planta baja y mi sala está en la planta baja también. En la casa del dibujo, el dormitorio está en el segundo piso, pero mi dormitorio está en la planta baja. No tenemos un altillo...*

3-4 **Es una casa interesante…** Look at the following photos and together, create a short description of one of the houses. Imagine the interior, and the person(s) who may live there. Share your description with the class. ■

MODELO *La casa está en México y es grande y muy moderna. Tiene seis dormitorios, cuatro baños, una cocina grande y moderna, una sala grande y un balcón. Gastón y Patricia viven allí. Tienen tres hijos. Ellos trabajan en la ciudad…*

Vocabulario útil			
antiguo/a	*old*	**humilde**	*humble*
la calle	*street*	**moderno/a**	*modern*
el campo	*country*	**nuevo/a**	*new*
la ciudad	*city*	**tradicional**	*traditional*
contemporáneo/a	*contemporary*	**viejo/a**	*old*

1.
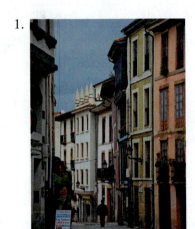
Oviedo, España

2.

México

3.
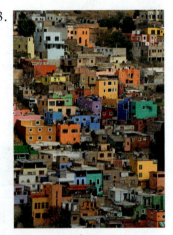
Guanajuato, México

4.

Cartagena, Colombia

5.

Las islas flotantes de los Uros, Perú

6.

Luarca, España

03-12 to 03-18   Spanish Tutorial

Algunos verbos irregulares Expressing actions

Necesito un apartamento para este semestre. ¿Qué hago?

¿Por qué no pones un anuncio en el periódico?

Estrategia

Memorizing information is easier to do when the information is arranged in chunks. You will notice that some of the *yo* forms end in *-go*, such as *salgo*, *traigo*, and *pongo*. Learning the information as a chunk of "*go*" verbs may make it easier to remember.

Look at the present tense forms of the following verbs. In the first group, note that they all follow the same patterns that you learned in **Capítulo 2** to form the present tense of regular verbs, *except* in the **yo** form.

Group 1

	conocer (*to be acquainted with*)	dar (*to give*)	hacer (*to do; to make*)	poner (*to put; to place*)
yo	cono**zco**	d**oy**	ha**go**	pon**go**
tú	conoces	das	haces	pones
Ud.	conoce	da	hace	pone
él, ella	conoce	da	hace	pone
nosotros/as	conocemos	damos	hacemos	ponemos
vosotros/as	conocéis	dais	hacéis	ponéis
Uds.	conocen	dan	hacen	ponen
ellos/as	conocen	dan	hacen	ponen

Estrategia

Organize the new verbs you are learning in your notebook. Note whether each verb is regular or irregular, what it means in English, if any of the forms have accents, and if any other verbs follow this pattern. You might want to highlight or color code the verbs that follow patterns.

	salir (*to leave; to go out*)	traer (*to bring*)	ver (*to see*)
yo	sal**go**	tra**igo**	v**eo**
tú	sales	traes	ves
Ud.	sale	trae	ve
él, ella	sale	trae	ve
nosotros/as	salimos	traemos	vemos
vosotros/as	salís	traéis	veis
Uds.	salen	traen	ven
ellos/as	salen	traen	ven

In the second group, note that **venir** is formed similarly to **tener,** which you learned about in **Capítulo 1,** on p. 34.

Group 2

	venir (*to come*)
yo	ven**go**
tú	v**ie**nes
Ud.	v**ie**ne
él, ella	v**ie**ne
nosotros/as	venimos
vosotros/as	venís
Uds.	v**ie**nen
ellos/as	v**ie**nen

Quiero comprar esta casa. ¿Qué dices?

Me gusta. ¡Yo digo que sí!

In the third group of verbs, note that all of the verb forms have a spelling change except in the **nosotros** and **vosotros** forms.

Group 3

	decir (*to say; to tell*)	oír (*to hear*)	poder (*to be able to*)	querer (*to want; to love*)
yo	d**i**go	o**i**go	p**ue**do	qu**ie**ro
tú	dices	oyes	p**ue**des	qu**ie**res
Ud.	dice	oye	p**ue**de	qu**ie**re
él, ella	dice	oye	p**ue**de	qu**ie**re
nosotros/as	decimos	oímos	podemos	queremos
vosotros/as	decís	oís	podéis	queréis
Uds.	dicen	oyen	p**ue**den	qu**ie**ren
ellos/as	dicen	oyen	p**ue**den	qu**ie**ren

Capítulo Preliminar A.
El verbo *ser*, pág. 13;
Capítulo 1. El verbo
tener, pág. 34; Capítulo
2. El verbo *estar*,
pág. 76.

 3-5 **La ruleta** How competitive are you? Listen as your instructor explains how to play this fast-paced game designed to practice the new verb forms. When you finish with this list, repeat the activity with different verbs and include **estar**, **ser**, and **tener**. ∎

1. traer	4. querer	7. decir	10. poner
2. hacer	5. conocer	8. venir	11. ver
3. oír	6. dar	9. poder	12. salir

 3-6 **Combinaciones** Forma oraciones lógicas combinando los elementos de las dos columnas. Compara tus oraciones con las de tu compañero/a (*with those of your partner*). ∎

1. _____ Hoy mis hermanos…
2. _____ Mis amigos y yo…
3. _____ Mi abuelo…
4. _____ Quiero…
5. _____ Mi perro (*dog*)…
6. _____ Mi profesor/a…
7. _____ Yo…
8. _____ Tú…

a. pone sus recuerdos (*mementos*) en el altillo.
b. conoce bien la arquitectura de España.
c. oigo música en la sala.
d. hacemos fiestas en el jardín.
e. ves la televisión en tu dormitorio.
f. no pueden salir de casa.
g. una casa con dos pisos, tres baños y un garaje.
h. siempre viene a la cocina para comer.

 3-7 **Otras combinaciones** Completa los siguientes pasos. ∎

Paso 1   Escribe una oración lógica con cada (*each*) verbo, combinando elementos de las tres columnas.

MODELO   (A) nosotros, (B) hacer, (C) la tarea en el dormitorio
              Nosotros hacemos la tarea en el dormitorio.

COLUMNA A	COLUMNA B	COLUMNA C
Uds.	(no) hacer	estudiar en el balcón
mamá y papá	(no) ver	programas interesantes en la
yo	(no) conocer	televisión los domingos
tú	(no) oír	de la casa
el profesor	(no) querer	la tarea en el dormitorio
nosotros/as	(no) salir	los libros al segundo piso
ellos/ellas	(no) traer	ruidos (*noises*) en el altillo por la noche
		bien el arte de España

Paso 2   En grupos de tres, lean las oraciones y corrijan (*correct*) los errores.

Paso 3   Escriban juntos (*together*) **dos** oraciones nuevas y compártanlas (*share them*) con la clase.

Capítulo 2. La formación de preguntas y las palabras interrogativas, pág. 70.

3-8 **Confesiones** Time for true confessions! Take turns asking each other how often you do the following things. ■

| siempre (*always*) | a menudo (*often*) | a veces (*sometimes*) | nunca (*never*) |

MODELO   venir tarde (*late*) a la clase de español

E1: *¿Vienes tarde a la clase de español?*

E2: *Nunca vengo tarde a la clase de español. ¿Y tú?*

E1: *Yo vengo tarde a veces.*

1. querer estudiar
2. oír lo que (*what*) dice tu profesor/a
3. poder contestar las preguntas de tu profesor/a de español
4. escuchar música en la clase de español

5. hacer preguntas tontas en clase
6. traer tus libros a la clase
7. salir temprano (*early*) de tus clases
8. querer comer en la sala para ver la televisión

Workbooklet

3-9 **Firma aquí** Complete the following steps. ■

Paso 1   Circulate around the room, asking your classmates appropriate questions using the cues provided. Ask those who answer **sí** to sign on the corresponding line in the chart.

MODELO   venir a clase todos los días

E1: *Roberto, ¿vienes a clase todos los días?*

E2: *No, no vengo a clase todos los días.*

E1: *Amanda, ¿vienes a clase todos los días?*

E3: *Sí, vengo a clase todos los días.*

E1: *Muy bien. Firma aquí, por favor.* ___Amanda___

> **Fíjate**
>
> Part of the enjoyment of learning another language is getting to know other people. Your instructor structures your class so that you have many opportunities to work with different classmates.

¿QUIÉN... ?	
1. ver la televisión todas las noches	_____
2. hacer la tarea siempre	_____
3. salir con los amigos los jueves por la noche	_____
4. estar enfermo/a hoy	_____
5. conocer Madrid	_____
6. poder estudiar con música fuerte (*loud*)	_____
7. querer ser arquitecto	_____
8. tener una nota muy buena en la clase de español	_____

Paso 2   Report some of your findings to the class.

MODELO   *Joe ve la televisión todas las noches. Toni siempre hace la tarea. Chad está enfermo hoy…*

3-10 **Entrevista** Complete the following steps. ∎

Paso 1   Ask a classmate you do not know the following questions. Then change roles.

1. ¿Haces ejercicio? ¿Con quién? ¿Dónde?
2. ¿Cuándo ves la televisión? ¿Cuál es tu programa favorito?
3. ¿Con quién(es) sales los fines de semana (*weekends*)? ¿Qué hacen ustedes?
4. ¿Qué días vienes a la clase de español? ¿A qué hora?
5. ¿Dónde pones tus libros?
6. ¿Siempre dices la verdad?

Paso 2   Share a few of the things you have learned about your classmate with the class.

MODELO   *Mi compañero sale los fines de semana con sus amigos y no hace ejercicio.*

NOTA CULTURAL

¿Dónde viven los españoles?

03-19

En Madrid, la capital de España, al igual que en Barcelona, una ciudad cosmopolita en el noreste del país, la vida es tan rápida y vibrante como en la ciudad de Nueva York y otras grandes ciudades. Muchas personas viven en pisos (apartamentos) en edificios grandes, mientras que muchas otras viven ahora en las afueras (*outskirts*) en complejos (grupos) de casas llamados "urbanizaciones", y van a la ciudad para trabajar. Para muchas personas, el costo de vivir en los centros urbanos resulta demasiado caro. Para otras, es preferible vivir donde la vida es un poco más tranquila y tener algo de naturaleza (*nature*) cerca de su vivienda.

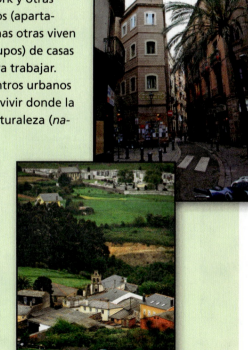

Sin embargo (*Nevertheless*), en los pueblos pequeños y en el campo la vida es diferente. Generalmente, las casas son bajas y algunas (*some*) tienen corrales con animales. Muchas personas se dedican a la agricultura y la vida es más lenta (*slow*).

Preguntas

1. ¿Dónde viven generalmente las personas que residen en Barcelona y en Madrid? ¿Qué es una "urbanización"?
2. ¿Cómo es diferente la vida en el campo?
3. ¿Dónde prefieres vivir tú, en el campo o en la ciudad?

Los muebles y otros objetos de la casa
Elaborating on rooms

03-20 to 03-25

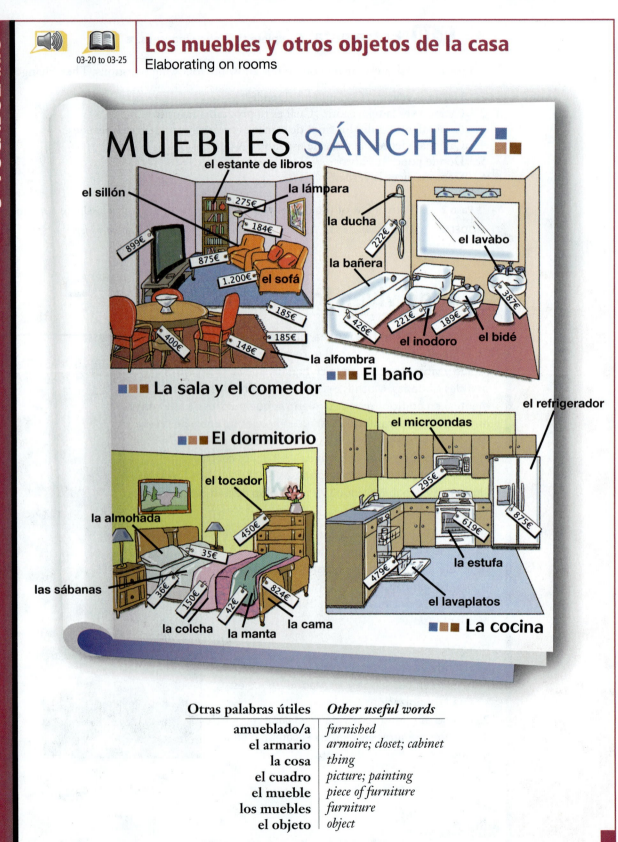

MUEBLES SÁNCHEZ

el estante de libros

el sillón

la lámpara

275€

184€

899€

875€

1.200€   el sofá

185€

400€   148€   185€

la alfombra

■ ■ ■ La sala y el comedor

la ducha

el lavabo

la bañera

222€

387€

426€   221€   189€

el inodoro   el bidé

■ ■ ■ El baño

el refrigerador

el microondas

■ ■ ■ El dormitorio

el tocador

la almohada

450€

35€

las sábanas

295€

875€

619€

36€

150€   42€   824€

479€

la estufa

la colcha   la manta   la cama

el lavaplatos

■ ■ ■ La cocina

Otras palabras útiles	Other useful words
amueblado/a	*furnished*
el armario	*armoire; closet; cabinet*
la cosa	*thing*
el cuadro	*picture; painting*
el mueble	*piece of furniture*
los muebles	*furniture*
el objeto	*object*

Capítulo 1. El verbo *tener*, pág. 34.

 3-11 En mi casa Túrnense para describir qué muebles y objetos tienen en sus casas. ■

MODELO   E1: *Yo tengo una cama y dos sillas en mi dormitorio. ¿Qué tienes tú?*

            E2: *Yo tengo una cama, un cuadro, una lámpara y una televisión. ¿Qué tienes en tu cocina?*

3-12 El dormitorio de Cecilia Mira (*Look at*) la foto y con un/a compañero/a determina dónde está cada objeto. ■

Fíjate

The preposition *de* combines with the masculine definite article *el* to form the contraction *del*. The feminine article *la* does not contract. Note the following examples.

El tocador está a la derecha **de la** puerta. — *The dresser is to the right of the door.*

El tocador está a la derecha **del** armario. — *The dresser is to the right right of the closet.*

MODELO   E1: ¿Dónde están los cuadros?

           E2: *Los cuadros están en las paredes; uno está sobre la cama y otro está sobre un mueble.*

¿Dónde está(n)…?

1. la cama
2. el armario
3. las lámparas
4. la alfombra
5. la puerta

Vocabulario útil	
a la derecha (de)	*to the right (of)*
a la izquierda (de)	*to the left (of)*
al lado (de)	*beside*
encima (de)	*on top (of)*
sobre	*on; on top (of); over*

Capítulo 2. El verbo *gustar*, pág. 80.

3-13 **¿Quieres una casa estupenda?** You have received a grant to study abroad in Sevilla, Spain! Now you need to find a place to live. Look at the three apartment ads below, and select one of them. Give your partner at least **three** reasons for your choice. Use expressions like **Me gusta(n)…** or **Tiene un/una…** Be creative! ■

MODELO   *Me gusta el edificio nuevo y tiene muebles. No me gustan…*

> Piso. Plaza de Cuba, Los Remedios. Edificio nuevo: dos dormitorios, baño, cocina, sala grande y balcón. Amueblado. 750€ al mes. Tel. 95 446 04 55.

> Piso. Colonia San Luis. Sala, cocina, dormitorio y baño. Sin muebles. 400€ al mes. Tel. 95 448 85 32.

> Alquilo piso de lujo en casa patio rehabilitada del siglo XVIII. Dos plantas, sala, cocina con zona de comedor, baño y dormitorio. Totalmente amueblado (junto a la Plaza Nueva, a dos minutos de la Catedral, Alcázar). Para más información por favor ponte en contacto con Teresa Rivas. Tel. 95 422 47 03.

¿Cómo andas? I

Having completed **Comunicación I,** I now can . . .	Feel confident	Need to review
• describe homes (p. 98)	☐	☐
• pronounce the letters **h, j,** and **g** (MSL /SAM)	☐	☐
• express actions (p. 101)	☐	☐
• relate general differences in housing in Spain (p. 105)	☐	☐
• elaborate on rooms (p. 106)	☐	☐

Comunicación II

4 VOCABULARIO

Los quehaceres de la casa
Sharing information about household chores

03-26 to 03-29

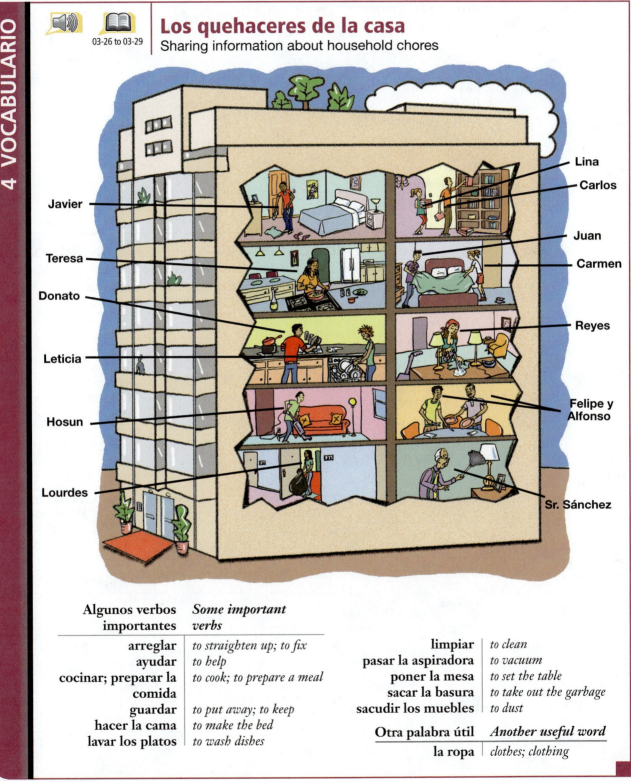

Javier

Teresa

Donato

Leticia

Hosun

Lourdes

Lina

Carlos

Juan

Carmen

Reyes

Felipe y Alfonso

Sr. Sánchez

Algunos verbos importantes	Some important verbs		
arreglar	to straighten up; to fix	limpiar	to clean
ayudar	to help	pasar la aspiradora	to vacuum
cocinar; preparar la comida	to cook; to prepare a meal	poner la mesa	to set the table
		sacar la basura	to take out the garbage
guardar	to put away; to keep	sacudir los muebles	to dust
hacer la cama	to make the bed	**Otra palabra útil**	**Another useful word**
lavar los platos	to wash dishes	la ropa	clothes; clothing

3-14 **¡Mucho trabajo!** Mira el dibujo en la página 109 y con un/a compañero/a determina qué hacen las siguientes personas. ■

MODELO   E1:   *Carmen*

             E2:   *Carmen hace la cama.*

1. El Sr. Sánchez
2. Hosun
3. Javier
4. Reyes
5. Donato y Leticia
6. Lourdes
7. Lina y Carlos
8. Teresa
9. Felipe y Alfonso
10. Juan y Carmen

Workbooklet

3-15 **Responsabilidades** ¿Cuáles son tus responsabilidades? ¿Cuánto tiempo dedicas a (*do you devote to*) estas tareas? ¿Cuándo? Completa el cuadro y comparte (*share*) oralmente tu información con un/a compañero/a. ■

Fíjate

The expression *tener que* + infinitive means "to have to do" something. *¿Qué tienes que hacer?* means "What do you have to do?" Later in this chapter you will learn more expressions with *tener*.

Vocabulario útil	
desordenado/a	*messy*
limpio/a	*clean*
sucio/a	*dirty*
tener que + (*infinitive*)	*to have to + (verb)*

MODELO   *Tengo que limpiar mi dormitorio y sacar la basura los lunes. Dedico dos horas porque está muy sucio y tengo mucha basura.*

LUGAR	¿QUÉ TIENES QUE HACER?	¿CUÁNDO?	¿CUÁNTO TIEMPO DEDICAS?
1. mi dormitorio	limpiar mi dormitorio y sacar la basura	el lunes	dos horas
2. el baño			
3. la cocina			
4. la sala			
5. el garaje			
6. el comedor			

5 VOCABULARIO

03-30 to 03-33

Los colores Illustrating objects using colors

amarillo **marrón**

una casa sevillana

anaranjado

el puerto de Ribadeo

beige

una casa urbana española

blanco **negro**

Los Picos de Europa

azul

el mar al lado de Baiona

gris

la catedral en Bilbao

verde

las botellas para la sidra

Un viñedo en La Rioja

morado **rosado**

una casa privada

un autobús **rojo**

Colors are descriptive adjectives, and as such, they must agree with the nouns they describe in number and gender.

Fíjate

You learned in *Capítulo 1* (p. 30) that adjectives normally follow nouns in Spanish: e.g., el coche *rojo*.

- Adjectives ending in **-o** have four forms.

  roj**o**   roj**a**   roj**os**   roj**as**

- Adjectives ending in a vowel other than **-o,** or in a consonant, have two forms.

  verd**e**   verd**es**

  azu**l**   azu**les**

¿De qué color es...?	What color is . . . ?
La casa es blanca y tiene un techo rojo.	*The house is white and has a red roof.*
Las casas son blancas y tienen techos rojos.	*The houses are white and have red roofs.*
Tengo un armario marrón.	*I have a brown armoire.*
Tengo una alfombra marrón.	*I have a brown rug.*
Tengo dos sillones marrones.	*I have two brown armchairs.*

How would you say "a black refrigerator," "a white sofa," "a green kitchen," and "some yellow chairs?"

 3-16 **La casa ideal** Termina (*Finish*) las siguientes oraciones para describir tu casa ideal, incluyendo los colores. Comparte tus respuestas con un/a compañero/a. ■

MODELO   E1: *Quiero una casa con…*   *una cocina…*

             E2: *Quiero una casa con una cocina amarilla.*

Quiero una casa con…

1. una alfombra…
2. una bañera…
3. un inodoro y un lavabo…
4. un refrigerador…
5. un comedor…
6. unos sillones…
7. un techo…
8. ¿?

 Capítulo Preliminar A. El verbo *ser*, pág. 13; Capítulo 1. El verbo *tener*, pág. 34.

 3-17 **¿Cómo son?** Túrnense para comparar la sala de Luis con la tuya (*yours*) o la sala de un/a amigo/a. Usen los verbos **ser** y **tener.** ■

MODELO   E1: *Luis tiene una sala grande, pero yo tengo una sala pequeña.*

             E2: *La sala de Luis es grande y mi sala es grande también.*

La sala de Luis

3-18 **Buena memoria** Bring in colorful pictures of a house or rooms in a house. Select one picture and take a minute to study it carefully. Turn it over and relate to a partner as much detail as you can remember about the picture, especially pertaining to colors. Then listen to your partner talk about his or her picture. Who remembers more? ■

  3-19 **En la casa de Dalí** Go to the Internet to take a virtual tour of the home of a famous Spaniard, such as the house of the famous artist Salvador Dalí, the Castillo Gala Dalí in Púbol, Spain. While you are exploring his house, or the house of another Spaniard, answer the following questions. Then compare your answers with those of a classmate. ■

El Castillo Gala Dalí

1. ¿Qué ves en el jardín?
2. ¿Qué muebles ves o imaginas en cada cuarto?
3. ¿Cuáles son los colores principales de cada cuarto?
4. ¿Qué te gusta más de esta casa? ¿Qué te gusta menos?

6 GRAMÁTICA

03-34 to 03-37

Algunas expresiones con *tener*
Depicting states of being using *tener*

The verb **tener,** besides meaning *to have*, is used in a variety of expressions.

Susana tiene 19 años.

tener... años	*to be . . . years old*
tener calor	*to feel hot*
tener cuidado	*to be careful*
tener éxito	*to be successful*
tener frío	*to be cold*
tener ganas de + (*infinitive*)	*to feel like + (verb)*
tener hambre	*to be hungry*
tener miedo	*to be afraid*
tener prisa	*to be in a hurry*
tener que + (*infinitive*)	*to have to + (verb)*
tener razón	*to be right*
tener sed	*to be thirsty*
tener sueño	*to be sleepy*
tener suerte	*to be lucky*
tener vergüenza	*to be embarrassed*

Fíjate

You have learned that adjectives in Spanish, like the color *amarillo*, have four forms (masculine singular, feminine singular, masculine plural, feminine plural). When you use expressions like *tener frío* or *tener éxito*, you do not change the *o* of *frío* or *éxito* to make it feminine or plural.

—Mamá, **tengo hambre.** ¿Cuándo comemos?
—**Tienes suerte,** hijo. Salimos para
  el restaurante Tío Tapas en diez minutos.

Mom, I'm hungry. When are we eating?
You are lucky, son. We are leaving
  for Tío Tapas Restaurant in ten minutes.

3-20 **¿Qué pasa?** Mira los dibujos y, con un/a compañero/a, crea una oración para cada persona. Usa expresiones con **tener.** ■

MODELO

Susana tiene 19 años.

Rosario   Alicia

Beatriz   Julián

Pilar

Jorge   Ramón   Roberto

Carmen   David

 3-21 **¿Qué haces cuando…?** ¿Qué haces en casa en las siguientes situaciones? Contesta combinando los elementos de las dos columnas de la forma más lógica. Compara tus respuestas con las de un/a compañero/a. ■

MODELO   E1: tener ganas de descansar   ver la televisión

E2: *Cuando tengo ganas de descansar, veo la televisión.*

Cuando…

1. _____ tener hambre
2. _____ tener suerte
3. _____ tener cuidado
4. _____ tener prisa
5. _____ tener frío
6. _____ tener éxito
7. _____ tener sed
8. _____ tener ganas de descansar

a. estar muy feliz
b. preparar comida en la cocina
c. hacer una limonada
d. no tener que limpiar la casa
e. ver la televisión
f. salir rápidamente en mi carro
g. no hacer errores
h. tomar el sol en el jardín

Capítulo Preliminar A.
Los días, los meses y
las estaciones, pág. 20;
Capítulo 2. Presente
indicativo de verbos
regulares, pág. 67.

 3-22 ¿Qué tengo yo? Expresa cómo te sientes (*you feel*) en las siguientes ocasiones usando (*using*) expresiones con **tener**. Compara tus respuestas con las de un/a compañero/a. ■

MODELO E1: antes de comer
E2: *Antes de comer tengo hambre.*

1. temprano en la mañana
2. los viernes por la tarde
3. después de correr mucho
4. en el verano
5. en el invierno

6. cuando tienes tres minutos para llegar a clase
7. cuando sacas una "A" en un examen
8. cuando lees un libro de Stephen King o ves una película (*movie*) de terror

 3-23 Pobre Pablo Poor Pablo, our friend from Madrid, is having one of those days! With a partner, retell his story using **tener** expressions. ■

MODELO

El despertador de Pablo no funciona (*does not work*). Tiene una clase a las 8:00 y es tarde. Sale de casa a las 8:10.

Pablo tiene prisa.

1. Es invierno y Pablo no tiene abrigo (*coat*).

2. Pablo tiene un insuficiente (60% en los Estados Unidos) en un examen.

3. Pablo recibe una oferta (*offer*) de trabajo increíble.

4. Pablo ve que no tiene dinero para comer.

5. Pablo está en casa y quiere una botella de agua. En el refrigerador no hay ninguna (*none*).

3-24 **Datos personales** Túrnense para hacerse esta entrevista (*interview*). ∎

1. ¿Cuántos años tienes?
2. ¿Qué tienes que hacer hoy?
3. ¿Tienes ganas de hacer algo diferente? ¿Qué?
4. ¿En qué clase tienes sueño?
5. ¿En qué clase tienes mucha suerte?
6. ¿Siempre tienes razón?
7. ¿Cuándo tienes hambre?
8. ¿Cuándo tienes sueño?
9. Cuando tienes sed, ¿qué tomas?
10. ¿En qué tienes éxito?

7 VOCABULARIO

03-38 to 03-42

Los números 1.000–100.000.000
Counting from 1,000 to 100,000,000

1.000	mil	**100.000**	cien mil
1.001	mil uno	**400.000**	cuatrocientos mil
1.010	mil diez	**1.000.000**	un millón
2.000	dos mil	**2.000.000**	dos millones
30.000	treinta mil	**100.000.000**	cien millones

1. **Mil** is never used in the plural form when counting.

   mil   dos mil   tres mil

> **Fíjate**
> To express "a/one thousand," use *mil*. Do not use the word *un* with *mil*.

2. To state numbers in the thousands (such as the following dates), use mil, followed by hundreds in the masculine form (if needed).

1492	mil cuatrocientos noventa y dos
1950	mil novecientos cincuenta
2012	dos mil doce

3. The plural of **millón** is **millones** and when followed by a noun, both take the preposition **de.**

   un millón de autos   cinco millones de personas

> **Fíjate**
> Note that *millón* has an accent mark in the singular form but loses the accent mark in the plural form, *millones.*

4. **Cien** is used before **mil** and **millones (de).**

   cien mil euros   cien millones de euros

5. Decimals are used instead of commas in some Hispanic countries to group three digits together, and commas are used to replace decimals.

   1.000.000 (un millón) $2.000,00 (dos mil dólares)

3-25 **¿Cuánto cuesta?** Look at the ads for houses in Spain. Take turns asking for the price and other details for each of the houses. ∎

MODELO   E1:   *¿Cuánto cuesta la casa en Carmona?*

               E2:   *Cuesta ochocientos noventa y cinco mil euros.*

               E1:   *¿Cuántos dormitorios tiene?*

               E2:   *Tiene dos dormitorios.*

Casa en venta

2 dormitorios,
2 baños,
calefacción,
aire acondicionado.

Cerca de la calle
Santa Ana.

Carmona, España.

Precio: 895.000€   Tel: (+34) 954 190 576

Casa independiente en venta

6 dormitorios, 3 baños, cocina amueblada,
terrazas, piscina.

Los Gigantes, Tenerife, España.

Precio: 2.620.000€   Tel: (+34) 922 787 718

Casa independiente en venta

3 dormitorios, 2 baños, cocina amueblada,
calefacción, terrazas, chimenea. Jardín grande.
Posibilidad de ampliación de dormitorios.

Costa Brava, España.

Precio: 960.607€   Tel: (+34) 972 212 315

Casa unifamiliar en venta

Casa señorial de
cuatro plantas.

La construcción
data del año 1800.

En buen estado
de conservación.

5 dormitorios,
2 baños, chimenea,
terrazas, jardín
grande.

Oviedo, España.

Precio: 620.000€   Tel: (+34) 984 223 591

3-26 **¿Cuál es su población?** Lee las poblaciones de las siguientes ciudades de España mientras (*while*) tu compañero/a te escucha y corrige. Después, cambien de papel (*change roles*). ■

1. Madrid   2.824.000
2. Barcelona   1.454.000
3. Valencia   736.000
4. Sevilla   695.000
5. Granada   242.000

3-27 **¿Qué compras?** Your rich uncle left you an inheritance with the stipulation that you use the money to furnish your house. Refer to the pictures on page 106 to spend 3.500€ on your house. Make a list of what you want to buy, assigning prices to any items without tags. Then share your list with your partner, who will keep track of your spending. Did you overspend? ■

MODELO *Quiero comprar una televisión por (for) ochocientos noventa y nueve euros.*

Fíjate

The sentence in the model includes two verbs; the second verb is an infinitive (-*ar*, -*er*, -*ir*).

Quiero compr**ar**   *I want to buy*
una televisión.   *a television.*

Las casas "verdes"

03-46

El norte de España (Galicia, Asturias, Cantabria y el País Vasco) se llama "la España verde" a causa del color verde del paisaje (*countryside*). Hay suficiente lluvia y los árboles y la otra vegetación responden bien a la madre naturaleza.

Pero verde significa otra cosa también. España y otros países hispanohablantes tratan de (*try to*) vivir una vida verde. "Vivir una vida verde" significa valorar, cuidar (*care for*) y preservar los recursos naturales. Por ejemplo, usan el viento para producir energía. España produce entre 30 y 50 por ciento de su electricidad del viento. También hay casas con paneles solares.

En el sur de España, muchas casas son de color blanco. Es una tradición muy vieja. El color blanco refleja los rayos del sol y conserva la casa más fresca. Es aún otra manera para vivir una vida verde.

Preguntas

1. Explica los dos sentidos (*meanings*) de la palabra "verde".
2. ¿Dónde hay edificios o casas verdes en los Estados Unidos?

03-43 to 03-45

Hay   Stating *There is / There are*

In **Capítulo 2,** you became familiar with **hay** when you described your classroom. To say *there is* or *there are* in Spanish you use **hay.** The irregular form **hay** comes from the verb **haber.**

Hay un baño en mi casa.	*There is one bathroom in my house.*
Hay cuatro dormitorios también.	*There are also four bedrooms.*
—¿**Hay** tres baños en tu casa?	*Are there three bathrooms in your house?*
—No, no **hay** tres baños.	*No, there aren't three bathrooms.*

¿Qué hay en ese cuarto?

3-28 **¡Escucha bien!** Descríbele un cuarto de tu casa (real o imaginaria) a un/a compañero/a en **tres** oraciones. Él/Ella tiene que repetir las oraciones. Después, cambien de papel. ■

MODELO   E1: *En mi dormitorio hay una cama, una lámpara y un tocador. También hay dos ventanas. No hay una alfombra.*

          E2: *En tu dormitorio hay una cama, una lámpara y un tocador…*

 3-29 **¿Qué hay en tu casa?** Descríbele tu casa a un/a compañero/a. Usen todas las palabras que puedan (*you can*) del vocabulario de **La casa**, p. 98, y **Los muebles y otros objetos de la casa**, p. 106. ■

MODELO   E1: *En mi casa hay un garaje. ¿Hay un garaje en tu casa?*

          E2: *No, en mi casa no hay un garaje.*

          E2: *En mi baño hay una bañera y una ducha. ¿Qué hay en tu baño?*

          E1: *Hay una ducha, un inodoro y un lavabo grande.*

 Capítulo Preliminar A. Los números 0–30, pág. 16; Capítulo 2. La formación de preguntas y las palabras interrogativas, pág. 70.

 3-30 **¿Cuántos hay?** Túrnense para preguntar y contestar cuántos objetos y personas hay en su clase aproximadamente. ■

MODELO   libros de español

          E1: *¿Cuántos libros de español hay?*

          E2: *Hay treinta libros de español.*

1. puertas
2. escritorios
3. mochilas azules
4. cuadernos negros
5. estudiantes contentos
6. estudiantes cansados
7. computadoras
8. estudiantes a quienes les gusta jugar al fútbol
9. estudiantes a quienes les gusta ir a fiestas (*parties*)
10. estudiantes a quienes les gusta estudiar

ESCUCHA

03-47 to 03-48

Una descripción

3-31 **Antes de escuchar** A real estate agent is describing one of the homes she has listed to sell to the Garrido family. Mr. Garrido asks for a few details. Write a question Mr. Garrido might ask the agent. ■

3-32 **A escuchar** Listen to the passage and complete the following list based on the information the agent provides. Listen a second time to verify your answers. ■

1. Number of floors: _____
2. Number of bedrooms: _____
3. Number of bathrooms: _____
4. Size of kitchen: _____
5. Size of living room: _____
6. Price: _____

Los señores Garrido quieren comprar una casa.

3-33 **Después de escuchar** With a partner, play the the roles of Mr. Garrido and a friend. The friend asks questions about the house, and Mr. Garrido describes the house using the information from **3-32**. ■

¡CONVERSEMOS!

 03-49

 3-34 **Su casa** Look at the drawing below, and create a story about the family who lives there. Your partner will ask you the following questions as well as additional ones he/she may have. ■

- When does your story take place?
- What is the weather?
- What is the name of the family?
- Describe furniture and household objects using colors.

Also make sure that your story includes the following components.

- Include at least *eight* different verbs.
- Use at least *three* new **tener** expressions (p. 113).

 3-35 **Mi casa ideal** Describe tu casa ideal. Di por lo menos (*at least*) **diez** oraciones, usando palabras descriptivas (adjetivos) en cada oración. Tu compañero/a de clase va a hacer por lo menos **tres** preguntas sobre tu descripción. ■

ESCRIBE

03-50

Un anuncio (*ad*)

Estrategia	Remember that most adjectives follow nouns, and that adjectives agree with their corresponding nouns in gen-	der (*masculine/feminine*) and number (*singular/plural*). Keep this in mind when creating your ad.
Noun → adjective agreement		

3-36 **Antes de escribir** You have accepted a new job in a different town and you are uncertain regarding the permanence of the position. Therefore, you decide to sublet your apartment, listing it on the Internet on a site such as Craigslist. Before creating the posting, make a detailed list of the features you want to include. ■

3-37 **A escribir** Organize your list and create your ad, making it as informative and attractive as possible. The ad should include the following information: ■

- Location (city, country, street, etc.)
- Type of house or building
- Number and types of rooms
- Appliances in the kitchen
- Pieces of furniture included
- Colors
- Price and contact information
- Special features

3-38 **Después de escribir** Circulate among your classmates sharing your ads, and determine which you would most like to sublet. ■

¿Cómo andas? II

	Feel confident	Need to review
Having completed **Comunicación II**, I now can . . .		
• share information about household chores (p. 109)	☐	☐
• illustrate objects using colors (p. 111)	☐	☐
• depict states of being using **tener** (p. 113)	☐	☐
• count from 1,000–100,000,000 (p. 116)	☐	☐
• discover green initiatives (p. 119)	☐	☐
• state *There is / There are* (p. 119)	☐	☐
• listen for specific information (p. 121)	☐	☐
• communicate about homes and life at home (p. 122)	☐	☐
• create an ad (p. 123)	☐	☐

Cultura

España

03-51 to 03-53

Les presento mi país

Mariela Castañeda Ropero

Mi nombre es Mariela Castañeda Ropero y soy de Madrid, la capital de España. Vivo con mis padres en un piso en el centro. **¿Dónde vives tú? ¿En una casa, en un apartamento o en una residencia estudiantil?** Me gusta la vida en la capital porque hay mucha actividad. A veces, me gusta salir con mis amigos por la tarde para comer tapas y tomar algo. La Plaza Mayor es uno de los lugares típicos para ir de tapas. **¿Cuál es tu lugar favorito para conversar y pasar tiempo con tus amigos?** Frecuentemente, hablamos de los deportes, sobre todo del fútbol y de los equipos españoles. ¡Cada uno tiene su favorito! **¿Cuál es tu deporte preferido? ¿Eres aficionado o jugador?**

Los ganadores de la Copa Mundial 2010

La Plaza Mayor de Madrid es un lugar agradable para comer tapas, tomar una bebida y conversar con amigos.

Don Quijote y Sancho Panza son personajes del autor Miguel de Cervantes Saavedra.

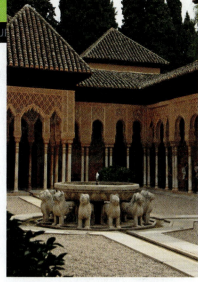

El patio de los leones de La Alhambra muestra la influencia árabe en Granada.

Los *castells* —o castillos (*castles*) en español— son impresionantes construcciones humanas.

La tortilla española es una tapa (un aperitivo) muy típica y popular.

La Pedrera (la Casa Milà) en Barcelona es un ejemplo de la arquitectura creativa de Antonio Gaudí.

ALMANAQUE

Nombre oficial:	Reino de España
Gobierno:	Monarquía parlamentaria
Población:	46.505.963 (2010)
Idiomas oficiales:	español, catalán, gallego, euskera (vasco)
Moneda:	euro (€)

¿Sabías que...?

- España tiene una diversidad de culturas, regiones y arquitectura. Para un país el doble del estado de Oregon, tiene una gran variedad.
- Los *castells* forman parte de una tradición empezada en Cataluña en el siglo (*century*) XVIII que consiste en competir por hacer la torre (*tower*) humana más alta. ¡Actualmente el récord es un castillo de nueve pisos!

Preguntas

1. ¿Qué es una tapa?
2. ¿Qué evidencia hay de la presencia histórica de los árabes en España?
3. ¿Por qué son impresionantes los *castells*? Nombra una competencia famosa de tu país.
4. Describe la arquitectura de Antonio Gaudí. ¿Te gusta? ¿Por qué?
5. ¿Qué tienen en común México y España en cuanto a los deportes?

 Amplía tus conocimientos sobre España en MySpanishLab.

Ambiciones siniestras EPISODIO 3

03-57

Lectura

Estrategia Scanning

To enhance comprehension, you can scan or search a reading passage for specific informa-tion. When skimming, you read quickly to get the gist of the passage, the main ideas. With scanning, you already know what you need to find out, so you concentrate on searching for that information.

3-39 **Antes de leer** In the third episode of **Ambiciones siniestras,** some of our protagonists receive an enticing e-mail message. You will discover the content of the mysterious message, as well as learn more about Alejandra's family. Before you read this episode, consider the following questions. ■

1. ¿Hablas sobre los miembros de tu familia con tus amigos? ¿Qué dices?
2. ¿Recibes mensajes curiosos que no vienen de amigos ni (*nor*) de personas de tu familia?
3. ¿Recibes correo basura (*spam*)?

3-40 **A leer** Complete the following steps. ■

1. Scan the first two paragraphs of this episode, looking for the following specific information:
   a. the location of Alejandra and Manolo
   b. what they are doing there
   c. about whom Alejandra is talking
2. Now reread the second paragraph to determine why Alejandra is discussing this person. What is her concern?

Remember that successful reading in Spanish will require that you read the episodes more than once.

contest ## *El concurso*°

Manolo y Alejandra están en el cibercafé NetEscape. Hablan mientras se toman un café y leen sus correos electrónicos.

message
to introduce him

Alejandra le dice a Manolo que quiere mirar su email para ver si tiene un mensaje° de su hermana Pili. Alejandra explica que Pili tiene un novio nuevo y que quiere presentárselo° a sus padres esta noche. Su hermana está muy nerviosa. El novio, Peter, tiene veintinueve años y la hermana tiene solamente diecinueve. ¡Con razón tiene miedo! Alejandra dice que sus padres son muy estrictos y creen que ella es demasiado joven para tener novio.

Alejandra lee varios mensajes y exclama:

—Manolo, ¡mira!

—¿Qué pasa? ¿Tienes un mensaje de tu hermana? —le pregunta Manolo.

this   —No, pero tienes que leer esto°. ¡Es increíble!

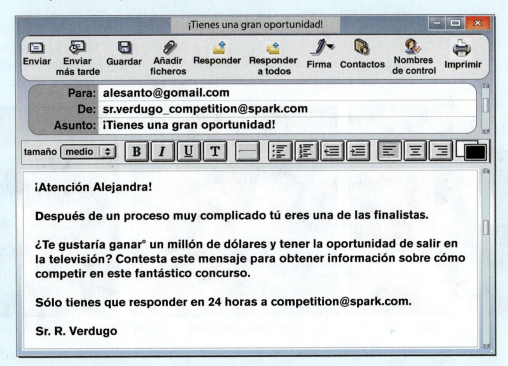

Entonces Manolo decide ver si él tiene el mismo mensaje.

entire country   —¡Mira! —exclama Manolo. —¡Aquí está! ¡Qué bueno! Pero, seguramente el país entero° tiene el mismo mensaje. ¿Es legítimo? Alejandra, ¿respondemos?

I must   —No sé. —le contesta Alejandra—. Mis padres siempre me dicen que debo° tener cuidado con las ofertas. ¿Pero qué nos puede pasar si sólo contestamos que deseamos más información?

—Sí —le responde Manolo—. ¿Qué nos puede pasar?

3-41   Después de leer   Contesta las siguientes preguntas. ∎

1. ¿Cómo se llama la hermana de Alejandra? ¿Cuál es su problema?
2. ¿Qué recibe Alejandra?
3. ¿Qué puede ganar?
4. Según (*According to*) Manolo, ¿quiénes reciben la oferta?
5. En tu opinión, ¿qué crees que hacen?
6. Hagan los papeles (*roles*) de unas personas que acaban (*have just*) de recibir el mensaje. ¿Cómo reaccionan? ¿Qué dicen? ¿Qué hacen?

Video

Antes del video Take a minute to think back to the first time you visited a friend in his or her dorm room, apartment, or house. Were you interested in seeing what the new living space was like? Did he/she take time to show you around and elaborate on some of the furnishings? In this video episode you will see Lupe's apartment as well as Eduardo's and Cisco's families' homes. They are also checking e-mail. Listen for the phrase **Seguro que es una broma.** (*It's got to be a joke.*) Who says it? Also listen for **Tal vez** (*Perhaps*) **sea un mensaje en cadena. Cadena** means "chain." Can you guess what the sentence means? ■

¡Es una gran oportunidad! ¿No crees?

Tal vez sea un mensaje en cadena.

No lo puedo creer. ¡Qué piscina! ¡Es impresionante!

Episodio 3

«¡Tienes una gran oportunidad!»

Relax and watch the video, more than once if you choose; then answer the following questions.

3-43 **Después del video** Contesta las siguientes preguntas. ■

1. ¿Cómo es el apartamento de Lupe?
2. ¿Qué mensaje recibe Marisol? ¿Y Lupe?
3. ¿Dónde están Cisco y Eduardo? ¿Qué estudian?
4. ¿Cómo es el dormitorio nuevo de Eduardo?
5. ¿Cómo es la casa de los padres de Cisco?
6. ¿Qué ocurre al final del episodio?

Y por fin, ¿cómo andas?

	Feel confident	Need to review

Having completed this chapter, I now can . . .

Comunicación I

- describe homes (p. 98) ☐ ☐
- pronounce the letters **h, j,** and **g** (MSL/SAM) ☐ ☐
- express actions (p. 101) ☐ ☐
- elaborate on rooms (p. 106) ☐ ☐

Comunicación II

- share information about household chores (p. 109) ☐ ☐
- illustrate objects using colors (p. 111) ☐ ☐
- depict states of being using **tener** (p. 113) ☐ ☐
- count from 1,000–100,000,000 (p. 116) ☐ ☐
- state *There is / There are* (p. 119) ☐ ☐
- listen for specific information (p. 121) ☐ ☐
- communicate about homes and life at home (p. 122) ☐ ☐
- create an ad (p. 123) ☐ ☐

Cultura

- describe general differences in housing in Spain (p. 105) ☐ ☐
- discover green initiatives (p. 119) ☐ ☐
- list interesting facts about Spain (p. 124) ☐ ☐

Ambiciones siniestras

- scan a passage consisting of an enticing e-mail message received by Alejandra and Manolo (pp. 126–127) ☐ ☐
- determine who else receives the mysterious e-mail and their reactions to the message (p. 128) ☐ ☐

Comunidades

- use Spanish in real-life contexts (SAM) ☐ ☐

VOCABULARIO ACTIVO

La casa	The house
el altillo	attic
el balcón	balcony
el baño	bathroom
la cocina	kitchen
el comedor	dining room
el cuarto	room
el dormitorio	bedroom
la escalera	staircase
el garaje	garage
el jardín	garden
la oficina	office
el piso	floor; story
la planta baja	ground floor
el primer piso	second floor
la sala	living room
el segundo piso	third floor
el sótano	basement
el suelo	floor
el techo	roof
el tercer piso	fourth floor

Los verbos	Verbs
conocer	to be acquainted with
dar	to give
decir	to say; to tell
hacer	to do; to make
oír	to hear
poder	to be able to
poner	to put; to place
querer	to want; to love
salir	to leave; to go out
traer	to bring
venir	to come
ver	to see

Los muebles y otros objetos de la casa	Furniture and other objects in the house
La sala y el comedor	*The living room and dining room*
la alfombra	rug; carpet
el estante	bookcase
la lámpara	lamp
el sillón	armchair
el sofá	sofa
La cocina	*The kitchen*
la estufa	stove
el lavaplatos	dishwasher
el microondas	microwave
el refrigerador	refrigerator
El baño	*The bathroom*
la bañera	bathtub
el bidé	bidet
la ducha	shower
el inodoro	toilet
el lavabo	sink
El dormitorio	*The bedroom*
la almohada	pillow
la cama	bed
la colcha	bedspread; comforter
la manta	blanket
las sábanas	sheets
el tocador	dresser

Otras palabras útiles en la casa	Other useful words in the house
amueblado/a	furnished
el armario	armoire; closet; cabinet
la cosa	thing
el cuadro	picture; painting
el mueble	piece of furniture
los muebles	furniture
el objeto	object

Los quehaceres de la casa	Household chores
arreglar	to straighten up; to fix
ayudar	to help
cocinar, preparar la comida	to cook; to prepare a meal
guardar	to put away; to keep
hacer la cama	to make the bed
lavar los platos	to wash dishes
limpiar	to clean
pasar la aspiradora	to vacuum
poner la mesa	to set the table
sacar la basura	to take out the garbage
sacudir los muebles	to dust

Los colores	Colors
amarillo	yellow
anaranjado	orange
azul	blue
beige	beige
blanco	white
gris	gray
marrón	brown
morado	purple
negro	black
rojo	red
rosado	pink
verde	green

Los números 1.000–100.000.000	Numbers 1,000–100,000,000
See page 118.	

Expresiones con *tener*	Expressions with tener
tener... años	to be . . . years old
tener calor	to be hot
tener cuidado	to be careful
tener éxito	to be successful
tener frío	to be cold
tener ganas de + (infinitive)	to feel like + (verb)
tener hambre	to be hungry
tener miedo	to be afraid
tener prisa	to be in a hurry
tener que + (infinitive)	to have to + (verb)
tener razón	to be right
tener sed	to be thirsty
tener sueño	to be sleepy
tener suerte	to be lucky
tener vergüenza	to be embarrassed

Otras palabras útiles	Other useful words
a la derecha (de)	to the right (of)
a la izquierda (de)	to the left (of)
al lado (de)	beside
a menudo	often
a veces	sometimes
antiguo/a	old
la calle	street
el campo	country
la ciudad	city
contemporáneo/a	contemporary
desordenado/a	messy
encima (de)	on top (of)
humilde	humble
limpio/a	clean
moderno/a	modern
nuevo/a	new
nunca	never
la ropa	clothes; clothing
siempre	always
sobre	on; on top (of); over
sucio/a	dirty
tradicional	traditional
viejo/a	old

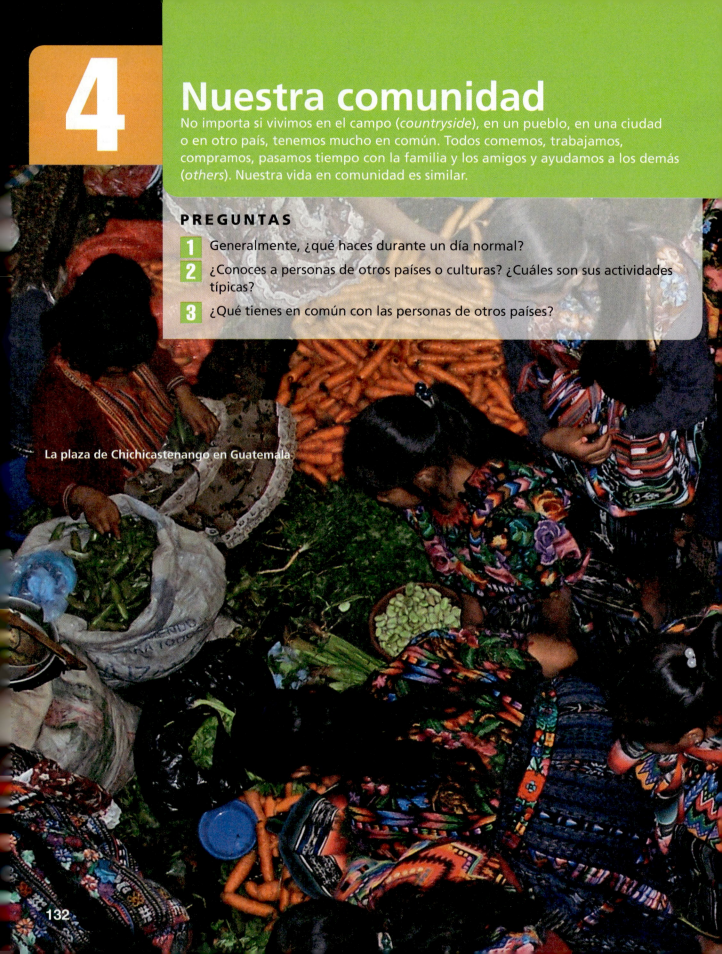

4 Nuestra comunidad

No importa si vivimos en el campo (*countryside*), en un pueblo, en una ciudad o en otro país, tenemos mucho en común. Todos comemos, trabajamos, compramos, pasamos tiempo con la familia y los amigos y ayudamos a los demás (*others*). Nuestra vida en comunidad es similar.

PREGUNTAS

1 Generalmente, ¿qué haces durante un día normal?

2 ¿Conoces a personas de otros países o culturas? ¿Cuáles son sus actividades típicas?

3 ¿Qué tienes en común con las personas de otros países?

La plaza de Chichicastenango en Guatemala

Comunicación I

1 VOCABULARIO

04-01 to 04-04

Los lugares Identifying places in and around town

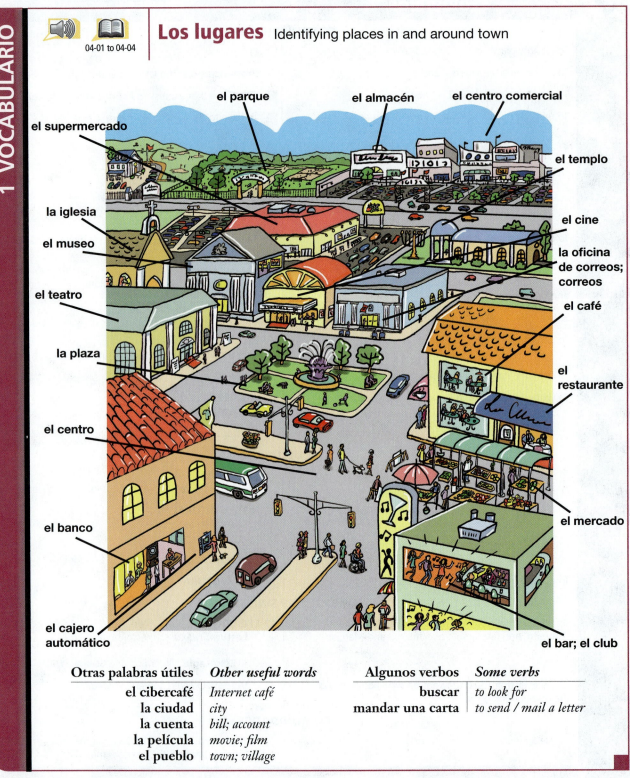

el parque
el almacén
el centro comercial
el supermercado
el templo
la iglesia
el cine
el museo
la oficina de correos; correos
el teatro
el café
la plaza
el restaurante
el centro
el banco
el mercado
el cajero automático
el bar; el club

Otras palabras útiles	*Other useful words*	Algunos verbos	*Some verbs*
el cibercafé	*Internet café*	buscar	*to look for*
la ciudad	*city*	mandar una carta	*to send / mail a letter*
la cuenta	*bill; account*		
la película	*movie; film*		
el pueblo	*town; village*		

PRONUNCIACIÓN

The letters *c* and *z*

¡Hola!
04-05 to 04-06

Go to MySpanishLab / Student Activites Manual to learn how to pronounce the letters *c* and *z*.

Capítulo 2. El verbo *estar*, pág. 76.

4-1 **¿Dónde está?** Tu amigo está muy ocupado. Túrnate con un/a compañero/a para decir dónde está en este momento. ■

MODELO E1: Quiere mandar una carta.

E2: *Está en la oficina de correos.*

1. Quiere ver una película.
2. Necesita dinero para pagar una cuenta.
3. Quiere comer algo (*something*).
4. Quiere ver una exposición de arte.
5. Quiere caminar y hacer ejercicio.
6. Tiene sed y quiere tomar algo.
7. Quiere mandar un email.
8. Tiene que ir a una boda (*wedding*).

> **Fíjate**
>
> Note that you use a form of *querer* + *infinitive* to express "to want to _____."
> For example:
>
> *Quiero mandar…* = I want to send . . .
>
> *Queremos ver…* = We want to see . . .

Capítulo Preliminar A. El verbo *ser*, pág. 13; Capítulo 2. El verbo *estar*, pág. 76.

4-2 **El mejor de los mejores** ¿Cuáles son, en tu opinión, los mejores lugares en tu comunidad? ■

> **Estrategia**
>
> Remember that you learned vocabulary in *Capítulos 2* and *3*, such as *a la derecha, a la izquierda,* and *al lado de* that you can also practice with your new vocabulary.

El mejor de los mejores

✳ Las mejores **TIENDAS**

✳ Los mejores **CINES**

✳ Los mejores **RESTAURANTES**

Vocabulario útil	
detrás (de)	*behind*
enfrente (de)	*in front (of)*
estar de acuerdo	*to agree*
el/la mejor	*the best*
el/la peor	*the worst*

Paso 1 Haz (*Make*) una lista de los mejores lugares de tu pueblo o ciudad según las siguientes categorías.

MODELO E1: restaurante

E2: *El mejor restaurante es* The Lantern.

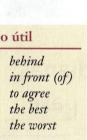

1. almacén
2. banco
3. centro comercial
4. cine
5. café
6. teatro
7. tienda
8. restaurante
9. supermercado

(continued)

Paso 2 Compara tu lista con las listas de los otros estudiantes de la clase. ¿Están de acuerdo?

MODELO E1: *En mi opinión, el mejor restaurante es* The Lantern. *¿Estás de acuerdo?*

E2: *No, no estoy de acuerdo. El mejor restaurante es* The Cricket.

Paso 3 Túrnense para explicar dónde están los mejores lugares.

MODELO E1: *Busco el mejor restaurante.*

E2: *El mejor restaurante es* The Lantern.

E1: *¿Dónde está?*

E2: *Está al lado del Banco Nacional.*

Fíjate

A reminder from *Capítulo 3*: The preposition *de* combines with the masculine singular definite article *el* to form the contraction *del*. The feminine article *la* does not contract.

4-3 **Chiquimula y mi ciudad…**

Chiquimula es un pueblo de 24.000 personas que está en el este de Guatemala. ∎

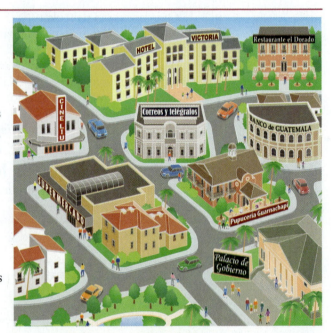

Paso 1 Túrnense para describir el centro del pueblo. Mencionen dónde están los edificios principales.

MODELO *El Hotel Victoria está al lado del Restaurante el Dorado…*

Paso 2 Ahora dibuja (*draw*) un mapa del centro de tu pueblo o ciudad. El dibujo debe incluir los edificios principales. Después, túrnense para describirlo oralmente.

Paso 3 Túrnense para describir sus dibujos mientras tu compañero/a dibuja lo que dices.

Actividades cotidianas: Las compras y el paseo

04-07 to 04-08

En los Estados Unidos, la gente hace gran parte de las compras en los centros comerciales. En los países hispanohablantes, también se hacen las compras en los centros comerciales, especialmente en las ciudades grandes. En Guatemala, Honduras y El Salvador algunos de los más conocidos son Hiper Paiz, Maxi Bodega y Despensa Familiar.

En los pueblos pequeños la gente va al centro de la ciudad. En el centro está el mercado y hay muchas tiendas además de la oficina de correos, el banco y los restaurantes. Se puede encontrar gente de todas las clases sociales y muchos vendedores ambulantes (*roving*).

Otro lugar importante en el centro de los pueblos es la plaza. Allí se encuentra la gente (*people meet*) para conversar, pasear, ir de compras o ir a la iglesia. Además, los lugareños (*locals*) pasean a diario por las calles principales y los parques del pueblo. En los pueblos hispanos siempre hay mucho bullicio (*hubbub*) y actividad, especialmente los fines de semana.

Preguntas

1. En los países hispanohablantes, ¿qué hay en las ciudades grandes? ¿Cómo son los pueblos pequeños? ¿Qué hace la gente todos los días?
2. ¿Dónde prefieres comprar, en las tiendas pequeñas o en los centros comerciales? ¿Por qué?

Fíjate

Note that the word *gente*, unlike the word *people* in English, is singular: *La gente va al centro de la ciudad. Gente*, although made up of more than one person, is considered a collective noun like the singular nouns *la clase, el equipo*, and *la familia*.

---

2 GRAMÁTICA

04-09 to 04-12

Saber y conocer Stating whom and what is known

¿Sabes dónde hay un cibercafé?

No, no conozco muy bien la ciudad.

In **Capítulo 3,** you learned that **conocer** means *to know*. Another verb, **saber,** also expresses *to know*.

Fíjate

Note that *conocer* and *saber* both have irregular *yo* forms: *conozco* and *sé* respectively.

	saber (*to know*)		
Singular		**Plural**	
yo	**sé**	nosotros/as	**sabemos**
tú	**sabes**	vosotros/as	**sabéis**
Ud.	**sabe**	Uds.	**saben**
él, ella	**sabe**	ellos/as	**saben**

(continued)

The verbs are not interchangeable. Note when to use each.

CONOCER

- Use **conocer** to express *being familiar or acquainted with people, places, and things*.

Ellos **conocen** los mejores restaurantes de la ciudad.   *They know the best restaurants in the city.*

Yo **conozco** a tu hermano, pero no muy bien.   *I know your brother, but not very well.*

Note:

1. When expressing that *a person* is known, you must use the personal "a." For example: **Conozco *a* tu hermano**…

2. When **a** is followed by **el, a + el = al.** For example: **Conozco *al* señor (a + el señor)**…

SABER

- Use **saber** to express *knowing facts, pieces of information,* or *how to do something*.

¿Qué **sabes** sobre la música de Guatemala?   *What do you know about Guatemalan music?*

Yo **sé** tocar la guitarra.   *I know how to play the guitar.*

> **Fíjate**
>
> A form of *saber* + *infinitive* expresses knowing how to do something. For example:
>
> *Sé nadar.* = I know how to swim.
>
> *Sabemos tocar la guitarra.* = We know how to play the guitar.

4-4 **¿Sabes o conoces?** Completa las siguientes preguntas usando **sabes** o **conoces**. Después, túrnate con un/a compañero/a para hacer y contestar las preguntas. ∎

MODELO   E1: *¿Conoces San Salvador?*

           E2: *Sí, conozco San Salvador. / No, no conozco San Salvador.*

1. ¿_____ usar una computadora?
2. ¿_____ al presidente del Banco Central?
3. ¿_____ dónde hay un cajero automático?
4. ¿_____ Tegucigalpa, Honduras?
5. ¿_____ el mejor restaurante mexicano?
6. ¿_____ llegar a la oficina de correos?
7. ¿_____ las películas de James Cameron?
8. ¿_____ cuál es el mejor café de esta ciudad?

4-5 **¿Qué sabemos de Honduras?** Completen juntos el diálogo con las formas correctas de **saber** y **conocer.** ■

PROF. DOMÍNGUEZ:	¿Qué (1) _____ ustedes sobre Honduras?
DREW:	Yo (2) _____ que la capital de Honduras es Tegucigalpa.
DREW Y TANYA:	Nosotros (3) _____ mucho sobre el país.
PROF. DOMÍNGUEZ:	¿Y (4) _____ ustedes cómo se llaman las personas de Honduras?
TANYA:	Sí, se llaman *hondureños*. (5) _____ la cultura hondureña bastante bien. Nuestra hermana, Gina, es una estudiante de intercambio allí este año y nos manda muchas fotos y cartas. Ella (6) _____ a mucha gente interesante, incluso al hijo del Presidente.
PROF. DOMÍNGUEZ:	¡No me digan! ¿Estudia allí su hermana? ¿(7) _____ ustedes que hay dos universidades muy buenas en Tegucigalpa?
TANYA:	Sí, el novio de Gina estudia allí, pero yo no (8) _____ en qué universidad. Él es salvadoreño y nuestros padres no lo (9) _____ todavía. Gina dice que no quiere volver a los Estados Unidos. Yo (10) _____ que mis padres van a estar muy tristes si ella no vuelve.
PROF. DOMÍNGUEZ:	Yo (11) _____ a tu hermana y (12) _____ que es una mujer inteligente. Va a pensarlo bien antes de tomar una decisión.

 4-6 **¿Me puedes ayudar?**
Sofía acaba de llegar a San Salvador y se siente un poco perdida (*she is feeling a little lost*). Túrnense para hacer y contestar sus preguntas de manera creativa. Luego, creen (*create*) y contesten **dos** preguntas más usando **saber** y **conocer.** ■

MODELO SOFÍA: *¿Sabes dónde hay una iglesia?*

TÚ: *Sí, sé que hay una iglesia en la plaza.*

1. ¿Conoces un buen restaurante típico?
2. ¿Sabes dónde está el restaurante?
3. ¿Sabes qué tipo de comida sirven en el restaurante?
4. ¿Conoces al cocinero (*chef*)?
5. ¿?
6. ¿?

3 VOCABULARIO

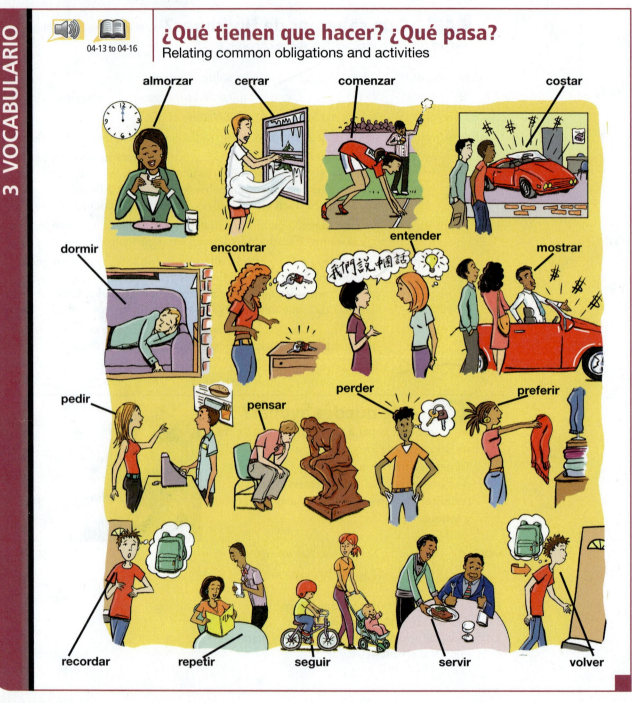

¿Qué tienen que hacer? ¿Qué pasa?

Relating common obligations and activities

04-13 to 04-16

almorzar · cerrar · comenzar · costar

dormir · encontrar · entender · mostrar

pedir · pensar · perder · preferir

recordar · repetir · seguir · servir · volver

Capítulo 1. El verbo *tener*, pág. 34.

4-7 Tic-tac-toe Escucha mientras tu instructor/a explica el juego del *tic-tac-toe.* ∎

MODELO   E1:   *¿Tienes "volver"?*

E2:   *Sí, tengo "volver". / No, no tengo "volver".*

4-8 **¿Y lo opuesto?** Decidan juntos qué verbo expresa lo opuesto (*opposite*) de cada una de las palabras o expresiones de la siguiente lista. ■

MODELO   E1:   no comer por la tarde

E1:   *almorzar*

repetir	encontrar	volver	entender	pedir
perder	comenzar	querer	cerrar	almorzar

1. salir
2. terminar
3. abrir
4. perder
5. decir una vez
6. dar
7. encontrar
8. no comprender

 4-9 **Los quehaceres** Túrnense para expresar qué tienen que hacer ustedes generalmente. ■

Estrategia

Make an attempt to work with a different partner in every class. This enables you to help and learn from a variety of your peers, an important and highly effective learning technique.

Fíjate

Remember that in *Capítulo 3* you learned that *tener* + *que* + *infinitive* means "to have to do something."

MODELO   Tengo que encontrar…

E1:   *Tengo que encontrar mi libro de español.*

E2:   *Tengo que encontrar los apuntes para la clase de español.*

1. Tengo que comenzar…
2. Tengo que repetir…
3. Tengo que pedir…
4. Tengo que recordar…
5. Tengo que almorzar…
6. Tengo que dormir…

 Capítulo 2. La sala de clase, pág. 65; Presente indicativo de verbos regulares, pág. 67.

 4-10 **Entrevistas** Entrevista a tres compañeros para averiguar si (*to find out whether*) hacen cosas similares. Después, comparte la información con la clase. ¿Qué tienen ustedes en común? ■

1. ¿Qué tienes que hacer para prepararte bien para las clases?
2. ¿Qué tienes que hacer durante la clase de español para sacar buenas notas?
3. Generalmente, ¿qué tienes que hacer cuando terminas con tus clases?

04-17 to 04-24

Los verbos con cambio de raíz   Expressing actions

¡Cierro la ventana, pido una pizza y empiezo a estudiar!

In **Capítulo 3,** you learned a variety of common verbs that are irregular. Two of those verbs were **querer** and **poder,** which are irregular due to some changes in their stems. Look at the following verb groups and answer the questions regarding each group.

Change e → ie

cerrar (*to close*)

Singular		Plural	
yo	cierro	nosotros/as	cerramos
tú	cierras	vosotros/as	cerráis
Ud.	cierra	Uds.	cierran
él, ella	cierra	ellos/as	cierran

¡Explícalo tú!

1. Which verb forms look like the infinitive **cerrar?**
2. Which verb forms have a spelling change that differs from the infinitive **cerrar?**

✔ Check your answers to the preceding questions in Appendix 1.

Other verbs like **cerrar** (e → ie) are:

comenzar	*to begin*	**mentir**	*to lie*	**preferir**	*to prefer*
empezar	*to begin*	**pensar**	*to think*	**recomendar**	*to recommend*
entender	*to understand*	**perder**	*to lose; to waste*		

Change e → i

pedir (*to ask for*)

Singular		Plural	
yo	pido	nosotros/as	pedimos
tú	pides	vosotros/as	pedís
Ud.	pide	Uds.	piden
él, ella	pide	ellos/as	piden

¡Explícalo tú!

1. Which verb forms look like the infinitive **pedir?**
2. Which verb forms have a spelling change that differs from the infinitive **pedir?**

✔ Check your answers to the preceding questions in Appendix 1.

Other verbs like **pedir** (e → i) are:

repetir *to repeat*   **seguir*** *to follow; to continue (doing something)*   **servir** *to serve*

*Note: The **yo** form of **seguir** is **sigo.**

Change o → ue

encontrar (*to find*)

	Singular		Plural
yo	enc**ue**ntro	nosotros/as	enc**o**ntramos
tú	enc**ue**ntras	vosotros/as	enc**o**ntráis
Ud.	enc**ue**ntra	Uds.	enc**ue**ntran
él, ella	enc**ue**ntra	ellos/as	enc**ue**ntran

¡Explícalo tú!

1. Which verb forms look like the infinitive **encontrar**?
2. Which verb forms have a spelling change that differs from the infinitive **encontrar**?

✔ Check your answers to the preceding questions in Appendix 1.

Other verbs like **encontrar** (**o → ue**) are:

almorzar	*to have lunch*	**dormir**	*to sleep*	**mostrar**	*to show*	**volver**	*to return*
costar	*to cost*	**morir**	*to die*	**recordar**	*to remember*		

Change u → ue

jugar (*to play*)

	Singular		Plural
yo	j**ue**go	nosotros/as	j**u**gamos
tú	j**ue**gas	vosotros/as	j**u**gáis
Ud.	j**ue**ga	Uds.	j**ue**gan
él, ella	j**ue**ga	ellos/as	j**ue**gan

¡Explícalo tú!

1. Which verb forms look like the infinitive **jugar**?
2. Which verb forms have a spelling change that differs from the infinitive **jugar**?
3. Why does **jugar** not belong with the verbs like **encontrar**?

✔ Check your answers to the preceding questions in Appendix 1.

¡Explícalo tú!

To summarize . . .

1. What rule can you make regarding all four groups of stem-changing verbs and their forms?
2. With what group of stem-changing verbs would you put **querer**?
3. With what group of stem-changing verbs would you put each of the following verbs?

demostrar	*to demonstrate*	**encerrar**	*to enclose*
devolver	*to return (an object)*	**perseguir**	*to chase*

✔ Check your answers to the preceding questions in Appendix 1.

4-11 **Categorías**

Paso 1   With a partner, write the stem-changing verbs that were just presented on individual slips of paper. Next, make a chart with four categories: **e → ie, e → i, o → ue,** and **u → ue.**

Paso 2   Join another pair of students. When your instructor says **¡Empieza!,** place each verb under the correct category (**e → ie, e → i, o → ue,** or **u → ue**). Do several rounds of this activity, playing against different doubles partners.

 **4-12** **Nuestras preferencias** Averigua cuáles son las preferencias de tu compañero/a. Luego, comparte tus respuestas con la clase. ∎

MODELO   ir al cine o al teatro

     E1:   *¿Qué prefieres, el cine o el teatro?*

     E2:   *Prefiero ir al cine.*

¿Qué prefieres,…?

1. correr en el parque o en el gimnasio
2. comer en un restaurante o en un café
3. visitar un gran almacén o un centro comercial
4. comprar comida (*food*) en un supermercado o en un mercado al aire libre (*open-air*)
5. trabajar en un banco o en una oficina de correos
6. conversar con amigos en un bar o en una plaza

 4-13 **¿Quién hace qué?** Túrnense para decir qué personas que ustedes conocen hacen las siguientes cosas. ∎

MODELO   E1:   siempre perder la tarea

            E2:   *Mi hermano Tom siempre pierde la tarea.*

1. pensar ser profesor/a
2. almorzar en McDonald's a menudo
3. querer visitar Sudamérica
4. siempre entender al/a la profesor/a de español
5. preferir dormir hasta el mediodía
6. volver tarde a casa a menudo
7. perder dinero
8. pensar que Santa Claus existe
9. nunca mentir
10. comenzar a hacer la tarea de noche

Capítulo Preliminar
A. La hora, pág.
18; Capítulo 2.
Las materias y las
especialidades, pág.
62; Los deportes y los
pasatiempos, pág. 81.

4-14 ¿Quién eres? Escribe las respuestas a las siguientes preguntas en forma de párrafos. ■

Primer párrafo

1. ¿Qué clases tienes este semestre?
2. ¿A qué hora empieza tu clase preferida? ¿Cuándo termina?
3. ¿Qué prefieres hacer si (*if*) tienes tiempo entre (*between*) tus clases?
4. ¿A qué hora vuelves a tu dormitorio/ apartamento/casa?

Segundo párrafo

1. ¿Qué carro tienes (o quieres tener)? ¿Cuánto cuesta un carro nuevo?
2. ¿Cómo vienes a la universidad? (Por ejemplo, ¿vienes en carro?)
3. ¿Dónde prefieres vivir, en una residencia estudiantil, en un apartamento o en una casa?
4. ¿Dónde quieres vivir después de graduarte?

Tercer párrafo

1. ¿Qué deporte y/o pasatiempo prefieres?
2. Si es un deporte, ¿juegas a ese deporte? ¿Ves ese deporte en la televisión?
3. Normalmente, ¿cuándo y con quién(es) juegas el deporte / disfrutas (*enjoy*) el pasatiempo?
4. ¿Qué otros deportes y pasatiempos te gustan?

¿Cómo andas? I

Having completed **Comunicación I,** I now can . . .

	Feel confident	Need to review
• identify places in and around town (p. 134)	☐	☐
• pronounce the letters *c* and *z* (MSL/SAM)	☐	☐
• describe shopping and other daily activities in Spanish-speaking countries (p. 136)	☐	☐
• state whom and what is known (p. 137)	☐	☐
• relate common obligations and activities (p. 140)	☐	☐
• express actions (p. 142)	☐	☐

Comunicación II

5 GRAMÁTICA

04-25 to 04-27

El verbo *ir* Sharing where you and others are going

Another important verb in Spanish is **ir**. Note its irregular present tense forms.

> Voy al almacén. ¿Adónde vas tú?

ir (*to go*)			
Singular		**Plural**	
yo	**voy**	nosotros/as	**vamos**
tú	**vas**	vosotros/as	**vais**
Ud.	**va**	Uds.	**van**
él, ella	**va**	ellos/as	**van**

Voy al parque. ¿**Van** ustedes también?
No, no **vamos** ahora. Preferimos **ir** más tarde.

I'm going to the park. Are you all going too?
No, we're not going now. We prefer to go later.

4-15 ¿Adónde vas? Túrnense para completar la conversación que tienen Memo y Esteban al salir de la clase de música. Usen las formas correctas del verbo **ir**. ■

> **Fíjate**
> In *Capítulo 2* you learned two words for the question word "Where?" Use *¿Adónde?* with *ir*.

> **Fíjate**
> Remember that *a + el = al*.

MEMO: Hola, Esteban. ¿Adónde (1) _____ ahora?

ESTEBAN: ¿Qué hay? Pues, (2) _____ a la clase de física.

MEMO: Ah sí. Bueno, mi compañero de cuarto y yo (3) _____ al gimnasio. Tenemos un torneo (*tournament*) de tenis.

ESTEBAN: Buena suerte. Oye, ¿tú (4) _____ a la fiesta de Isabel esta noche?

MEMO: No sé. ¿Quiénes (5) _____? Creo que (yo) (6) _____ al cine para ver la película nueva de Steven Spielberg.

ESTEBAN: ¿Por qué no (7) _____ primero a la fiesta y después al cine?

MEMO: Buena idea. ¿(8) _____ (tú y yo) juntos?

ESTEBAN: Muy bien. Mi amigo Roberto (9) _____ también. Hablamos después del torneo.

MEMO: Bueno, hasta luego.

4-16 Los "¿por qué?" Esperanza tiene una sobrina que está en la etapa de los "¿por qué?" Tiene muchas preguntas. Túrnense para darle las respuestas de Esperanza a Rosita. ■

MODELO   ROSITA: ¿Por qué va mi papá al gimnasio?

ESPERANZA: *Tu papá va al gimnasio porque quiere hacer ejercicio.*

1. ¿Por qué va mi mamá al mercado?
2. ¿Por qué va mi hermana a la oficina de correos?
3. ¿Por qué van mis hermanos al parque?
4. ¿Por qué vas a la universidad?
5. ¿Por qué no vamos al cine ahora?

Capítulo Preliminar A.
La hora, pág. 18.

 4-17 **¿Adónde van?** Miren los horarios de las siguientes personas. Túrnense para decir adónde van, a qué hora y qué hacen en cada (*each*) lugar. ■

Mis padres	Mi hermano	Yo

Notas 10:00 comprar... Hecho

Hoy   16 de marzo 9:09
10:00 comprar unos libros
2:00 comer
6:00 ver un programa de televisión
10:00 dormir

Notas 9:00 clase de... Hecho

Hoy   16 de marzo 10:19
9:00 clase de matemáticas
10:00 estudiar
4:00 leer correo electrónico
8:00 Ver *Romeo y Julieta* con Beatriz

Notas 8:00 comprar... Hecho

Hoy   16 de marzo 12:02
8:00 comprar comida
10:00 mandar una carta
12:00 ver la exposición de Picasso con mi clase de arte
2:00 jugar al fútbol
8:00 ir al cine a ver la película *Breaking Dawn* con amigos

MODELO   *A las diez mis padres van a la librería para comprar unos libros. Luego…*

6 GRAMÁTICA

04-28 to 04-30

Ir + a + infinitivo   Conveying what will happen in the future

¿Vamos a almorzar pronto? ¡Tengo hambre!

Sí. Voy a pedir comida guatemalteca.

Study the following sentences and then answer the questions that follow.

—**Voy a mandar** esta carta. ¿Quieres ir?   *I'm going to mail this letter. Do you want to go?*
—Sí. Luego, **¿vas a almorzar?**   *Yes. Then, are you going to have lunch?*
—Sí, **vamos a comer** comida guatemalteca.   *Yes, we are going to eat Guatemalan food.*
—¡Perfecto! **Voy a pedir** unos tamales.   *Perfect! I am going to order some tamales.*
—Pero, primero, **¡vamos a ir** al banco.   *But first we are going to the bank!*

¡Explícalo tú!

1. When do the actions in the previous sentences take place: in the *past*, *present*, or *future*?
2. What is the first bold type verb you see in each sentence?
3. In what form is the second bolded verb?
4. What word comes between the two verbs? Does this word have an equivalent in English?
5. What is your rule, then, for expressing future actions or statements?

✔ Check your answers to the preceding questions in Appendix 1.

4-18 **¿Y en el futuro?** Túrnense para contestar las siguientes preguntas sobre el futuro. ■

1. ¿Vas a dedicar más tiempo a tus estudios?
2. Después de terminar con tus estudios, ¿vas a vivir en una ciudad, un pueblo pequeño o en el campo?
3. ¿Vas a vivir en una casa grande?
4. ¿Tus amigos y tú van a visitar Honduras u otro país en Centroamérica?
5. ¿Vamos a encontrar la cura para el cáncer?
6. ¿Vamos a poder acabar con (*end*) el terrorismo?

Capítulo Preliminar A.
Los días de la semana,
los meses y las
estaciones, pág. 20.

4-19 **Mi agenda** ¿Qué planes tienes para la semana que viene? Termina las siguientes frases sin (*without*) repetir los quehaceres. ■

MODELO   E1:   El lunes…

          E2:   *El lunes voy a pasar la aspiradora.*

1. El lunes…
2. El martes…
3. El miércoles…
4. El jueves…
5. El viernes…
6. El sábado…
7. El domingo…
8. El fin de semana…

4-20 **Qué será, será…** ¿Qué tiene el futuro para ti, tus amigos y tu familia? Escribe **cinco** predicciones de lo que va a ocurrir en el futuro. ■

MODELO   *Mi primo va a ir a la Universidad Autónoma el año que viene. Mis padres van a limpiar el armario y el altillo este fin de semana. Yo voy a estudiar en Sudamérica…*

7 VOCABULARIO

04-31 to 04-36

Servicios a la comunidad

Imparting information about service opportunities

trabajar como consejero/a

trabajar en el campamento de niños

trabajar como voluntario/a en la residencia de ancianos

ayudar a las personas mayores / los mayores

participar en una campaña política

apoyar a un/a candidato/a

viajar en canoa

hacer una hoguera

hacer artesanía

dar un paseo

montar una tienda de campaña

repartir comidas

organizar

circular una petición

llevar a alguien al médico

ir de excursión

Algunos verbos	Some verbs
deber	*ought to; should*
ir de camping	*to go camping*
trabajar en política	*to work in politics*

Otras palabras útiles	Some useful words
el deber	*obligation; duty*
el voluntariado	*volunteerism*

 **Definiciones** Túrnense para leer las siguientes definiciones y decir cuál de las palabras o expresiones del vocabulario de **Servicios a la comunidad** corresponde a cada una. ■

MODELO E1: personas que tienen muchos años

E2: *las personas mayores*

1. salir en un bote (*boat*) para una o dos personas
2. dar un documento a personas para obtener firmas (*signatures*)
3. "construir" una estructura portátil (no permanente) que se usa para dormir fuera de casa
4. acompañar a una persona a una cita (*appointment*) con el médico
5. trabajar con niños en un campamento
6. servir a las personas sin recibir dinero a cambio (*in exchange*)
7. disfrutar de (*enjoy*) un tipo de arte que puedes crear con materiales diversos
8. un lugar donde van los niños, generalmente en el verano, para hacer muchas actividades diferentes
9. trabajar para un candidato político
10. un lugar donde viven las personas mayores

Capítulo 2. El verbo
gustar, p. 80.

 4-22 En tu opinión… Termina las siguientes oraciones sobre el voluntariado. Después, comparte tus respuestas con un/a compañero/a. ■

MODELO *Yo soy una consejera perfecta porque me gustan los niños. También sé escuchar muy bien…*

1. Yo (no) soy un/a consejero/a perfecto/a porque…
2. Dos trabajos voluntarios que me gustan son…
3. Hay muchas residencias de ancianos en los Estados Unidos porque…
4. Yo apoyo al candidato _____ porque…
5. Cuando repartes comidas, puedes…

 4-23 Elaborando el tema En grupos de tres o cuatro, discutan las siguientes preguntas. ■

1. ¿Cuáles son las actividades más interesantes en los campamentos de niños?
2. ¿Cuáles son las oportunidades de voluntariado que existen en tu universidad/iglesia/templo?
3. ¿Cuáles son los trabajos voluntarios que se asocian más con apoyar a un candidato?
4. ¿Crees que servir a la comunidad es un deber?

La conciencia social

04-37

Tanto en los Estados Unidos como en los países hispanohablantes, la gente se interesa cada día más en servir a la comunidad. Su conciencia social se puede manifestar tanto *(as much as)* en un trabajo remunerado *(job with a salary)* como en trabajos voluntarios: por ejemplo, ser entrenadores de deportes, llevar a los ancianos a pasear por los centros comerciales, trabajar para los congresistas, etc. En los Estados Unidos muchos trabajos voluntarios tienen que ver con *(are related to)* las personas mayores o con los jóvenes.

Preguntas

1. ¿Cuáles son algunos trabajos voluntarios comunes en los Estados Unidos?
2. ¿Cómo sirves a tu comunidad?

04-38 to 04-40   English Tutorial

Las expresiones afirmativas y negativas
Articulating concepts and ideas both affirmatively and negatively

Siempre me gusta hacer artesanía con los niños, ¡pero jamás voy a ir en una canoa con ellos!

In the previous chapters, you have seen and used a number of the affirmative and negative expressions listed on the following page. Study the list, and learn the ones that are new to you.

(continued)

Expresiones afirmativas		Expresiones negativas	
a veces	*sometimes*	**jamás**	*never; not ever* (emphatic)
algo	*something; anything*	**nada**	*nothing*
alguien	*someone*	**nadie**	*no one; nobody*
algún	*some; any*	**ningún**	*none*
alguno/a/os/as	*some; any*	**ninguno/a/os/as**	*none*
siempre	*always*	**nunca**	*never*
o… o	*either . . . or*	**ni… ni**	*neither . . . nor*

Look at the following sentences, paying special attention to the position of the negative words, and answer the questions that follow.

—¿Quién llama? Who is calling?
—**Nadie** llama. (**No** llama **nadie.**) No one is calling.
—¿Vas al gimnasio todos los días? Do you go to the gym every day?
—No, **nunca** voy. (No, **no** voy **nunca.**) No, I never go.

> **Fíjate**
> Unlike English, Spanish can have two or more negatives in the same sentence. A double negative is actually quite common. For example, *No tengo nada que hacer* means *I don't have anything to do.*

¡Explícalo tú!

1. When you use a negative word (**nadie, nunca,** etc.) in a sentence, does it come before or after the verb?
2. When you use the word **no** and then a negative word in the same sentence, does **no** come before or after the verb? Where does the negative word come in these sentences?
3. Does the meaning change depending on where you put the negative word (e.g., **Nadie llama** *versus* **No llama nadie**)?

 Check your answers to the preceding questions in Appendix 1.

Algún and *ningún*

1. Forms of **algún** and **ningún** need to agree in gender and number with the nouns they modify.
2. **Alguno** and **ninguno** are shortened to **algún** and **ningún** when they are followed by *masculine, singular nouns.*
3. When no noun follows, use **alguno** or **ninguno** when referring to masculine, singular nouns.
4. The plural form **ningunos** is rarely used.

Study the following sentences.

MARÍA: ¿Tienes **alguna** clase fácil este semestre?
JUAN: No, no tengo **ninguna.** ¡Y **ningún** profesor es simpático!
MARÍA: Vaya, ¿y puedes hacer **algún** cambio?
JUAN: No, no puedo hacer **ninguno.** (No, no puedo tomar **ningún** otro curso.)

Workbooklet

 4-24 **¿Con qué frecuencia?** Indica con qué frecuencia tus compañeros/as de clase hacen las siguientes actividades. Escribe el nombre de cada compañero/a debajo de la columna apropiada y comparte los resultados con la clase. ■

MODELO ir de excursión con niños

A veces Josefina va de excursión con niños.

	SIEMPRE	A VECES	NUNCA
1. ir de excursión con niños		Josefina	
2. participar en una campaña política			
3. hacer una hoguera			
4. circular una petición			
5. firmar una petición			
6. repartir comidas a los mayores			
7. visitar una residencia de ancianos			
8. trabajar en un campamento para niños			
9. trabajar como voluntario en un hospital o una clínica			
10. dormir en una tienda de campaña			

Capítulo 2. La sala de clase, pág. 65; En la universidad, pág. 74.

 4-25 **El/La profesor/a ideal** Túrnense para decir si las siguientes características son ciertas (*true*) o no en un/a profesor/a ideal. ■

MODELO
E1: a veces duerme en su trabajo
E2: *No. Un profesor ideal nunca duerme en su trabajo.*
E1: jamás va a clase sin sus apuntes
E2: *Sí, un profesor ideal jamás va a clase sin sus apuntes.*

Un/a profesor/a ideal…

1. siempre está contento/a en su trabajo.
2. a veces llega a clase cinco minutos tarde.
3. prepara algo interesante para cada clase.
4. piensa que sabe más que nadie.
5. falta (*misses*) a algunas clases.
6. nunca pone a los estudiantes en grupos.
7. jamás asigna tarea para la clase.
8. siempre prefiere leer sus apuntes.
9. no pierde nada (la tarea, los exámenes, etc.).
10. no habla con nadie después de la clase.

4-26 ¿Sí o no? Túrnense para contestar las siguientes preguntas. ■

MODELO   E1: *¿Siempre almuerzas a las cuatro de la tarde?*

E2: *No, nunca almuerzo a las cuatro de la tarde. / No, no almuerzo nunca/jamás a las cuatro de la tarde.*

1. ¿Pierdes algo cuando vas de vacaciones?
2. ¿Siempre encuentras las cosas que pierdes?
3. ¿Siempre montas una tienda de campaña cuando vas de camping?
4. ¿A veces vas de excursión con tus amigos?
5. ¿Siempre almuerzas en restaurantes elegantes?
6. ¿Conoces a alguien de El Salvador?
7. ¿Siempre piensas en el amor (*love*)?
8. ¿Hay algo más importante que el dinero?

4-27 No tienes razón Tu amigo/a es muy idealista. Túrnense para decirle (*tell him/her*) que debe ser más realista, usando expresiones negativas. ■

MODELO

Tengo que encontrar el curso perfecto.

No hay ningún curso perfecto.

1. Tengo que buscar una profesión sin estrés.
2. Quiero el carro perfecto, un Lexus.
3. Voy a tener hijos perfectos.
4. Pienso que no voy a estudiar la semana que viene.
5. Voy a encontrar unos muebles muy baratos (*cheap*) y elegantes.

9 GRAMÁTICA

04-41 to 04-45

Un repaso de *ser* y *estar*
Describing states of being, characteristics, and location

Son las ocho. ¿Dónde está Beto?

You have learned two Spanish verbs that mean *to be* in English. These verbs, **ser** and **estar,** are contrasted here.

SER

Ser is used:

- **To describe physical or personality characteristics that remain relatively constant**

  Gregorio **es** inteligente.   *Gregorio is intelligent.*
  Yanina **es** guapa.   *Yanina is pretty.*
  Su tienda de campaña **es** amarilla.   *Their tent is yellow.*

  Las casas **son** grandes.   *The houses are large.*

- **To explain what or who someone or something is**

El Dr. Suárez **es** profesor de literatura.	*Dr. Suárez is a literature professor.*
Marisol **es** mi hermana.	*Marisol is my sister.*

- **To tell time, or to tell when or where an event takes place**

¿Qué hora **es**?	*What time is it?*
Son las ocho.	*It's eight o'clock.*
Mi clase de español **es** a las ocho y **es** en Peabody Hall.	*My Spanish class is at eight o'clock and is in Peabody Hall.*

- **To tell where someone is from and to express nationality**

Somos de Honduras.	*We are from Honduras.*
Somos hondureños.	*We are Honduran.*
Ellos **son** de Guatemala.	*They are from Guatemala.*
Son guatemaltecos.	*They are Guatemalan.*

ESTAR

Estar is used:

- **To describe physical or personality characteristics that can change, or to indicate a change in condition**

María **está** enferma hoy.	*María is sick today.*
Jorge y Julia **están** tristes.	*Jorge and Julia are sad.*
La cocina **está** sucia.	*The kitchen is dirty.*

- **To describe the locations of people, places, and things**

El museo **está** en la calle Quiroga.	*The museum is on Quiroga Street.*
Estamos en el centro comercial.	*We're at the mall.*
¿Dónde **estás** tú?	*Where are you?*

¡Explícalo tú!

Compare the following sentences and answer the questions that follow.

Su hermano **es** simpático.
Su hermano **está** enfermo.

1. Why do you use a form of **ser** in the first sentence?
2. Why do you use a form of **estar** in the second sentence?

✔ Check your answers to the preceding questions in Appendix 1.

Estrategia

Review the forms of *ser* (p. 13) and *estar* (p. 76).

You will learn several more uses for **ser** and **estar** by the end of *¡Anda! Curso elemental*.

4-28 **¿Y Margarita?** Estér y Margarita son estudiantes de la Universidad Francisco Marroquín en la ciudad de Guatemala. Ellas tienen clase ahora pero Margarita no llega. Completen juntos el siguiente párrafo con las formas correctas de **ser** o **estar** para conocerla mejor. ∎

Paso 1

(1) _____ las siete y media de la mañana. Nuestra clase de física
(2) _____ a las ocho y siempre vamos juntas. Bueno, ¿dónde (3) _____
Margarita? Es raro porque ella (4) _____ muy puntual y no le gusta llegar tarde.
Yo (5) _____ su mejor amiga y sé que (6) _____ preocupada por sus abuelos.
Ellos (7) _____ mayores y a veces (8) _____ enfermos. Margarita
(9) _____ muy responsable y ayuda mucho a sus abuelos. Toda su familia
(10) _____ de la ciudad de Antigua y siempre piensa en ellos. Aqui viene Margarita, ¡menos mal!

Paso 2 Expliquen por qué usaron (*you used*) **ser** o **estar** en **Paso 1**.

MODELO 1. (*Son*) telling time

4-29 **Nuestro conocimiento** ¿Qué sabes de Guatemala, Honduras y El Salvador? Túrnense para hacerse y contestar las siguientes preguntas. ∎

1. ¿Dónde están estos países: en Norteamérica, Centroamérica o Sudamérica?
2. ¿Cuál está más cerca de México? ¿Cuál está más cerca de Panamá?
3. ¿Son países grandes o pequeños?
4. ¿Cuáles son sus capitales?

4-30 **¡A jugar!** Vamos a practicar **ser** y **estar**. ∎

Paso 1 Draw two columns on a piece of paper labeling one **ser** and the other **estar**. Write as many sentences as you can in the three minutes you are given.

Paso 2 Form groups of four to check your sentences and uses of the verbs.

4-31 **Somos iguales**

Paso 1 Draw **three** circles, as per the model below, and ask each other questions to find out what things you have in common and what sets you apart. In the center circle write sentences using **ser** and **estar** about things you have in common, and in the side circles write sentences about things that set you apart.

MODELO E1: *¿Cuál es tu color favorito?*

E2: *Mi color favorito es el negro.*

E1: *Mi color favorito es el negro también.*

E2: *Hoy estoy nerviosa. ¿Cómo estás tú?*

E1: *Yo estoy cansado.*

Paso 2 Share your diagrams with the class. What are some of the things that all of your classmates have in common?

El voluntariado

04-46

When you know the context and listen carefully, you can repeat or paraphrase what you hear. Start by saying one or two words about what you hear and work up to complete sentences.

4-32 **Antes de escuchar** Do you volunteer? What service opportunities exist in your city/town? You are going to hear a conversation between Marisol and Lupe, in which Marisol shares her experiences with volunteering. Think of three Spanish words dealing with volunteering that you might hear. ■

Marisol y Lupe conversan sobre el trabajo voluntario.

4-33 **A escuchar** After listening to the conversation for the first time, note three main points, words, or topics. After listening a second time, paraphrase their conversation with at least **three** complete sentences. You may use the following questions to guide your listening. ■

1. ¿Quién hace trabajo voluntario?
2. ¿Qué trabajo hace ella en la escuela? ¿Qué más quiere hacer?
3. ¿Adónde va a ir mañana? ¿Con quién?

4-34 **Después de escuchar** Form **three** sentences about your volunteering experiences, and tell them to your classmate. Your classmate will paraphrase what you have said. ■

¡CONVERSEMOS!
04-47

4-35 **Mi comunidad** You and a partner are on the planning commission(s) of your town(s). Take turns sharing your ideas with the other commissioners, stating at least **five** positive aspects of your town and **five** areas that could be improved. You should also respond to your partner's ideas, agreeing or disagreeing. Use vocabulary words *Los lugares,* on page 134, and verbs from page 140, *¿Qué tienen que hacer? ¿Qué pasa?* ■

4-36 **Servicio a nuestra comunidad** Your college has a community service component, and you are a coordinator for these services. With a partner, take turns describing the opportunities available to fellow students in your town(s) or school community. Create at least **ten** sentences using the vocabulary *Servicios a la comunidad* on page 149. ■

ESCRIBE

04-48

Una tarjeta postal (*A postcard*)

Estrategia	It is important to always carefully read over what you have written to check for meaning and accuracy. You want to minimally:	• confirm that subjects and verbs, as well as nouns and adjectives, agree in number and gender.
Proofreading	• verify spelling. • check all verb forms.	• review for appropriate meaning.

4-37 **Antes de escribir** Escribe una lista de los lugares importantes o interesantes de tu pueblo o ciudad. Luego escribe por qué son importantes o interesantes. Usa el vocabulario de este capítulo y de **También se dice…** en el Apéndice (*Appendix*) 3. ■

4-38 **A escribir** Organiza tus ideas usando las siguientes preguntas como guía. Escribe por lo menos **cinco** oraciones completas. Puedes consultar el modelo. ■

1. ¿Qué lugares hay en tu pueblo o ciudad?
2. ¿Por qué son importantes o interesantes?
3. Normalmente, ¿qué haces allí?
4. ¿Adónde vas los fines de semana?
5. ¿Qué te gusta de tu pueblo?

Querido/a_____:

Tienes que conocer mi pueblo, Roxborough. Hay _____. Me gusta(n) _____. Es interesante porque _____. Los fines de semana _____.

Con cariño,
__(Tu nombre)__

4-39 **Después de escribir** Tu profesor/a va a recoger las tarjetas y "mandárselas" (*mail them*) a otros miembros de la clase para leerlas. Luego, la clase tiene que escoger los lugares que desean visitar. ■

¿Cómo andas? II

	Feel confident	Need to review
Having completed **Comunicación II,** I now can . . .		
• share where I and others are going (p. 146)	☐	☐
• convey what will happen in the future (p. 147)	☐	☐
• impart information about service opportunities (p. 149)	☐	☐
• discuss the concept of social consciousness (p. 151)	☐	☐
• articulate concepts and ideas both affirmatively and negatively (p. 151)	☐	☐
• describe states of being, characteristics, and location (p. 154)	☐	☐
• paraphrase what I hear (p. 157)	☐	☐
• communicate about ways to serve the community (p. 158)	☐	☐
• write a postcard and proofread it for accuracy (p. 159)	☐	☐

Honduras

04-49, 04-52

Les presento mi país

César Alfonso Ávalos

Mi nombre es César Alfonso Ávalos y soy de La Ceiba, Honduras, una ciudad en el Mar Caribe que está cerca de unas islas hondureñas bellas (*beautiful*) y muy interesantes. Mi lugar favorito para visitar es Utila, bien conocido en el mundo por el buceo (*scuba diving*). **¿Te gusta bucear?** Mi país tiene un pasado cultural muy rico, ya que los mayas viven aquí desde la época precolombina. Las ruinas más importantes que tenemos están en Copán. **¿Hay ruinas importantes cerca de tu pueblo?**

La playa de Utila,
Islas de la Bahía

Un charancaco
(*basilisk*) de la
isla Roatán

Las ruinas de Copán

ALMANAQUE

Nombre oficial: República de Honduras
Gobierno: República democrática constitucional
Población: 7.989.415 (2010)
Idiomas: español (oficial); miskito, garífuna, otros dialectos amerindios
Moneda: Lempira (L)

¿Sabías que…?

• El nombre original de esta región es *Higüeras*, que es el nombre de una planta nativa. Al llegar a la costa norteña, Cristóbal Colón renombra la región *Honduras* a causa de la profundidad del agua en la bahía.

Preguntas

1. ¿Qué significa *Honduras*? ¿De dónde viene el nombre?
2. ¿Quiénes son los habitantes originales de Copán?
3. ¿Qué semejanzas hay entre Honduras y México?

 Amplía tus conocimientos sobre Honduras en MySpanishLab.

Guatemala

04-50, 04-53

Les presento mi país

Mi nombre es Luis Pedro Aguirre Maldonado y soy de Antigua, Guatemala. Muchas personas vienen a mi ciudad para estudiar en nuestras excelentes escuelas de lengua española. **¿Visitan muchas personas tu ciudad o pueblo?** Mi país es montañoso (*mountainous*) con muchos volcanes, como el gran Tajumulco, y algunos de ellos son muy activos. También hay ruinas mayas muy antiguas, como las de Tikal y algunas de nuestras pirámides son las más altas de las Américas. **¿En qué otros lugares encuentras pirámides?**

Luis Pedro Aguirre
Maldonado

Un templo muy alto de Tikal es
El Gran Jaguar.

Tajumulco es el volcán más alto
de Centroamérica y la montaña
más alta de Guatemala.

Antigua, la primera
capital de Guatemala

ALMANAQUE

Nombre oficial:	República de Guatemala
Gobierno:	República democrática constitucional
Población:	13.550.440 (2010)
Idiomas:	español (oficial); idiomas amerindios (23 reconocidos oficialmente)
Moneda:	Quetzal (Q)

¿Sabías que...?

- Los mayas tienen un calendario civil, *El Haab*. Consiste en 18 "meses" de 20 días cada uno. Los últimos cinco días del año, conocidos como *el Wayeb*, se consideran de muy mala suerte.

Preguntas

1. Nombra dos cosas que sabes de la geografía guatemalteca.
2. ¿Cuántos idiomas se hablan en Guatemala?
3. ¿Qué otros países tienen herencia maya?

Amplía tus conocimientos sobre Guatemala en MySpanishLab.

El Salvador

04-51, 04-54

Claudia Figueroa Barrios

Les presento mi país

Mi nombre es Claudia Figueroa Barrios. Soy de La Libertad, al sur de nuestra capital San Salvador. Mi ciudad está en la costa del Pacífico cerca de la playa El Sunzal, donde mucha gente practica los deportes acuáticos. **¿Te gustan los deportes acuáticos?** El Salvador es el único país de Centroamérica que no tiene costa caribeña. En mi casa viven tres generaciones de mi familia y nos gusta mucho la comida salvadoreña, como las pupusas. **¿Cuál es tu comida favorita?**

Las pupusas son la comida nacional de El Salvador.

La playa El Sunzal es un lugar excelente para el surfing, el snorkeling y el buceo.

En la antigüedad, los mayas usaron (*used*) granos de cacao como dinero.

ALMANAQUE

Nombre oficial:	República de El Salvador
Gobierno:	República democrática constitucional
Población:	6.052.064 (2010)
Idioma:	español (oficial)
Moneda:	Dólar estadounidense

¿Sabías que…?

• Algunos salvadoreños, sobre todo los que viven en las partes rurales del país, van a los curanderos (*folk healers*) para buscar ayuda médica.

Preguntas

1. ¿Qué importancia tiene el cacao en la historia maya?
2. ¿Qué deportes practican en El Salvador?
3. ¿Qué cosas de El Salvador son únicas o diferentes a las de otros países hispanos?

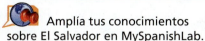 Amplía tus conocimientos sobre El Salvador en MySpanishLab.

Ambiciones siniestras

Lectura

Estrategia **Skimming and Scanning (II)**

....

Continue to practice focusing on main ideas and important information. Remember, when you *skim* a passage you read quickly to get the gist of the passage. When you *scan* a passage you already know what you need to find out, so you concentrate on searching for that particular information.

4-40 **Antes de leer** Ya (*Already*) sabemos que Manolo, Alejandra, Cisco, Eduardo, Lupe y Marisol son finalistas de un concurso misterioso. En este episodio Marisol y Lupe no lo pueden celebrar porque tienen que trabajar en un proyecto sobre (*about*) sus pueblos. Antes de leer contesta las siguientes preguntas. ■

1. ¿Cómo es tu pueblo? ¿Es un buen lugar donde vivir? ¿Por qué?
2. ¿De dónde son tus mejores amigos? ¿Sabes mucho sobre sus familias y sus pueblos?

4-41 **A leer** Complete the following steps. ■

1. *Skim* the first paragraph, looking for the answers to the following questions.
   a. About whom is this paragraph?
   b. Which statement best describes where they are?
      They are in sociology class.
      They are at a party.
      They are in an apartment.
2. Now *scan* the second paragraph, looking for the following information:
   a. Where is Lupe's parents' home—in the country or in the middle of town?
   b. Is her parents' home large or small?
   c. What city is next to Lupe's hometown?

This gives you a good start to discovering what happens next in **Ambiciones siniestras.**

Las cosas no son siempre lo que parecen°

seem

Alejandra, Manolo, Cisco, Eduardo, Marisol y Lupe están emocionados al saber que son finalistas del concurso. Muchos van a celebrarlo, pero Marisol y Lupe no pueden. Están ahora en el apartamento de Lupe. Tienen que terminar un proyecto sobre sus pueblos para la clase de sociología.

countryside
Nevertheless
outskirts

Las fotos que tiene Lupe de la casa de sus padres y de su pueblo en general representan un lugar muy tranquilo en el campo°, con una casa pequeña y un jardín muy grande. Sin embargo°, Lupe nunca quiere hablar de su familia ni de su pueblo. Sólo dice que es de un pueblo de las afueras° de Akron, Ohio.

En cambio, a Marisol le gusta hablar de su familia y de su pueblo que está muy cerca de la ciudad de Nueva York. Marisol viene de una familia muy grande. Es hija única pero tiene muchos tíos y primos. Todos viven cerca de Nueva York.

proud

Marisol está muy orgullosa° de su pueblo. Siempre le dice a Lupe que tiene de todo cerca de su casa. Por ejemplo, dice que hay un cine donde ponen quince películas diferentes a la vez. Ella vive en un apartamento y enfrente hay un supermercado pequeño, una librería y un restaurante que siempre recibe la distinción de ser el mejor restaurante chino del pueblo. ¡Ella no comprende cómo alguien puede vivir en otro lugar!

laugh

Mientras Marisol trabaja de manera muy seria, escucha a Lupe reírse° y hacer comentarios casi inaudibles. De pronto Lupe le dice a Marisol que tiene que salir un momento para hacer una llamada por teléfono. Marisol, muy curiosa, decide mirar lo que Lupe escribe.

strange

Se acerca a su computadora y lee allí algo muy extraño°. Lupe no escribe sobre su pueblo en Ohio. ¡Escribe sobre Los Ángeles!

4-42 **Después de leer** Contesta las siguientes preguntas. ■

1. ¿Qué tipo de proyecto hacen Lupe y Marisol?
2. ¿Qué no quiere hacer Lupe?
3. ¿Cómo es la familia de Marisol?
4. ¿Dónde vive Marisol? ¿Cómo es su pueblo?
5. ¿Qué escribe Lupe en su computadora?

Video

4-43 **Antes del video** Do you volunteer your time with a group or organization? In the video episode of **Ambiciones siniestras,** you will learn about Cisco's and Eduardo's volunteerism experiences (or lack thereof!). Also listen for "**¡No toques** (*touch*) **mis cosas nunca más! ¿Me oyes?**" Why do you think the character says this? And finally, you will discover that either Cisco or Eduardo is not being totally honest! Who do you think it is? Why? ■

Trabajo como voluntario en una organización que ayuda a los niños.

¡No toques mis cosas nunca más! ¿Me oyes?

Cisco piensa que lo sabe todo...

Episodio 4

«¿Quiénes son en realidad?»

Relax and watch the video, more than once if you choose. Then answer the questions that follow.

4-44 **Después del video** Contesta las siguientes preguntas. ■

1. ¿Adónde van Cisco y Eduardo?
2. ¿Qué hacen allí?
3. ¿Quién trabaja como voluntario? ¿A quiénes ayuda?
4. ¿Por qué está enojado Cisco?
5. ¿Qué hace Eduardo al final?

Y por fin, ¿cómo andas?

	Feel confident	Need to review
Having completed this chapter, I now can . . .		

Comunicación I

- identify places in and around town (p. 134) ☐ ☐
- pronounce the letters *c* and *z* (MSL/SAM) ☐ ☐
- state whom and what is known (p. 137) ☐ ☐
- relate common obligations and activities (p. 140) ☐ ☐
- express actions (p. 142) ☐ ☐

Comunicación II

- share where I and others are going (p. 146) ☐ ☐
- convey what will happen in the future (p. 147) ☐ ☐
- impart information about service opportunities (p. 149) ☐ ☐
- articulate concepts and ideas both affirmatively and negatively (p. 151) ☐ ☐
- describe states of being, characteristics, and location (p. 154) ☐ ☐
- paraphrase what I hear (p. 157) ☐ ☐
- communicate about ways to serve the community (p. 158) ☐ ☐
- write a postcard and proofread it for accuracy (p. 159) ☐ ☐

Cultura

- describe shopping and other daily activities (p. 136) ☐ ☐
- discuss the concept of social consciousness (p. 151) ☐ ☐
- list interesting facts about Honduras, Guatemala, and El Salvador (pp. 161–163) ☐ ☐

Ambiciones siniestras

- practice the reading strategies of skimming and scanning, and learn more about Lupe and Marisol (p. 164) ☐ ☐
- discover that Cisco may not be who Eduardo and the others think he is (p. 166) ☐ ☐

Comunidades

- use Spanish in real-life contexts (SAM) ☐ ☐

VOCABULARIO ACTIVO

Los lugares — *Places*

el almacén	department store
el banco	bank
el bar; el club	bar; club
el café	café
el cajero automático	ATM machine
el centro	downtown
el centro comercial	mall; business/shopping district
el cibercafé	Internet café
el cine	movie theater
la iglesia	church
el mercado	market
el museo	museum
la oficina de correos; correos	post office
el parque	park
la plaza	town square
el pueblo	town; village
el restaurante	restaurant
el supermercado	supermarket
el teatro	theater
el templo	temple

Algunos verbos — *Some verbs*

buscar	to look for
estar de acuerdo	to agree
mandar una carta	to send/mail a letter

Otras palabras útiles — *Other useful words*

la ciudad	city
la cuenta	bill; account
detrás (de)	behind
enfrente (de)	in front (of)
el/la mejor	the best
la película	movie; film
el/la peor	the worst

Servicios a la comunidad — *Community service*

apoyar a un/a candidato/a	to support a candidate
ayudar a las personas mayores/los mayores	to help elderly people
circular una petición	to circulate a petition
dar un paseo	to go for a walk
deber	ought to; should
hacer artesanía	to make arts and crafts
hacer una hoguera	to light a campfire
ir de camping	to go camping
ir de excursión	to take a short trip
llevar a alguien al médico	to take someone to the doctor
montar una tienda de campaña	to put up a tent
organizar	to organize
participar en una campaña política	to participate in a political campaign
repartir comidas	to hand out/deliver food
trabajar como consejero/a	to work as a counselor
trabajar en el campamento de niños	to work in a summer camp
trabajar como voluntario/a en la residencia de ancianos	to volunteer at a nursing home
trabajar en política	to work in politics
viajar en canoa	to canoe

Otras palabras útiles	Other useful words
el deber	obligation; duty
el voluntariado	volunteerism

Otros verbos	Other verbs
ir	to go
saber	to know

¿Qué tienen que hacer?	What do they have to do?
(Verbos con cambio de raíz)	(Stem-changing verbs)
almorzar (ue)	to have lunch
cerrar (ie)	to close
comenzar (ie)	to begin
costar (ue)	to cost
demostrar (ue)	to demonstrate
devolver (ue)	to return (an object)
dormir (ue)	to sleep
empezar (ie)	to begin
encerrar (ie)	to enclose
encontrar (ue)	to find
entender (ie)	to understand
jugar (ue)	to play
mentir (ie)	to lie
morir (ue)	to die
mostrar (ue)	to show
pedir (i)	to ask for
pensar (ie)	to think
perder (ie)	to lose; to waste
perseguir (i)	to chase
preferir (ie)	to prefer
recomendar (ie)	to recommend
recordar (ue)	to remember
repetir (i)	to repeat
seguir (i)	to follow; to continue (doing something)
servir (i)	to serve
volver (ue)	to return

Expresiones afirmativas y negativas	Affirmative and negative expressions
a veces	sometimes
algo	something; anything
alguien	someone
algún	some; any
alguno/a/os/as	some; any
jamás	never; not ever (emphatic)
nada	nothing
nadie	no one; nobody
ni... ni	neither . . . nor
ningún	none
ninguno/a/os/as	none
nunca	never
o... o	either . . . or
siempre	always

5 ¡A divertirse!
La música y el cine

En el mundo hispanohablante la gente trabaja pero también sabe divertirse (*enjoy themselves*). La música, el baile y el cine son formas de expresión y de distracción comunes. Estos pasatiempos, además de otros como los deportes o leer un buen libro, nos hacen la vida muy agradable. Sobre todo (*Above all*), es importante buscar maneras de relajarse y aliviar el estrés.

PREGUNTAS

1 ¿Qué haces cuando no estudias?

2 ¿Qué hacen tus amigos y tú para relajarse y aliviar el estrés?

3 Hay una expresión en español que dice: "Algunas personas viven para trabajar y otras trabajan para vivir". ¿Cuál es tu filosofía de la vida?

Comunicación I

05-01 to 05-07

El mundo de la música Discussing music

el músico (la música)

la orquesta

el tambor

la trompeta

el trompetista (la trompetista)

el cantante (la cantante)

la guitarrista (el guitarrista)

el baterista (la baterista)

las grabaciones

la batería

el artista

la guitarra

la artista

el tamborista (la tamborista)

el pianista (la pianista)

el piano

la música

el empresario (la empresaria)

la gira

el conjunto

el concierto

EL TEATRO NACIONAL RUBÉN DARÍO

Gira mundial de Las Piedras
¡Concierto a las 20h!

Algunos géneros musicales	*Some musical genres*
el jazz	*jazz*
la música clásica	*classical music*
la música folklórica	*folk music*
la música popular	*pop music*
la música rap	*rap music*
la ópera	*opera*
el rock	*rock*
la salsa	*salsa*

Algunos adjetivos	*Some adjectives*
apasionado/a	*passionate*
cuidadoso/a	*careful*
fino/a	*fine; delicate*
lento/a	*slow*
suave	*smooth*

Algunos verbos	*Some verbs*
dar un concierto	*to give/perform a concert*
ensayar	*to practice/rehearse*
grabar	*to record*
hacer una gira	*to tour*
sacar un CD	*to release a CD*
tocar	*to play (a musical instrument)*

Otras palabras útiles	*Some useful words*
el/la aficionado/a	*fan*
la fama	*fame*
el género	*genre*
la habilidad	*ability; skill*
la letra	*lyrics*
el ritmo	*rhythm*
la voz	*voice*

PRONUNCIACIÓN

05-08 to 05-12

Diphthongs and linking

Go to MySpanishLab/Student Activities Manual to learn about diphthongs and linking.

 5-1 **Dibujemos** Escuchen mientras su profesor/a les da (*gives you*) las instrucciones de esta actividad. ■

 5-2 **Listas** Túrnate con un/a compañero/a para decir y escribir todas las palabras del vocabulario nuevo que recuerden (*you both remember*) de las tres categorías en el modelo. ¿Cuántas palabras pueden recordar? ■

MODELO

TIPOS DE MÚSICA	INSTRUMENTOS	OTRAS PALABRAS
el jazz	la trompeta	el conjunto

5-3 **Para conocerte mejor** Hazle las siguientes preguntas a un/a compañero/a. Toma apuntes y luego comparte las respuestas con otros dos compañeros. ■

1. ¿Con qué frecuencia vas a conciertos?
2. ¿Qué género de música prefieres?
3. ¿Cuál es tu grupo favorito?
4. ¿Cuál es tu cantante favorito/a? ¿Cómo es su voz?
5. ¿Qué instrumento te gusta?
6. ¿Cuál es tu canción favorita?
7. ¿Sabes tocar un instrumento? ¿Cuál?
8. ¿Sabes cantar bien? ¿Te gusta cantar? ¿Cuándo y dónde cantas?
9. ¿En qué tienes mucha habilidad o talento?
10. ¿Conoces algún conjunto o cantante hispano? ¿Cuál?

 Capítulo 2. La formación de preguntas y las palabras interrogativas, pág. 70.

  5-4 **Los famosos** Completa los siguientes pasos. ■

Paso 1 Como reportero/a de la revista *Rolling Stone* tienes la oportunidad de entrevistar a los hermanos Mejía, dos músicos populares de Nicaragua. Escribe por lo menos **cinco** preguntas que vas a hacerles.

Paso 2 Haz una investigación en el Internet para ver si puedes descubrir las respuestas a tus preguntas y para escuchar la música de Luis y Ramón Mejía. Después, comparte tus resultados y tu opinión con la clase; diles (*tell them*) qué canción te gusta más y por qué.

2 GRAMÁTICA

05-13 to 05-15 · Spanish/English Tutorials

Los adjetivos demostrativos
Identifying people and things (Part I)

> Esta mujer toca muy bien. Ese hombre toca bien y aquel hombre toca muy mal.

When you want to point out a specific person, place, thing, or idea, you use a *demonstrative adjective*. In Spanish, they are:

DEMONSTRATIVE ADJECTIVES	MEANING	FROM THE PERSPECTIVE OF THE SPEAKER, IT REFERS TO . . .
este, esta, estos, estas	*this, these*	something nearby
ese, esa, esos, esas	*that, those over there*	something farther away
aquel, aquella, aquellos, aquellas	*that, those (way) over there*	something even farther away in distance and/or time . . . perhaps not even visible

Since forms of **este, ese,** and **aquel** are adjectives, they must agree in gender and number with the nouns they modify. Note the following examples.

Este conjunto es fantástico.
Esta cantante es fenomenal.
Estos conjuntos son fantásticos.
Estas cantantes son fenomenales.

This group is fantastic.
This singer is phenomenal.
These groups are fantastic.
These singers are phenomenal.

Ese conjunto es fantástico.
Esa cantante es fenomenal.
Esos conjuntos son fantásticos.
Esas cantantes son fenomenales.

That group is fantastic.
That singer is phenomenal.
Those groups are fantastic.
Those singers are phenomenal.

Aquel conjunto es fantástico.
Aquella cantante es fenomenal.
Aquellos conjuntos son fantásticos.
Aquellas cantantes son fenomenales.

That group (over there) is fantastic.
That singer (over there) is phenomenal.
Those groups (over there) are fantastic.
Those singers (over there) are phenomenal.

¡Explícalo tú!

In summary:

1. When do you use **este, ese,** and **aquel**?
2. When do you use **esta, esa,** and **aquella**?
3. When do you use **estos, esos,** and **aquellos**?
4. When do you use **estas, esas,** and **aquellas**?

 Check your answers to the preceding questions in Appendix 1.

5-5 **Amiga, tienes razón** Tu amigo/a te da su opinión y tú responde con una opinión similar. Cambia la forma de **este/a** a (*to*) **ese/a** y añade (*add*) la palabra **también**. ◾

MODELO   TU AMIGO/A: Esta música es muy suave.

TÚ: *Sí, y esa música es suave también.*

1. Este grupo es fenomenal.
2. Estos cantantes son muy jóvenes.
3. Esta gira empieza en enero.
4. Este CD sale ahora.
5. Estas canciones son muy apasionadas.
6. Estos pianistas tocan muy bien.

 5-6 **En el centro estudiantil** Completen el diálogo de Lola y Tina con las formas correctas de **este, ese** y **aquel**. ◾

LOLA: Tina, mira (1) _____ (*this*) grupo de estudiantes que acaba de entrar.

TINA: Sí, creo que conozco a (2) _____ (*this*) hombre alto. Es guitarrista del trío de jazz *Ritmos*.

LOLA: Tienes razón. Y (3) _____ (*this*) mujer rubia es pianista en la orquesta de la universidad.

TINA: ¿Quiénes son (4) _____ (*those*) dos mujeres morenas?

LOLA: Están en nuestra clase de química. ¿No las conoces? Y (5) _____ (*those over there*) dos hombres de las camisas rojas ¡son muy guapos!

 Capítulo 2. El verbo *gustar*, pág. 80; Capítulo 4. Los verbos con cambios de raíz, pág. 142; Capítulo 3. La casa, pág. 98; Los colores, pág. 111.

 5-7 **¿Qué opinas?** Miren el dibujo y expresen sus opiniones sobre las casas. Usen las formas apropiadas de **este, ese** y **aquel**. ◾

MODELO   *Me gusta esta casa blanca, pero prefiero esa casa beige. Pienso que aquella casa roja es fea. También creo que este jardín de la casa blanca es bonito.*

3 GRAMÁTICA

05-16 to 05-17

¡Hola!
Spanish/
English
Tutorials

Los pronombres demostrativos
Identifying people and things (Part II)

Demonstrative pronouns take the place of nouns. They are identical in form and meaning to demonstrative adjectives.

¡Esta es muy buena! Ese no me gusta, pero ¡aquel es fenomenal!

Masculino	Femenino	*Meaning*
este	esta	*this one*
estos	estas	*these*
ese	esa	*that one*
esos	esas	*those*
aquel	aquella	*that one (way over there/not visible)*
aquellos	aquellas	*those (way over there/not visible)*

A demonstrative pronoun must agree in gender and number with the noun it replaces. Observe how demonstrative adjectives and demonstrative pronouns are used in the following sentences.

Yo quiero comprar **este CD,** pero mi hermana quiere comprar **ese.**

I want to buy this CD, but my sister wants to buy that one.

—¿Te gusta **esa guitarra?**
—No, a mí me gusta **esta.**

Do you like that guitar?
No, I like this one.

Estos instrumentos son interesantes, pero prefiero tocar **esos.**

These instruments are interesting, but I prefer to play those.

En **esta** calle hay varios cines. ¿Quieres ir a **aquel?**

There are several movie theaters on this street. Do you want to go to that one over there?

 5-8 **Comparando cosas** Tu compañero/a te propone (*proposes*) una cosa pero tú siempre prefieres otra (*another one*). Responde a sus comentarios usando las formas correctas de **este, ese** y **aquel.** ∎

MODELO E1: ¿Quieres ir a este concierto?

E2: *No, quiero ir a ese/aquel.*

1. ¿Quieres escuchar a estos músicos?
2. ¿Vamos a ir a ese teatro?
3. ¿Entiendes la letra de esta canción?
4. ¿Tus amigos tocan en aquel conjunto?
5. ¿Vas a comprar aquellas camisetas (*T-shirts*)?
6. ¿Piensas arreglar este cuarto para la fiesta?

5-9 **¡Vamos a un concierto!**

¡Qué suerte! Tienes dos entradas gratis (*free tickets*)
para ir a un concierto. ◼

Paso 1   Haz una investigación en el Internet para escuchar la
música de El Gran Combo, Marc Anthony, Juan Luis
Guerra y Los Tigres del Norte.

Paso 2   Tu compañero/a y tú tienen que decidir a qué
concierto quieren ir. Túrnense para describir a quién
prefieren escuchar y por qué. Usen **este**, **ese** y **aquel**
en sus descripciones.

MODELO   *Prefiero ir al concierto de Marc Anthony. ¡Él canta muy*
bien! Pero es difícil decidir porque los músicos de Los Tigres
del Norte son muy buenos también. Estos saben tocar y
cantar muy bien. Y aquellos…

NOTA CULTURAL

La música latina en los Estados Unidos

05-18 to 05-19

La música latina abarca (*encompasses*) muchos géneros, estilos e
intérpretes (músicos, cantantes). Entre los géneros más populares en
los Estados Unidos se encuentran la salsa, el merengue, el Tex-Mex o
norteño y otros. Algunos intérpretes de estos tipos de música son El
Gran Combo, Marc Anthony, Juan Luis Guerra y Los Tigres del Norte.

El rock y el jazz son influencias que están presentes en la música latina
en los Estados Unidos, aunque esta ha evolucionado (*has evolved*)
y producido nuevos géneros como el merenhouse, el rock latino, el rap
en español, el jazz latino, el reggaetón y otros.

Néstor Torres

La influencia de los países hispanohablantes del Caribe —Cuba,
Puerto Rico y la República Dominicana— y su herencia africana
forman parte de los ritmos, las melodías y la instrumentación de
la música y los bailes latinos. También les dan vida (*they give life*)
a géneros como la plena, la cumbia y la bachata.

Entre los artistas populares de hoy en día se encuentra Néstor
Torres, flautista de música de jazz latino. Torres ganó un premio
Grammy latino por su interpretación de *This Side of Paradise*.

Preguntas

1. ¿Cuáles son cuatro de los géneros de la música latina? ¿Cuáles
conoces tú?
2. ¿Quiénes son los artistas latinos más conocidos en este momento?

Marc Anthony

Juan Luis Guerra

4 GRAMÁTICA

 05-20 to 05-23

 ¡Hola! Spanish/English Tutorials

Los adverbios
Explaining how something is done

Este baterista toca horriblemente.

An **adverb** usually describes a verb and **answers the question "how."** Many Spanish adverbs end in **-mente,** which is equivalent to the English *-ly*. These Spanish adverbs are formed as follows:

1. Add **-mente** to the *feminine singular* form of an *adjective*.

ADJETIVOS		ADVERBIOS
Masculino	**Femenino**	
rápido →	*rápida* + -mente →	**rápidamente**
lento →	*lenta* + -mente →	**lentamente**
tranquilo →	*tranquila* + -mente →	**tranquilamente**

2. If an *adjective* ends in a *consonant* or in **-e,** simply add **-mente.**

ADJETIVOS		ADVERBIOS
fácil →	*fácil* + -mente →	**fácilmente**
suave →	*suave* + -mente →	**suavemente**

NOTE: If an adjective has a written accent, it is retained when **-mente** is added.

 Capítulo 1. Los adjetivos descriptivos, pág. 43.

 **5-10** **Lógicamente** Túrnense para transformar en adverbios los siguientes adjetivos. ▪

Estrategia

Remember to first determine the *feminine singular* form of the adjective and then add *-mente.*

MODELO   E1:   normal

          E2:   *normalmente*

1. interesante
2. perezosos
3. feliz
4. nervioso
5. fuertes
6. claro
7. seguro
8. apasionadas
9. difícil
10. débil
11. rápida
12. pacientes

Capítulo 2. Presente indicativo de verbos regulares, pág. 67; Capítulo 4. Los verbos con cambio de raíz, pág. 142.

 5-11 **Para conocerte** Túrnense para hacerse y contestar las siguientes preguntas. Pueden usar los adjetivos de la lista. ■

alegre	constante	paciente	difícil	divino
fácil	horrible	perfecto	rápido	tranquilo

MODELO   E1: ¿Cómo bailas? (divino)

            E2: *Bailo divinamente.*

1. ¿Cómo cantas?
2. ¿Cómo duermes?
3. ¿Cómo hablas español?
4. ¿Cómo juegas al béisbol?
5. ¿Cómo tocas el piano?
6. ¿Cómo cocinas?
7. ¿Cómo lavas los platos?
8. ¿Cómo manejas (*drive*)?

 5-12 **Di la verdad** Hazle (*Ask*) a tu compañero/a las siguientes preguntas. Después, cambien de papel. ■

Estrategia

Answer in complete sentences when working with your partner. Even though it may seem mechanical at times, it leads to increased comfort speaking Spanish.

MODELO   E1: ¿Qué haces diariamente (todos los días)?

            E2: *Limpio mi dormitorio, voy a clase, estudio, como, hago ejercicio y duermo.*

1. ¿Qué haces perfectamente?
2. ¿Qué haces horriblemente?
3. ¿Qué haces fácilmente?
4. ¿Qué debes hacer rápidamente?
5. ¿Qué debes hacer lentamente?

5 GRAMÁTICA

05-24 to 05-27   Spanish/English Tutorials

El presente progresivo
Describing what is happening at the moment

So far you have been learning and using the present tense to communicate ideas. If you want to emphasize that an action is **occurring at the moment and is in progress,** you can use the *present progressive* tense.

    The English present progressive is made up of a form of the verb *to be + present participle (-ing).* Look at the following sentences and formulate a rule for creating the present progressive in Spanish. Use the following questions to guide you.

—¿Qué *estás* **haciendo**?
—*Estoy* **ensayando**.

What are you doing?
I'm rehearsing.

—¿*Está* **escuchando** música tu hermano?
—No, *está* **tocando** la guitarra.

Is your brother listening to music?
No, he is playing the guitar.

—¿*Están* **viendo** ustedes la televisión?
—No, les *estamos* **escribiendo** una carta a
nuestros padres.

Are you watching television?
*No, we are writing a letter to our
parents.*

¡Explícalo tú!

1. What is the infinitive of the first verb in each sentence that is in *italics*?
2. What are the infinitives of **haciendo, ensayando, escuchando, tocando, viendo,** and **escribiendo**?
3. How do you form the verb forms in **boldface**?
4. In this new tense, the *present progressive*, do any words come between the two parts of the verb?
5. Therefore, your formula for forming the *present progressive* is:
   a form of the verb _____ + a verb ending in _____ or _____.

✔ Check your answers to the preceding questions in Appendix 1.

NOTE: The following are some verbs that have irregular forms in this tense.

decir → diciendo
mentir → mintiendo
pedir → pidiendo
preferir → prefiriendo
perseguir → persiguiendo
repetir → repitiendo
seguir → siguiendo
servir → sirviendo

dormir → durmiendo
morir → muriendo

creer → creyendo
leer → leyendo

5-13 Progresando Escuchen mientras su instructor/a les da (*gives you*) las instrucciones de esta actividad. ¡Diviértanse! (*Enjoy!*) ■

MODELO   E1: *hablar, yo*

E2: *estoy hablando*

E2: *comer, nosotros*

E3: *estamos comiendo*

Capítulo 2. El verbo *gustar,* pág. 80.

 5-14 **¿Tienes telepatía?** Es sábado. Túrnense para decir qué está haciendo su profesor/a en varios momentos del día. ∎

MODELO   E1: Le gusta tomar café por la mañana.

               E2: *Está tomando café en su terraza.*

1. Le gusta hacer ejercicio para comenzar su día.
2. Le gusta la música latina y está en una tienda.
3. Está cansado/a y tiene mucho sueño.
4. Trabaja en la computadora y tiene muchos mensajes de sus estudiantes.
5. Le gusta comer algo ligero (*light*) antes de ir a la fiesta.
6. Está con sus amigos en la fiesta y les gusta mucho la música que están tocando.

 5-15 **¿Qué está ocurriendo?** Túrnense para decir qué están haciendo estas personas. ∎

MODELO   E1: Felipe

               E2: *Felipe está preparando su comida y está comiendo también.*

1. Manuel
2. Sofía
3. Raúl y Mari Carmen
4. José
5. Mercedes y Guillermo

5-16 **No, ¡ahora mismo!** Contesten las siguientes preguntas para indicar que las personas están haciendo las acciones en este momento. ■

MODELO   E1:   ¿Ellos van a ver la nueva película de Javier Bardem mañana?

E2:   *No, están viendo la película ahora mismo.*

1. ¿Tú vas a comprar el nuevo CD de Calle 13 la semana que viene?
2. ¿Maxwell va a hacer una gira mundial el próximo verano?
3. ¿Nosotros vamos a escuchar música rap esta noche?
4. ¿El conjunto va a vender muchas grabaciones el año que viene?
5. Este festival de música es impresionante. ¿Van a tocar Bebo y Chucho Valdés esta tarde?

 5-17 **¡Qué creativo!** Juntos escriban la letra de una canción popular usando **el presente progresivo** un mínimo de **seis** veces (*times*). Deben usar verbos de la siguiente lista. ■

decir	dormir	repetir	creer	morir
mentir	leer	ir	seguir	servir

¿Cómo andas? I

	Feel confident	Need to review
Having completed **Comunicación I**, I now can . . .		
• discuss music (p. 172)	☐	☐
• practice pronouncing diphthongs and linking words (MSL/SAM)	☐	☐
• identify people and things (Part I) (p. 175)	☐	☐
• identify people and things (Part II) (p. 177)	☐	☐
• discuss Hispanic music in the United States (p. 178)	☐	☐
• explain how something is done (p. 179)	☐	☐
• describe what is happening at the moment (p. 180)	☐	☐

Comunicación II

05-28 to 05-31

El mundo del cine
Sharing information about movies and television programs

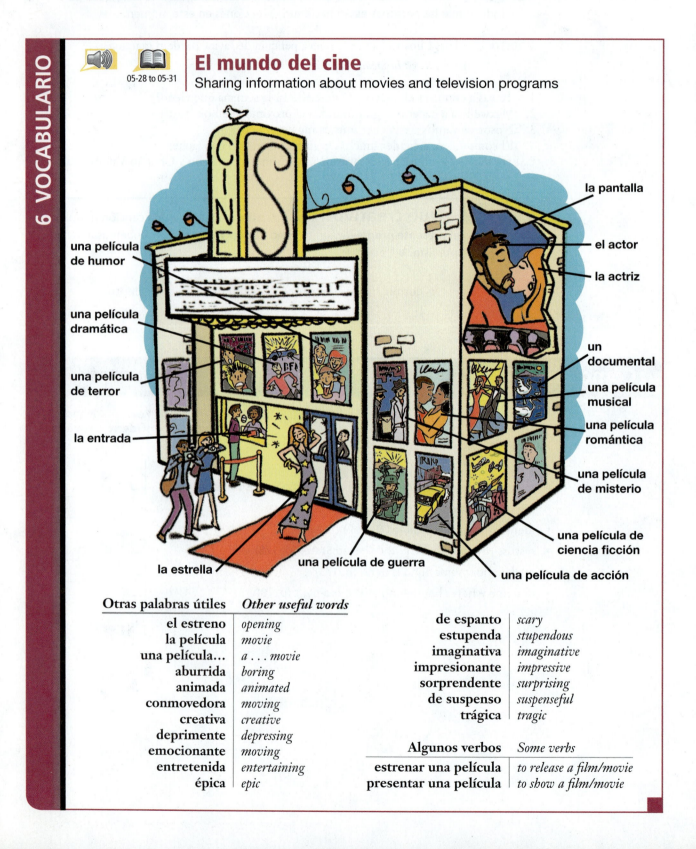

la pantalla

el actor

la actriz

un documental

una película musical

una película romántica

una película de misterio

una película de ciencia ficción

una película de acción

una película de humor

una película dramática

una película de terror

la entrada

la estrella

una película de guerra

Otras palabras útiles	Other useful words
el estreno	opening
la película	movie
una película...	a . . . movie
aburrida	boring
animada	animated
conmovedora	moving
creativa	creative
deprimente	depressing
emocionante	moving
entretenida	entertaining
épica	epic

de espanto	scary
estupenda	stupendous
imaginativa	imaginative
impresionante	impressive
sorprendente	surprising
de suspenso	suspenseful
trágica	tragic

Algunos verbos	Some verbs
estrenar una película	to release a film/movie
presentar una película	to show a film/movie

5-18 **¿Cuál es el género?** Clasifiquen las siguientes películas según su género y usen el mayor (*the largest*) número de palabras posibles para describirlas. ■

MODELO   E1: Avatar

E2: Avatar *es una película dramática, de acción. Es emocionante, impresionante y entretenida…*

1. *The Social Network (La red social)*
2. *Inception (Origen)*
3. *Black Swan (El cisne negro)*
4. *Tangled (Enredados)*
5. *Ironman II (El hombre de hierro II)*

6. *The Hurt Locker (Zona de miedo)*
7. *The Blind Side (Un sueño posible)*
8. *Sanctum (El santuario)*
9. *Precious (Preciosa)*
10. *¿?*

Capítulo Preliminar A.
El verbo *ser*, pág. 13.

 5-19 **En mi opinión** Túrnense para completar las siguientes oraciones sobre las películas. ¿Están ustedes de acuerdo? ■

MODELO   E1: La mejor película de terror…

E2: *La mejor película de terror es* Saw VI.

1. Las mejores películas de humor…
2. Una película épica deprimente…
3. Mis actores favoritos de las películas de acción…

4. La película de misterio que más me gusta…
5. Unas películas creativas…
6. El mejor documental…

 5-20 **Mis preferencias** Lee las reseñas (*reviews*) de las tres películas. Después, túrnate con un/a compañero/a para describir la película que prefieres ver y por qué. ■

MODELO   *Prefiero ver _____. Es una película _____ y _____. Me gusta _____ porque _____…*

En el cine

Invictus (2010, EE.UU.)
Género: Drama
Director: Clint Eastwood
Interpretación: Morgan Freeman, Matt Damon

Basada en el libro de John Carlin, *The Human Factor: Nelson Mandela and the Game That Changed the World*. Mandela (Morgan Freeman) reconoce la importancia de tener la Copa del Mundo de Rugby en Sudáfrica en el año 1995, después de ser excluidos durante muchos años de las competiciones debido al apartheid.

El hombre lobo (2010, EE.UU.)
Género: Terror
Director: Joe Johnston
Interpretación: Benicio del Toro, Anthony Hopkins

Nueva versión del clásico del cine de terror en el que un hombre recibe la maldición del hombre lobo.

Origen (2010, EE.UU.)
Género: Ciencia ficción, Acción
Director: Christopher Nolan
Interpretación: Leonardo DiCaprio, Michael Caine

Dom Cobb (Leonardo DiCaprio) es un ladrón que roba secretos del subconsciente durante el estado de sueño en un tipo de espionaje corporativo, pero esto lo hace un fugitivo internacional.

5-21 **En nuestra opinión…**

Paso 1 Habla de algunas películas que conoces con un/a compañero/a, usando las siguientes preguntas como guía (*guide*).

1. ¿Cuáles son las películas que más te gustan? ¿Por qué?
2. ¿Quiénes son tus actores y actrices favoritos?
3. ¿Qué películas que van a estrenar pronto quieres ver?

Paso 2 Ahora hablen sobre programas de televisión.

La influencia hispana en el cine norteamericano

05-32 to 05-33

Javier Bardem

La influencia hispana en el cine estadounidense empieza a tener importancia en los años 50. Actores como Gilbert Roland, Anthony Quinn y Ricardo Montalbán se destacan (*stand out*) en películas de habla inglesa. Les siguen más tarde estrellas del cine y de la televisión como Raquel Welch y Rita Moreno y continúan hasta el presente con Antonio Banderas, Javier Bardem, Jimmy Smits, Jennifer López, John Leguizamo, Edward James Olmos, Benicio del Toro, America Ferrera, Andy García, Salma Hayek, Zoe Saldana, Cameron Díaz, Diego Luna y Penélope Cruz, entre muchos otros. Su presencia en la industria representa el cambio demográfico de los Estados Unidos.

Preguntas

1. De los actores mencionados, ¿a cuáles conoces? ¿Qué sabes de ellos?
2. ¿Quiénes son los actores hispanos más populares en este momento?

Cameron Díaz

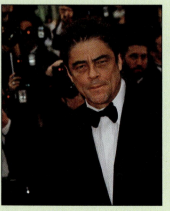

Benicio del Toro

Jennifer López

7 GRAMÁTICA

05-34 to 05-37

Spanish/
English
Tutorials

Los números ordinales Ranking people and things

An ordinal number indicates position in a series or order. The first ten ordinal numbers in Spanish are listed below. Ordinal numbers above *décimo* are rarely used.

primer, primero/a	*first*	**sexto/a**	*sixth*
segundo/a	*second*	**séptimo/a**	*seventh*
tercer, tercero/a	*third*	**octavo/a**	*eighth*
cuarto/a	*fourth*	**noveno/a**	*ninth*
quinto/a	*fifth*	**décimo/a**	*tenth*

¿Te gusta la primera sinfonía de Beethoven?

Sí, pero prefiero la novena.

1. Ordinal numbers are adjectives and agree in number and gender with the nouns they modify. They usually *precede* nouns.

   el **cuarto** año   *the fourth year*
   la **octava** sinfonía   *the eighth symphony*

2. Before masculine, singular nouns, **primero** and **tercero** are shortened to **primer** and **tercer.**

   el **primer** concierto   *the first concert*
   el **tercer** curso de español   *the third Spanish course*

3. After *décimo*, a cardinal number is used and *follows* the noun.

   el piso **catorce**
   el siglo (*century*) **veintiuno**

5-22 **Orden de preferencia** Asigna un orden de preferencia a las actividades de la lista: desde la más importante (primero) hasta la menos importante (octavo). Después, comparte tu lista con un/a compañero/a usando oraciones completas. ■

MODELO   *Primero, me gusta ver una película con mi actor favorito, Colin Firth. Segundo, quiero visitar a mis hermanos. Tercero, prefiero…*

1. ir a un concierto de tu conjunto favorito   _____
2. visitar a tus amigos   _____
3. ver una película con tu actor/actriz favorito/a _____
4. leer una novela buena   _____
5. ir a un partido de fútbol americano   _____
6. estudiar para un examen   _____
7. visitar Costa Rica   _____
8. conocer al presidente de los Estados Unidos   _____

Capítulo Preliminar A.
Los días, los meses y
las estaciones, pág. 20.

 5-23 **Preguntas de trivia** Túrnense para hacerse y contestar las
siguientes preguntas. ■

1. ¿En qué piso está tu clase de español?
2. ¿A qué hora es tu primera clase los lunes? ¿Y la segunda?
3. ¿Cuál es el tercer mes del año? ¿Y el sexto?
4. ¿Cuál es el séptimo día de la semana?
5. ¿Cómo se llama el primer presidente de los Estados Unidos?
6. ¿Cómo se llama la cuarta persona de la tercera fila (*row*) en la clase de español?

Estrategia

Remember that when
asked a question with
tu/tus, you need to
answer *mi/mis*.

Workbooklet

5-24 **La lista de los mejores** ¿Cuáles son las mejores películas para los
estudiantes de tu clase? ■

Paso 1   Entrevista a cinco estudiantes y pregúntales cuáles son sus opiniones sobre las tres
películas mejores. Usa las palabras **primera, segunda** y **tercera.**

Paso 2   Con el/la profesor/a, haz una lista de las **diez** películas más populares de la clase.

Paso 3   Organiza por orden de preferencia la lista de las películas más populares de la clase.
Escribe el número ordinal apropiado para cada película.

PELÍCULAS FAVORITAS	ESTUDIANTE 1	ESTUDIANTE 2	ESTUDIANTE 3	ESTUDIANTE 4	ESTUDIANTE 5
PRIMERA					
SEGUNDA					
TERCERA					

8 GRAMÁTICA

05-38 to 05-40

Hay que + infinitivo
Stating what needs to be accomplished

Hay que trabajar.
¡No hay que ser
perezoso!

So far when you have wanted to talk about what someone should
do, needs to do, or has to do, you have used the expressions **debe,
necesita,** or **tiene que.** The expression **hay que** + *infinitive*
is another way to communicate responsibility, obligation, or the
importance of something. **Hay que** + *infinitive* means:

It is necessary to . . .

You must . . .

One must/should . . .

Para ser un músico bueno **hay que** ensayar mucho.
Hay que terminar nuestro trabajo antes de ir
   al cine.
Hay que ver la nueva película de Almodóvar.

To be a good musician it is necessary to rehearse a lot.
*We must finish our work before we go to the
   movies.*
You must see the new Almodóvar film.

5-25 **Para generalizar** Túrnense para sustituir **tener que** por **hay que** en las siguientes oraciones. Sigan el modelo. ∎

MODELO   E1: Tenemos que consultar al empresario.

   E2: *Hay que consultar al empresario.*

1. Ustedes tienen que sacar un CD con estas canciones nuevas.
2. Marisol, tú tienes que ser más paciente si quieres conseguir buenas entradas para ese concierto.
3. Mamá, ¡tienes que conocer la música de este conjunto nuevo!
4. Jorge y Catrina, ustedes tienen que hacer una gira con su grupo de jazz.
5. Rafael, tienes que visitar a tu hermana porque ella quiere ensayar contigo.
6. Enrique, tú tienes que leer los mensajes que escriben tus aficionados.

5-26 **¿Obligaciones?** ¿Qué hay que hacer para llegar a tener las siguientes características? Túrnense para completar las frases dando por lo menos **dos** ideas. ∎

MODELO   E1: Para ser un pintor excelente…

   E2: Para ser un pintor excelente *hay que pintar mucho y hay que ser muy creativo.*

Para ser…

1. un músico impresionante…
2. un político honesto…
3. un cantante estupendo…

4. un director de cine sorprendente…
5. una actriz conmovedora…
6. una novelista entretenida…

5-27 **Y todos necesitamos…** ¿Qué debemos hacer para tener un futuro mejor? Compartan sus ideas y comuniquen sus resultados a la clase usando **tres** oraciones completas. ∎

MODELO   E1: Hay que…

   E2: *Hay que respetar (respect) y ayudar a las personas mayores.*

(continued)

---

9 GRAMÁTICA

05-41 to 05-43   ¡Hola! Spanish/English Tutorials

Los pronombres de complemento directo y la "a" personal Expressing *what* or *whom*

Direct objects receive the action of the verb and answer the questions *What?* or *Whom?* Note the following examples.

A: I need to do *what?*
B: You need to buy *the concert tickets* by Monday.
A: Yes, I do need to buy *them.*

A: I have to call *whom?*
B: You have to call *your agent.*
A: Yes, I do have to call *him.*

¿Mi trompeta y mi guitarra? Sí, las tengo.

Note the following examples of *direct objects* in Spanish.

María toca **dos instrumentos** muy bien.	*María plays two instruments very well.*
Sacamos **un CD** el primero de septiembre.	*We are releasing a CD the first of September.*
¿Tienes **las entradas**?	*Do you have the tickets?*
No conozco a **Benicio del Toro.**	*I do not know Benicio del Toro.*
Siempre veo a **Selena Gómez** en la televisión.	*I always see Selena Gómez on television.*

NOTE: In **Capítulo 4,** you learned that to express knowing a person, you put **"a"** after the verb (*conocer + a +* person). Now that you have learned about direct objects, a more global way of stating the rule is: When direct objects refer to *people*, you must use the personal **"a."** Review the following examples.

People	**Things**
¡Veo **a** *Cameron Díaz*!	¡Veo *el coche* de Cameron Díaz!
Hay que ver **a** *mis padres*.	Hay que ver *la película*.
¿**A** qué *actores* conoces?	¿Qué *ciudades* conoces?

As in English, we can replace direct objects nouns with ***direct object pronouns.*** Note the following examples.

María **los** toca muy bien.	*María plays them very well.*
Lo sacamos el primero de septiembre.	*We are releasing it the first of September.*
¿**Las** tienes?	*Do you have them?*
No **lo** conozco.	*I do not know him.*
Siempre **la** veo en la televisión.	*I always see her on television.*

In Spanish, direct object pronouns ***agree in gender and number with the nouns they replace.*** The following chart lists the direct object pronouns.

Singular		**Plural**	
me	*me*	**nos**	*us*
te	*you*	**os**	*you all*
lo, la	*you*	**los, las**	*you all*
lo, la	*him, her, it*	**los, las**	*them*

Placement of direct object pronouns

Direct object pronouns are:

1. Placed before the verb.
2. Attached to *infinitives* or to the *present participle* (**-ando, -iendo**).

¿Tienes los discos compactos?	→	Sí, **los** tengo.
Tengo que traer los instrumentos.	→	**Los** tengo que traer. / Tengo que traer**los**.
Tiene que llevar su guitarra.	→	**La** tiene que llevar. / Tiene que llevar**la**.

—¿Por qué estás escribiendo una canción para tu madre?

—**La** estoy escribiendo porque es su cumpleaños. / Estoy escribiéndo**la** porque es su cumpleaños.

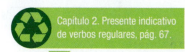
Capítulo 2. Presente indicativo de verbos regulares, pág. 67.

5-28 **¿Estás listo?** ¿Estás preparado/a para el concierto de Perrozompopo? Túrnate con un/a compañero/a para revisar la lista, esta vez usando **lo, la, los** o **las.** ■

MODELO   E1:   confirmar *la hora* del concierto
               E2:   *La confirmo hoy.*

1. comprar *las entradas*
2. invitar *a mis amigos*
3. leer *el artículo* de *The New York Times* sobre Perrozompopo
4. compartir (*share*) *el artículo y los CD de Perrozompopo* con mis amigos
5. preparar *comida* para un pícnic
6. traer *la cámara*

Capítulo 3. Los quehaceres de la casa, pág. 109.

5-29 **¿Hay deberes?** El concierto de Perrozompopo fue increíble, pero hay que volver al mundo real. Siempre hay trabajo, sobre todo en la casa. Túrnate con un/a compañero/a para hacer y contestar las siguientes preguntas. ■

MODELO   E1:   ¿Lavas los pisos?
               E2:   *Sí, los lavo. / No, no/nunca los lavo.*

1. ¿Limpias la cocina?
2. ¿Arreglas tu cuarto?
3. ¿Lavas los platos?
4. ¿Guardas tus cosas?
5. ¿Sacudes los muebles?
6. ¿Haces las camas?
7. ¿Preparas la comida?
8. ¿Pones la mesa?
9. ¿Nos ayudas a arreglar el jardín?
10. ¿Me invitas a un concierto?

5-30 **Una hora antes** Carlos Santana, como muchos músicos, es una persona muy organizada. Antes de cada concierto repasa con su ayudante (*assistant*) personal todos los preparativos (*preparations*). Aquí tienes las preguntas del ayudante. Contesta como si fueras (*as if you were*) Santana, usando **lo, la, los** o **las.** ■

MODELO   E1:   ¿Tienes tu anillo (*ring*) de la buena suerte?
               E2:   *Sí, lo tengo.*

1. Juan está enfermo. ¿Conoces al trompetista que toca esta noche con el conjunto?
2. ¿Traes tu guitarra nueva?
3. ¿Los cantantes saben la letra de la canción nueva?
4. ¿Traemos todos los trajes (*suits, outfits*)?
5. ¿Quieres unas botellas de agua (*water*)?
6. ¿Oyes al público aplaudir?
7. ¿Me van a necesitar después del concierto?
8. ¿El empresario te va a anunciar?

Carlos Santana

5-31 **Mis preferencias** Túrnense para hacerse y contestar las siguientes preguntas usando **el pronombre de complemento directo** correcto. ■

MODELO   E1: ¿Lees los poemas de Rubén Darío? ¿Por qué?

           E2: *No, no los leo. No los leo porque no los conozco.*

1. ¿Escuchas música clásica? ¿Por qué?
2. ¿Tu amigo y tú tienen ganas de ver una película de acción de Matt Damon? ¿Por qué?
3. ¿Tus amigos ven todas las películas de Penélope Cruz? ¿Por qué?
4. ¿Escuchas música jazz en tu iPod? ¿Por qué?
5. ¿Tocas un instrumento? ¿Por qué?

ESCUCHA

 Planes para un concierto

05-44 to 05-46

Estrategia	Use all clues available to you to anticipate what you are about to hear. That includes photos, captions, and body language if you are looking at the individual(s) speaking. If there are written synopses,	it is important to read them in advance. Finally, if you are doing listening activities such as these, look ahead at the comprehension questions to give you an idea of the topic and important points.
Anticipating content		

5-32 **Antes de escuchar** Mira la foto y contesta las siguientes preguntas. ■

1. ¿Quiénes están en la foto?
2. ¿De qué hablan Eduardo y Cisco?

Eduardo y Cisco

5-33 **A escuchar** Escucha la conversación entre Eduardo y Cisco y averigua cuál es el tema (*topic*; *gist*). Después, escucha una vez más para contestar las siguientes preguntas. ■

1. ¿Quién va al concierto de los Black Eyed Peas?
2. ¿Qué música prefiere Cisco?
3. Deciden no estudiar. ¿Adónde van a ir?

 5-34 **Después de escuchar** Describe una canción que te guste en **tres** oraciones y dibuja un cuadro (*picture*) que la represente. Preséntaselo a un/a compañero/a para ver si puede adivinar la canción. ■

¡CONVERSEMOS!
05-47

 5-35 **En mi opinión** Hay un programa en el canal *E!* donde las personas expresan sus gustos y opiniones sobre la música y el cine ¡y tu compañero/a y tú van a participar esta semana! Entrevista a tu compañero/a sobre sus opiniones de: los mejores grupos, las mejores películas, los mejores actores y actrices. Luego, cambien de papel. ■

 5-36 **Comparaciones** En los **Capítulos 1–4** aprendieron información sobre Los Estados Unidos (**Capítulo 1**), México (**Capítulo 2**), España (**Capítulo 3**) y Honduras, Guatemala y El Salvador (**Capítulo 4**). Con un/a compañero/a, compara estos países incluyendo la música y el cine, cuando sea posible. Usa información de los capítulos anteriores (*previous chapters*) e información de otras fuentes (*sources*). ■

MODELO   *Los países son similares y diferentes. Por ejemplo, hablan español en todos los países. España tiene influencia árabe en ciudades como (like) Granada. México no tiene influencia árabe pero sí tiene influencia de los aztecas. La música popular es similar, pero la música folklórica…*

ESCRIBE

05-48

Una reseña (*A review*)

Estrategia	Reviewing the writing of a classmate teaches you valuable editing skills that can improve your classmate's paper as well as serve to	build your confidence in your own writing by enhancing the content and syntax of your work, as well as boost your critical thinking skills.
Peer review/editing		

5-37 Antes de escribir Piensa en una película que te gusta mucho. Anota algunas ideas sobre los aspectos que te gustan más de esa película. ■

- ¿Qué tipo de película es?
- ¿Para qué grupo(s) es apropiada?
- ¿Cuál es el tema?
- ¿Tiene una lección para el público?

5-38 A escribir Organiza tus ideas y escribe una reseña (*review*), como una de las de **5-20**, de **cuatro** a **seis** oraciones. Puedes usar las siguientes preguntas para organizar tu reseña. ■

1. ¿Cómo se llama la película?
2. ¿De qué género es?
3. ¿Cómo la describes?

4. ¿A quiénes les va a gustar? ¿Por qué?
5. ¿La recomiendas? ¿Por qué?

5-39 Después de escribir En grupos de tres compartan sus reseñas. Revisen las ideas tanto de la gramática como del vocabulario. Hagan los cambios necesarios. Después, tu profesor/a va a leer las reseñas. La clase tiene que adivinar cuáles son las películas. ■

¿Cómo andas? II

	Feel confident	Need to review
Having completed **Comunicación II**, I now can . . .		
• share information about movies and television programs (p. 184)	☐	☐
• describe Hispanic influences in North American film (p. 186)	☐	☐
• rank people and things (p. 187)	☐	☐
• state what needs to be accomplished (p. 188)	☐	☐
• express *what* or *whom* (p. 189)	☐	☐
• anticipate content when listening (p. 192)	☐	☐
• communicate about music and film (p. 193)	☐	☐
• write a movie review and practice peer editing (p. 194)	☐	☐

Nicaragua

05-49

Mauricio Morales Prado

Les presento mi país

Mi nombre es Mauricio Morales Prado y soy de Managua, Nicaragua. Mi país es conocido como la tierra de volcanes y lagos (*lakes*). Hay dos lagos principales y muchos volcanes. Siete están activos todavía y de ellos, San Cristóbal es el más alto y Masaya es el más activo. **¡Localiza estos volcanes en el mapa!** Mi familia y yo somos muy aficionados a la música. Vamos frecuentemente a los conciertos en La Concha Acústica en el Lago Managua. **¿Asistes a conciertos con tu familia o amigos?**

Teatro Nacional Rubén Darío, Managua

El volcán San Cristóbal

La Concha Acústica, Managua

ALMANAQUE

Nombre oficial:	República de Nicaragua
Gobierno:	República
Población:	5.995.928 (2010)
Idiomas:	español (oficial); miskito, otros idiomas indígenas
Moneda:	Córdoba (NIO)

¿Sabías que…?

- El Lago de Nicaragua es el único lago de agua dulce (*fresh water*) del mundo donde se encuentran tiburones (*sharks*) y atunes.
- El 23 de diciembre del año 1972, un terremoto (*earthquake*) desastroso de 6,5 en la escala Richter destruyó (*destroyed*) la ciudad de Managua.

Preguntas

1. ¿Por qué se llama Nicaragua la tierra de lagos y volcanes?
2. ¿Qué tiene el Lago de Nicaragua de especial?
3. ¿Cuáles son dos lugares en Managua adonde va la gente para eventos culturales? ¿Puedes nombrar algunos posibles eventos culturales para esos dos lugares?

 Amplía tus conocimientos sobre Nicaragua en MySpanishLab.

Costa Rica

05-50

Laura Centeno Soto

Les presento mi país

Mi nombre es Laura Centeno Soto y soy *tica*. *Ticos* es el apodo (*nickname*) que tenemos todos los costarricenses. Soy de Guaitil, un pueblo muy pequeño entre varios parques nacionales y famoso por su cerámica. Uno de los pueblos más famosos por su artesanía, sobre todo por la carreta, un símbolo nacional de Costa Rica, es Sarchí. **¿Cuáles son algunas artesanías producidas donde tú vives?** Si piensas visitar Costa Rica, te recomiendo una visita a nuestros parques nacionales. Son bonitos y tienen flora y fauna únicas en el mundo. **¿Cuál es tu parque favorito?** ¡Costa Rica es pura vida!

El café es un producto principal de exportación.

Una carreta pintada de Sarchí

El ecoturismo es muy importante para la economía de Costa Rica.

NICARAGUA

Río San Juan

Mar Caribe

Poás

COSTA RICA

Arenal

Puntarenas
Alajuela
Irazú
Cartago
Limón

San José

Golfo de Nicoya

Puerto Quepos

PANAMÁ

Golfito

OCÉANO PACÍFICO

ALMANAQUE

Nombre oficial:	República de Costa Rica
Gobierno:	República democrática
Población:	4.516.220 (2010)
Idiomas:	español (oficial); inglés
Moneda:	Colón (CRC)

¿Sabías que…?

- El ejército (*army*) se abolió en Costa Rica en el año 1948. Los recursos monetarios desde aquel entonces apoyan (*support*) el sistema educativo. A causa de su dedicación a la paz (*peace*), la llaman "La Suiza de Centroamérica".

Preguntas

1. ¿Qué artesanía es un símbolo nacional costarricense?
2. ¿Cuál es uno de los productos de exportación importantes de Costa Rica? ¿Qué otros países exportan productos similares?
3. ¿Qué otra industria es importante para la economía de Costa Rica?

 Amplía tus conocimientos sobre Costa Rica en MySpanishLab.

Panamá

05-51

Magdalena Quintero
de Gracia

Les presento mi país

Mi nombre es Magdalena Quintero de Gracia y soy de Colón, una ciudad y puerto en la costa caribeña de Panamá. Mi país es famoso por el canal y mi ciudad está muy cerca de su entrada (*entrance*) atlántica. **¿Qué sabes tú de la historia del canal?** La economía de Panamá se basa principalmente en el sector de los servicios, la banca, el comercio y el turismo. Los turistas van al canal y también a las Islas San Blas. Allí pueden apreciar la artesanía de las mujeres indígenas. Los kunas son un grupo de indígenas que viven en este lugar y las mujeres hacen *molas* como parte de su ropa tradicional.

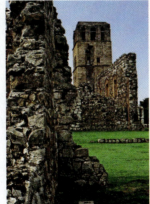

El Canal de Panamá

Una mujer
kuna
vende
molas,
artesanía
tradicional.

Las ruinas del Panamá Viejo

ALMANAQUE

Nombre oficial:	República de Panamá
Gobierno:	Democracia constitucional
Población:	3.410.676 (2010)
Idiomas:	español (oficial), inglés, otros idiomas indígenas
Moneda:	Balboa (PAB)

¿Sabías que...?

- Richard Halliburton nadó el canal en el año 1928 y la tarifa fue (*was*) 36 centavos. La tarifa más alta fue $141.344,91 para el crucero (*cruise ship*) Crown Princess.
- Hay un palíndromo famoso en inglés asociado con el canal: *A man, a plan, a canal: ¡Panamá!*

Preguntas

1. ¿Por qué es importante el canal?
2. Compara Panamá con Costa Rica y Nicaragua. ¿En qué son similares? ¿En qué son diferentes?
3. Compara Panamá, Costa Rica y Nicaragua con México. ¿En qué son similares? ¿En qué son diferentes?

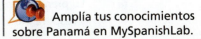 Amplía tus conocimientos sobre Panamá en MySpanishLab.

197

05-54

Ambiciones siniestras EPISODIO 5

Lectura

Estrategia **Anticipating content**

You can often anticipate the content of a reading passage by paying attention to the title and to any available illustrations and by quickly reading through the comprehension questions that may follow a passage.

5-40 **Antes de leer** En el **Episodio 4,** Marisol tiene sus dudas sobre Lupe. Cree que Lupe miente (*lies*) sobre su pueblo y posiblemente sobre otras cosas. En el **Episodio 4** del video, Cisco está enojado con Eduardo porque toca sus cosas. Luego, Eduardo se va misteriosamente. Teniendo esto en cuenta, contesta las siguientes preguntas. ■

- ¿Qué piensas? ¿De dónde es Lupe, de Akron, de Los Ángeles o de otro lugar?
- ¿Adónde va Eduardo?

5-41 **A leer** Complete the following activities. ■

1. Take a look at the title of the episode, **La búsqueda de Eduardo,** and answer the following questions.

   - What verb does **búsqueda** look like?
   - Who would be looking for Eduardo?
   - What might Cisco do to look for him?

2. Now read the **Después de leer** questions. What do you glean from the questions? Employ this new reading strategy along with the others you have been learning (identifying cognates, skimming, and scanning), and enjoy the episode!

La búsqueda de Eduardo

no longer

clue

Cuando Cisco regresa a la sala, Eduardo no está. Pasa dos días haciendo llamadas y preguntándoles a otros amigos si saben algo de él. Nada. Nadie sabe nada. Cisco ya no° sabe qué hacer. ¿Debe llamar a la policía? ¿Debe avisar a los padres de Eduardo?

Por fin va a la computadora de Eduardo para ver si hay alguna pista°. Como Cisco es muy hábil con las computadoras, puede entrar en el correo electrónico de Eduardo. ¡Allí ve unos mensajes que le dan miedo!

Lo piensa bien y finalmente decide mandarle un email a su primo Manolo. Cisco admira y respeta mucho a su primo porque tiene mucha experiencia en la vida. Piensa que Manolo es muy responsable y casi siempre tiene respuestas para todo. Va a la computadora y empieza a escribir:

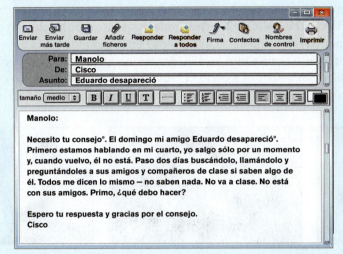

*advice /
disappeared*

Manolo:

Necesito tu consejo°. El domingo mi amigo Eduardo desapareció°. Primero estamos hablando en mi cuarto, yo salgo sólo por un momento y, cuando vuelvo, él no está. Paso dos días buscándolo, llamándolo y preguntándoles a sus amigos y compañeros de clase si saben algo de él. Todos me dicen lo mismo — no saben nada. No va a clase. No está con sus amigos. Primo, ¿qué debo hacer?

Espero tu respuesta y gracias por el consejo.
Cisco

distract myself
"Bueno", piensa Cisco, "necesito algo para distraerme°. Creo que voy al concierto".

Su universidad siempre tiene buenos programas de música. Esta noche toca un grupo de fama internacional. Sus grabaciones son fenomenales y el cantante principal también tiene mucha habilidad como guitarrista. Cisco tiene todos sus CD.

"Sé quien va a estar sentada a mi lado", piensa, "aquella chica guapísima de mi clase de economía compró su entrada al mismo tiempo que yo. ¡Ay! Las cosas se ven mucho mejor ahora".

Después de regresar del concierto, Cisco está de muy buen humor. Es muy tarde pero no quiere dormir. Quiere pensar en el concierto y en la chica. Decide ir a ver si tiene un mensaje de ella o de su primo. Al abrir su correo electrónico encuentra un mensaje de Eduardo con la fecha del mismo día de la "discusión": ¡hace dos días!

¡Es increíble! Y algo igualmente increíble es que los destinatarios del mensaje sean Cisco y cuatro personas más: Alejandra Sánchez, María Soledad Valenzuela, Guadalupe Iriarte y Manolo Rodríguez. ¿Manolo? Su primo Manolo se llama *Rodríguez* también. ¿Puede ser el mismo?

5-42 Después de leer Contesta las siguientes preguntas. ∎

1. ¿Qué hace Cisco para buscar a Eduardo?
2. ¿A quién le escribe Cisco para pedirle consejo? ¿Por qué?
3. ¿Qué hace Cisco para distraerse? Describe el evento.
4. ¿De quién tiene Cisco un mensaje en su correo electrónico?
5. ¿Quiénes reciben el mismo mensaje?

Video

05-55 to 05-57

5-43 **Antes del video** ¿Qué podemos hacer cuando alguien desaparece? En tu opinión, ¿por qué Cisco no llama a la policía? En la segunda parte del episodio, vas a ver una videoconferencia entre todos los estudiantes menos Eduardo. ¿Qué piensas que van a decir? También, Alejandra va a decir, "Creo que te conozco". ¿A quién crees que le dice Alejandra esa oración? ■

¿Te gusta la música latina?

Creo que te conozco.

Debemos informar a la policía.

Episodio 5

«Se conocen»

Relájate y disfruta el video.

5-44 **Después del video** Contesta las siguientes preguntas. ■

1. ¿Quién organiza la videoconferencia y por qué?
2. ¿De qué hablan Marisol y Lupe antes de la videoconferencia?
3. ¿Dónde están Alejandra y Manolo antes de la videoconferencia?
4. ¿Qué información comparten los estudiantes durante la videoconferencia?
5. Alejandra piensa que reconoce a alguien. ¿A quién? ¿Por qué?
6. ¿Quién desaparece al final de la videoconferencia?

Y por fin, ¿cómo andas?

	Feel confident	Need to review
Having completed this chapter, I now can . . .		

Comunicación I

- discuss music (p. 172) ☐ ☐
- practice pronouncing diphthongs and linking words (MSL/SAM) ☐ ☐
- identify people and things (Part I) (p. 175) ☐ ☐
- identify people and things (Part II) (p. 177) ☐ ☐
- explain how something is done (p. 179) ☐ ☐
- describe what is happening at the moment (p. 180) ☐ ☐

Comunicación II

- share information about movies and television programs (p. 184) ☐ ☐
- rank people and things (p. 187) ☐ ☐
- state what needs to be accomplished (p. 188) ☐ ☐
- express *what* or *whom* (p. 189) ☐ ☐
- anticipate content when listening (p. 192) ☐ ☐
- communicate about music and film (p. 193) ☐ ☐
- write a movie review and practice peer editing (p. 194) ☐ ☐

Cultura

- discuss Hispanic music in the United States (p. 178) ☐ ☐
- describe Hispanic influences in North American film (p. 186) ☐ ☐
- list interesting facts about Nicaragua, Costa Rica, and Panama (pp. 195–197) ☐ ☐

Ambiciones siniestras

- anticipate content when reading and discover what Cisco does in his search for Eduardo (p. 198) ☐ ☐
- find out who is the second student to disappear (p. 200) ☐ ☐

Comunidades

- use Spanish in real-life contexts (SAM) ☐ ☐

VOCABULARIO ACTIVO

El mundo de la música	The world of music
el/la artista	artist
la batería	drums
el/la baterista	drummer
el/la cantante	singer
el concierto	concert
el conjunto	group; band
el/la empresario/a	agent; manager
la gira	tour
las grabaciones	recordings
la guitarra	guitar
el/la guitarrista	guitarist
el/la músico/a	musician
la música	music
la orquesta	orchestra
el/la pianista	pianist
el piano	piano
el tambor	drum
el/la tamborista	drummer
la trompeta	trumpet
el/la trompetista	trumpet player

Algunos verbos	Some verbs
dar un concierto	to give/perform a concert
ensayar	to practice/rehearse
grabar	to record
hacer una gira	to tour
sacar un CD	to release a CD
tocar	to play (a musical instrument)

Algunos géneros musicales	Some musical genres
el jazz	jazz
la música clásica	classical music
la música folklórica	folk music
la música popular	pop music
la música rap	rap music
la ópera	opera
el rock	rock
la salsa	salsa

Algunos adjetivos	Some adjectives
apasionado/a	passionate
cuidadoso/a	careful
fino/a	fine; delicate
lento/a	slow
suave	smooth

Otras palabras útiles	Other useful words
el/la aficionado/a	fan
la fama	fame
el género	genre
la habilidad	ability; skill
la letra	lyrics
el ritmo	rhythm
la voz	voice

El mundo del cine	The world of cinema
el actor	actor
la actriz	actress
la entrada	ticket
la estrella	star
la pantalla	screen
una película...	a ... film; movie
de acción	action
de ciencia ficción	science fiction
documental	documentary
dramática	drama
de guerra	war
de humor	funny; comedy
de misterio	mystery
musical	musical
romántica	romantic
de terror	horror

Otras palabras útiles	Other Useful Words
el estreno	opening
la película	film; movie
una película...	a ... movie
aburrida	boring
animada	animated
conmovedora	moving
creativa	creative
deprimente	depressing
emocionante	moving
entretenida	entertaining
épica	epic
de espanto	scary
estupenda	stupendous
imaginativa	imaginative
impresionante	impressive
sorprendente	surprising
de suspenso	suspenseful
trágica	tragic

Los números ordinales	Ordinal numbers
primer, primero/a	first
segundo/a	second
tercer, tercero/a	third
cuarto/a	fourth
quinto/a	fifth
sexto/a	sixth
séptimo/a	seventh
octavo/a	eighth
noveno/a	ninth
décimo/a	tenth

Algunos verbos	Some verbs
estrenar una película	to release a film/movie
presentar una película	to show a film/movie

¡Sí, lo sé!

6

This chapter is a recycling chapter, designed for you to see just how much Spanish you have learned thus far. The *major points* of **Capítulos 1–5** are included in this chapter, providing you with the opportunity to "put it all together." You will be pleased to realize how much you are able to communicate in Spanish.

Since this is a recycling chapter, no new vocabulary is presented. The intention is that you review the vocabulary of **Capítulos 1–5** thoroughly, focusing on the words that you personally have difficulty remembering.

Everyone learns at a different pace. You and your classmates will vary in terms of how much of the material presented thus far you have mastered and what you still need to practice.

Remember, language learning is a process. Like any skill, learning Spanish requires practice, review, and then more practice!

OBJETIVOS

COMUNICACIÓN

To describe your family and other families

To relate information about your school and campus

To impart information about homes that you and your friends like and dislike

To offer opinions on what will take place in the future

To reveal what you and others like to do and what you need to do

To report on service opportunities in your community

To discuss music, movies, and television

To engage in additional communication practice (SAM)

CULTURA

To share information about Hispanic cultures in the United States, Mexico, Spain, Honduras, Guatemala, El Salvador, Nicaragua, Costa Rica, and Panama

To compare and contrast the countries you learned about in **Capítulos 1–5**

To explore further cultural themes (SAM)

AMBICIONES SINIESTRAS

To review and create with **Ambiciones siniestras**

COMUNIDADES

To use Spanish in real-life contexts (SAM)

Organizing Your Review

There are processes used by successful language learners for reviewing a world language. The following tips can help you organize your review. There is no one correct way, but these are some suggestions that will best utilize your time and energy.

1 Reviewing Strategies

1. Make a list of the *major* topics you have studied and need to review, dividing them into three categories: *vocabulary, grammar,* and *culture.* These are the topics on which you need to focus the majority of your time and energy.
   Note: The two-page chapter openers can help you determine the *major* topics.
2. Allocate a minimum of an hour each day over a period of time to review. Budget the majority of your time for the major topics. After beginning with the most important grammar and vocabulary topics, review the secondary/supporting grammar topics and the culture. Cramming the night before a test is *not* an effective way to review and retain information.
3. Many educational researchers suggest that you start your review with the most recent chapter, or in this case, **Capítulo 5.** The most recent chapter is the freshest in your mind, so you tend to remember the concepts better, and you will experience quick success in your review.
4. Spend the most amount of time on concepts in which you determine *you* need to improve. Revisit the self-assessment tools **Y por fin, ¿cómo andas?** in each chapter to see how you rated yourself. Those tools are designed to help you become good at self-assessing what you need to work on the most.

2 Reviewing Grammar

1. When reviewing grammar, begin with the *major* points, that is, begin with the *present tense* of regular, irregular, and stem-changing verbs. After feeling confident with using the major grammar points correctly, proceed to the additional grammar points and review them.
2. Good ways to review include redoing activities in your textbook, redoing activities in your Student Activities Manual, and (re)doing activities on MySpanishLab.

3 Reviewing Vocabulary

1. When studying vocabulary, it is usually most helpful to look at the English word and then say or write the word in Spanish. Make a special list of words that are difficult for you to remember, writing them in a small notebook or in an electronic file. Pull out your list every time you have a few minutes (in between classes, waiting in line at the grocery store, etc.) to review the words. The **Vocabulario activo** pages at the end of each chapter will help you organize the most important words of each chapter.
2. Saying vocabulary (which includes verbs) out loud helps you retain the words better.

4 Overall Review Technique

1. Get together with someone with whom you can practice speaking Spanish. If you need something to spark the conversation, take the drawings from each vocabulary presentation in *¡Anda! Curso elemental* and say as many things as you can about each picture. Have a friendly challenge to see who can make more complete sentences or create the longest story about the pictures. This will help you build your confidence and practice stringing sentences together to speak in paragraphs.
2. Yes, it is important for you to know "mechanical" pieces of information such as verb endings, or how to take a sentence and replace the direct object with a pronoun, *but* it is *much more important* that you are able to take those mechanical pieces of information and put them all together, creating meaningful and creative samples of your speaking and writing on the themes of the first 5 chapters.
3. You are well on the road to success if you can demonstrate that you can speak and write in paragraphs, using a wide variety of verbs and vocabulary words correctly. Keep up the good work!

Comunicación

06-01 to 06-05

Capítulo Preliminar A, 1 y 2

Capítulo Preliminar A, Capítulo 1 y Capítulo 2

6-1 **Nuestras familias** Completen los siguientes pasos en grupos de cuatro. ◾

Paso 1 Con un/a compañero/a, túrnense para describir a varios miembros de sus familias usando por lo menos **diez** oraciones con un mínimo de **cinco** verbos diferentes. Incluyan (*Include*): aspectos de sus personalidades, descripciones físicas, qué hacen en su tiempo libre, cuántos años tienen, etc.

MODELO E1: *Mi familia no es muy grande. Mi madre es simpática, inteligente y trabajadora. Tiene cuarenta y cinco años…*

Paso 2 Ahora describe a la familia de tu compañero/a a otro miembro del grupo usando por lo menos **cinco** oraciones. Si no recuerdas bien los detalles o si necesitas clarificación, pregúntale (*ask him/her*).

MODELO E2: *La familia de Adriana es pequeña. Su madre es simpática y trabajadora… Adriana, perdón, pero ¿cuántos años tiene tu madre?…*

6-2 **¿Cómo eres?** Conoces un poco a los estudiantes que estudiamos en **Les presento mi país** en los **Capítulos 1–5.** ¿Qué más quieres saber de ellos? Escribe por lo menos **diez** preguntas que quieres hacerles. Sé (*Be*) creativo/a. ■

MODELO
1. *¿Dónde estudias?*
2. *¿Te gusta leer libros de deportes?*
3. *¿Qué comes?*
4. *¿Qué idiomas hablan en tu país?*
5. ...

Estrategia

Pay attention to the particular grammar point you are practicing. If you are supposed to write sentences using *tener,* underline each form of *tener* that you use, and then check to make sure it agrees with the subject. Using strategies such as underlining can help you focus on important points.

Rafael Sánchez Martínez

Gabriela García Cordera

Mariela Castañeda Ropero

César Alfonso Avalos

Luis Pedro Aguirre Maldonado

Claudia Figueroa Barrios

Mauricio Morales Prado

Laura Centeno Soto

Magdalena Quintero de Gracia

6-3 **Una gira** Trabajas en tu universidad como guía para los estudiantes nuevos. Crea una gira para ellos. Incluye por lo menos **cinco** lugares y **dos** deportes. ■

MODELO
Esta universidad tiene diez mil estudiantes. Esta es la biblioteca. Los estudiantes estudian aquí y usan las computadoras. Allí está el gimnasio donde juegan al básquetbol. Tenemos las especialidades de matemáticas, español...

Vocabulario útil	
aquí	*here*
allí	*there / over there*
allá	*over there*
	(and potentially not visible)

Rúbrica

All aspects of our lives benefit from self-reflection and self-assessment. Learning Spanish is an aspect of our academic and future professional lives that benefits greatly from just such a self-assessment. Also coming into play is the fact that, as college students, you personally are being held accountable for your learning and are expected to take ownership for your performance. Having said that, we instructors can assist you greatly by letting you know what we expect of you. It will help you determine how well you are doing with the recycling of **Capítulo Preliminar A, Capítulo 1,** and **Capítulo 2.** This rubric is meant first and foremost for you to use as a self-assessment tool, but you also can use it to peer-assess. Your instructor may use the rubric to assess your progress as well.

Estrategia

You and your instructor can use this rubric to assess your progress for **6-1** through **6-3**.

	3 EXCEEDS EXPECTATIONS	2 MEETS EXPECTATIONS	1 APPROACHES EXPECTATIONS	0 DOES NOT MEET EXPECTATIONS
Duración y precisión	• Has at least 8 sentences and includes all the required information. • May have errors, but they do not interfere with communication.	• Has 5–7 sentences and includes all the required information. • May have errors, but they rarely interfere with communication.	• Has 4 sentences and includes some of the required information. • Has errors that interfere with communication.	• Supplies fewer sentences than in *Approaches Expectations* and little of the required information. • If communicating at all, has frequent errors that make communication limited or impossible.
Gramática nueva de los *Capítulos Preliminar A, 1 y 2*	• Makes excellent use of the chapters' new grammar. • Uses a wide variety of verbs.	• Makes good use of the chapters' new grammar. • Uses a variety of verbs.	• Makes use of some of the chapters' new grammar. • Uses a limited variety of verbs.	• Uses little, if any, of the chapters' new grammar. • Uses few, if any, of the chapters' verbs.
Vocabulario nuevo de los *Capítulos Preliminar A, 1 y 2*	• Uses many of the vocabulary words new to Chapters Preliminary A, 1 and 2.	• Uses a variety of the new vocabulary words.	• Uses some of the new vocabulary words.	• Uses few, if any, new vocabulary words.
Esfuerzo (*Effort*)	• Clearly the student made his/her best effort.	• The student made a good effort.	• The student made an effort.	• Little or no effort went into the activity.

06-06 to 06-10

Capítulo 3

Capítulo 3

 6-4 **Mi casa favorita**   Mira los dibujos y descríbele tu casa favorita a un/a compañero/a. Dile (*Tell him/her*) por qué te gusta la casa y explícale por qué no te gustan las otras (*the other*) casas. ■

Estrategia

As you study vocabulary or grammar, it might be helpful to organize the information into a word web. Start with the concept you want to practice, such as *la casa,* write the word in the center of the page, and draw a circle around it. Then, as you brainstorm how your other vocabulary fits into *la casa,* you can create circles that branch off from your main idea, for example, *la cocina, la sala, el dormitorio,* etc. and then list the furniture that belongs in each room.

 6-5 **Mi horario personal**

Escribe tu horario (*schedule*) para una semana académica. Incluye por lo menos **siete** actividades usando **siete** verbos diferentes. Después comparte tu horario con un/a compañero/a. ■

Estrategia

When you are reviewing vocabulary, one strategy is to fold your paper lengthwise and have one column dedicated to the words in English and another column in Spanish. That way, you can fold the page over and look at only one set of words, testing yourself to see whether you really know the vocabulary.

6-6 **Quiero saber...** Completa los siguientes pasos para entrevistar a un/a compañero/a. ◼

Paso 1 Escribe tus preguntas usando los siguientes verbos.

hacer	oír	querer	salir	venir
poder	poner	saber	traer	conocer

MODELO E1: *¿Qué traes a tus clases todos los días?*

Paso 2 Entrevista a tu compañero/a.

MODELO E1: *¿Qué traes a tus clases todos los días?*

E2: *Traigo mi mochila a mis clases todos los días...*

 Paso 3 Comparte la información con tus compañeros de clase.

MODELO *Mi compañero Jake trae su mochila a sus clases. También,...*

Estrategia

With situations like those in **6-6**, it is not essential that *all* details be remembered. Nor is it essential in this type of scenario to repeat *verbatim* what someone has said; it is totally acceptable to express the same idea in different words. When necessary, ask him/her to repeat or clarify information.

 6-7 **¿Qué tienen?** Túrnense para describir a las personas de los dibujos usando expresiones con **tener.** ◼

MODELO *Jorge recibe una buena nota en su examen. Tiene éxito en su clase de periodismo.*

Julia

Susana   Mirta

Beatriz   Jorge

Guadalupe

Guillermo   Miguel   Beto

Adriana   David

Rúbrica

Estrategia

You and your instructor can use this rubric to assess your progress for **6-4** through **6-7**.

	3 EXCEEDS EXPECTATIONS	2 MEETS EXPECTATIONS	1 APPROACHES EXPECTATIONS	0 DOES NOT MEET EXPECTATIONS
Duración y precisión	• Has at least 8 sentences and includes all the required information. • May have errors, but they do not interfere with communication.	• Has 5–7 sentences and includes all the required information. • May have errors, but they rarely interfere with communication.	• Has 4 sentences and includes some of the required information. • Has errors that interfere with communication.	• Supplies fewer sentences than in *Approaches Expectations* and little of the required information. • If communicating at all, has frequent errors that make communication limited or impossible.
Gramática nueva del *Capítulo 3*	• Makes excellent use of the chapter's new grammar (e.g., **irregular present tense verbs**, *tener* **expressions**, and *hay*). • Uses a wide variety of new verbs.	• Makes good use of the chapter's new grammar (e.g., **irregular present tense verbs**, *tener* **expressions**, and *hay*). • Uses a variety of new verbs.	• Makes use of some of the chapter's new grammar (e.g., **irregular present tense verbs**, *tener* **expressions**, and *hay*). • Uses a limited variety of new verbs.	• Uses little if any of the chapter's grammar (e.g., **irregular present tense verbs**, *tener* **expressions**, and *hay*).
Vocabulario nuevo del *Capítulo 3*	• Uses many of the new vocabulary words (e.g., **house, furniture,** and **household chores**).	• Uses a variety of the new vocabulary words (e.g., **house, furniture,** and **household chores**).	• Uses some of the new vocabulary words (e.g., **house, furniture,** and **household chores**).	• Uses little, if any, new vocabulary (e.g., **house, furniture,** and **household chores**).
♻ **Gramática y vocabulario reciclado de los capítulos anteriores**	• Does an excellent job using recycled grammar and vocabulary to support what is being said. • Uses a wide array of recycled verbs. • Uses some recycled vocabulary but focuses predominantly on new vocabulary.	• Does a good job using recycled grammar and vocabulary to support what is being said. • Uses an array of recycled verbs. • Uses some recycled vocabulary but focuses predominantly on new vocabulary.	• Does an average job using recycled grammar and vocabulary to support what is being said. • Uses a limited array of recycled verbs. • Uses mostly recycled vocabulary and some new vocabulary.	• If speaking at all, relies almost completely on a few isolated words. • Grammar usage is inconsistent.
Esfuerzo	• Clearly the student made his/her best effort.	• The student made a good effort.	• The student made an effort.	• Little or no effort went into the activity.

6-8 ## Lo conocemos y lo sabemos Juntos hagan un diagrama de Venn sobre lo que conocen y saben, y sobre lo que no conocen o no saben. Escriban por lo menos **diez** oraciones. ■

MODELO

Janet
1. Mi familia y yo sabemos hablar español.
2. Mi amiga Julia y sus hermanos saben tocar el piano.

Nosotras
1. Sabemos patinar.
2. No sabemos hablar chino.
3. Conocemos a la profesora.

Audrey
1. Mi amiga Sally y su familia *conocen* al presidente de la universidad.

 6-9 ## Un cuento divertido Escriban en grupos un cuento creativo usando los siguientes verbos. Empiecen con la oración en el modelo. ¡Incluyan muchos detalles! ■

almorzar (nosotros)	devolver (él)	mostrar (ella)	servir (ellos)
cerrar (ellas)	dormir (ellos)	pedir (tú)	volver (yo)
costar (los libros)	encontrar (nosotros)	seguir (yo)	comenzar (él)

MODELO

¡Qué día tan horrible! Primero pierdo la tarea para la clase de _____.

Vocabulario útil	
entonces	*then*
después	*afterward*
finalmente	*finally*
luego	*then*
sin embargo	*nevertheless*

6-10 **Mi comunidad ideal** Eres un/a arquitecto/a urbano/a y planeas tu ciudad ideal. ■

Paso 1   Dibuja el plano de tu ciudad con los lugares más necesarios (mercados, bancos, parques, etc.).

Paso 2   Descríbele tu ciudad a un/a compañero/a. Usa por lo menos **diez** oraciones con una variedad de verbos y vocabulario.

MODELO   *Mi ciudad ideal se llama Ciudad Feliz. Hay una plaza en el centro. Tiene…*

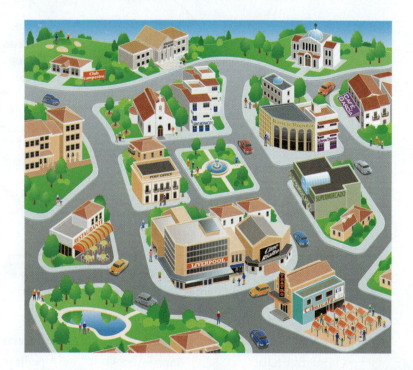

6-11 **Querida familia:…** Trabajas como consejero/a en un campamento de niños. Un día ayudas a los niños a escribirles cartas a sus padres y piensas que es una buena idea escribirle a un amigo también. En tu carta o email, incluye oraciones que incorporen todos los usos que puedas (*all of the uses that you can*) de **ser** y **estar**. ■

MODELO

> Querido José:
>
> Estoy muy, muy cansada hoy. Tengo ganas de dormir pero ¡solamente son las 9!

6-12 **Mi tiempo libre** ¡Tus compañeros y tú van a tener diez maravillosos días de vacaciones después de los exámenes! ¿Qué van a hacer? Túrnense **cinco** veces para decir oraciones usando **el futuro (*ir + a + infinitivo*)**. Después de decir tu oración, repite todo lo que dijeron (*you both said*) antes (*before*). Usen también diferentes pronombres (**yo, tú, ellos, nosotros,** etc.). ◼

MODELO   E1:   *Voy a dormir diez horas cada día.*

E2:   *Mis amigos van a ir a Cancún y tú vas a dormir diez horas cada día.*

E1:   *Mi familia y yo vamos a nadar, tus amigos van a ir a Cancún, y voy a dormir diez horas cada día.*

E2:   …

Estrategia
You and your instructor can use this rubric to assess your progress for **6-8** through **6-12**.

Rúbrica

	3 EXCEEDS EXPECTATIONS	2 MEETS EXPECTATIONS	1 APPROACHES EXPECTATIONS	0 DOES NOT MEET EXPECTATIONS
Duración y precisión	• Has at least 8 sentences and includes all the required information. • May have errors, but they do not interfere with communication.	• Has 5–7 sentences and includes all the required information. • May have errors, but they rarely interfere with communication.	• Has 4 sentences and includes some of the required information. • Has errors that interfere with communication.	• Supplies fewer sentences than in *Approaches Expectations* and little of the required information. • If communicating at all, has frequent errors that make communication limited or impossible.
Gramática nueva del *Capítulo 4*	• Makes excellent use of the chapter's new grammar (e.g., **stem-changing verbs,** *ir,* *ir + a + infinitivo,* and **affirmative and negative expressions**). • Uses a wide variety of new verbs.	• Makes good use of the chapter's new grammar (e.g., **stem-changing verbs,** *ir,* *ir + a + infinitivo,* and **affirmative and negative expressions**). • Uses a variety of new verbs.	• Makes use of some of the chapter's new grammar (e.g., **stem-changing verbs,** *ir,* *ir + a + infinitivo,* and **affirmative and negative expressions**). • Uses a limited variety of new verbs.	• Uses little if any of the chapter's new grammar (e.g., **stem-changing verbs,** *ir,* *ir + a + infinitivo,* and **affirmative and negative expressions**). • Uses no new verbs.
Vocabulario nuevo del *Capítulo 4*	• Uses many of the new vocabulary words (e.g., **places** and **things to do**).	• Uses a variety of the new vocabulary words (e.g., **places** and **things to do**).	• Uses some of the new vocabulary words (e.g., **places** and **things to do**).	• Uses little, if any, new vocabulary (e.g., **places** and **things to do**).

(continued)

	3 **EXCEEDS** **EXPECTATIONS**	**2** **MEETS** **EXPECTATIONS**	**1** **APPROACHES** **EXPECTATIONS**	**0** **DOES NOT MEET** **EXPECTATIONS**
♻ **Gramática y vocabulario reciclado de los capítulos anteriores**	• Does an excellent job using recycled grammar and vocabulary to support what is being said. • Uses a wide array of recycled verbs. • Uses some recycled vocabulary but focuses predominantly on new vocabulary.	• Does a good job using recycled grammar and vocabulary to support what is being said. • Uses an array of recycled verbs. • Uses some recycled vocabulary but focuses predominantly on new vocabulary.	• Does an average job using recycled grammar and vocabulary to support what is being said. • Uses a limited array of recycled verbs. • Uses mostly recycled vocabulary and some new vocabulary.	• If speaking at all, relies almost completely on a few isolated words. • Grammar usage is inconsistent.
Esfuerzo	• Clearly the student made his/her best effort.	• The student made a good effort.	• The student made an effort.	• Little or no effort went into the activity.

 Capítulo 5

06-16 to 06-20

Capítulo 5

 6-13 **¡El concierto del siglo!** Quieres ir al concierto de tu conjunto o cantante favorito, pero tu compañero/a no quiere ir. Creen un diálogo sobre su situación y preséntenlo a la clase. Su diálogo debe incluir por lo menos **doce** oraciones. Usen: formas de **este, ese, aquel**; unos adverbios **(-mente); hay que...**; y pronombres de complemento directo (**me, te, lo, la, nos, los, las**). ◼

MODELO

E1: *David, quiero ir al concierto de Marc Anthony. Es este sábado a las ocho. Las entradas no cuestan mucho. Te invito.*

E2: *No gracias, Mariela. No quiero ir. Realmente, no puedo ir. Tengo mucha tarea.*

E1: *Pero David,...*

 6-14 **¡Bienvenido, estrella!** ¡Tienes el trabajo ideal! Puedes entrevistar a tu actor o actriz favorito/a del cine. Escribe **diez** preguntas que vas a hacerle. Después, con un/a compañero/a de clase, hagan los papeles de estrella y entrevistador/a para la clase. ◼

Rúbrica

Estrategia

You and your instructor can use this rubric to assess your progress for **6-13** through **6-14.**

	3 EXCEEDS EXPECTATIONS	2 MEETS EXPECTATIONS	1 APPROACHES EXPECTATIONS	0 DOES NOT MEET EXPECTATIONS
Duración y precisión	• Has at least 8 sentences and includes all the required information. • May have errors, but they do not interfere with communication.	• Has 5–7 sentences and includes all the required information. • May have errors, but they rarely interfere with communication.	• Has 4 sentences and includes some of the required information. • Has errors that interfere with communication.	• Supplies fewer sentences than in *Approaches Expectations* and little of the required information. • If communicating at all, has frequent errors that make communication limited or impossible.
Gramática nueva del *Capítulo 5*	• Makes excellent use of the chapter's new grammar (e.g., **demonstrative adjectives and pronouns, adverbs,** *Hay que...,* and **direct object pronouns**). • Uses a wide variety of new verbs.	• Makes good use of the chapter's new grammar (e.g., **demonstrative adjectives and pronouns, adverbs,** *Hay que...,* and **direct object pronouns**). • Uses a variety of new verbs.	• Makes use of some of the chapter's new grammar (e.g., **demonstrative adjectives and pronouns, adverbs,** *Hay que...,* and **direct object pronouns**). • Uses a limited variety of new verbs.	• Uses little, if any, of the chapter's new grammar (e.g., **demonstrative adjectives and pronouns, adverbs,** *Hay que...,* and **direct object pronouns**). • Uses no new verbs.
Vocabulario nuevo del *Capítulo 5*	• Uses many of the new vocabulary words (e.g., **music, the movies,** and **television**).	• Uses a variety of the new vocabulary words (e.g., **music, the movies,** and **television**).	• Uses some of the new vocabulary words (e.g., **music, the movies,** and **television**).	• Uses little, if any, new vocabulary (e.g., **music, the movies,** and **television**).
✪ **Gramática y vocabulario reciclado de los capítulos anteriores**	• Does an excellent job using recycled grammar and vocabulary to support what is being said. • Uses a wide array of recycled verbs. • Uses some recycled vocabulary but focuses predominantly on new vocabulary.	• Does a good job using recycled grammar and vocabulary to support what is being said. • Uses an array of recycled verbs. • Uses some recycled vocabulary but focuses predominantly on new vocabulary.	• Does an average job using recycled grammar and vocabulary to support what is being said. • Uses a limited array of recycled verbs. • Uses mostly recycled vocabulary and some new vocabulary.	• If speaking at all, relies almost completely on a few isolated words. • Grammar usage is inconsistent.
Esfuerzo	• Clearly the student made his/her best effort.	• The student made a good effort.	• The student made an effort.	• Little or no effort went into the activity.

06-21 to 06-34

Un poco de todo

 6-15 **¡Ganaste la lotería!** Ganaste (*You won*) un millón de dólares en la lotería y te invitan a un programa de televisión para explicar qué vas a hacer con el dinero. Dile al/a la entrevistador/a (tu compañero/a) qué vas a hacer con el dinero en por lo menos **diez** oraciones. Después cambien de papel (*Take turns playing each role*). ▪

 6-16 **Busco ayuda…** Con el dinero que ganaste en la lotería, decides buscar un ayudante personal (*personal assistant*) para ayudarte con los quehaceres de la casa y con algunos asuntos (*matters*) de tu trabajo. Entrevista a un/a compañero/a que hace el papel de ayudante. Después cambien de papel. ▪

MODELO

E1: *Debe mandar mis cartas y escribir unos emails.*

E2: *Bueno, pero no limpio las ventanas.*

E1: *¿Cómo? ¿No las limpia? ¿Pasa la aspiradora?*

E2: *…*

 6-17 **Mi horario para la semana** Crea un horario para una semana ideal durante el verano. Usa por lo menos **diez** verbos diferentes para explicar lo que tienes que hacer. Comparte tu horario con un/a compañero/a. ▪

junio

L	M	M	J	V	S	D
	1	2	3	4	5	6
7	8	9	10	11	12	13
14	15	16	17	18	19	20
21	22	23	24	25	26	27
28	29	30				

julio

L	M	M	J	V	S	D
			1	2	3	4
5	6	7	8	9	10	11
12	13	14	15	16	17	18
19	20	21	22	23	24	25
26	27	28	29	30	31	

agosto

L	M	M	J	V	S	D
						1
2	3	4	5	6	7	8
9	10	11	12	13	14	15
16	17	18	19	20	21	22
23	24	25	26	27	28	29
30	31					

6-18 **Mis planes para el verano** Escribe un email a un/a compañero/a de **ocho** a **diez** oraciones sobre lo que vas a hacer este verano: **cuándo, dónde** y **con quién.** ▪

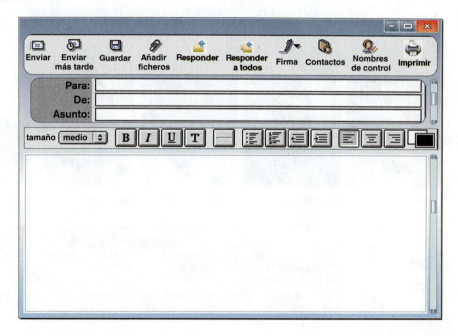

6-19 **Para la comunidad** Escribe un poema en verso libre o una canción sobre el voluntariado y sus beneficios para los que dan y para los que reciben ayuda. ▪

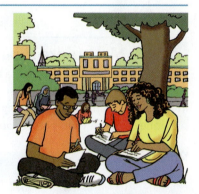

 6-20 **Mi comunidad** Túrnense para describir detalladamente su comunidad o la de la foto. Incluyan en su descripción oral detalles de su pueblo o ciudad (edificios, lugares de diversión, etc.), su casa y también las oportunidades que existen para hacer trabajo voluntario. Finalmente, hagan sus presentaciones para un grupo cívico como los Rotarios (*Rotary Club*). ▪

México D.F.

6-21 **El juego de la narración** Túrnense para crear una narración oral sobre **Ambiciones siniestras.** ¡Incluyan muchos detalles! ■

MODELO   E1: Ambiciones siniestras *es un misterio muy imaginativo.*

E2: *Hay seis estudiantes que se llaman…*

E1: *…*

Cisco   Eduardo   Manolo   Alejandra   Lupe   Marisol

Estrategia

The ability to retell information is an important language-learning strategy. Practice summarizing or retelling in your own words in Spanish the events from *Ambiciones siniestras*, chapter by chapter. Set a goal for yourself of saying or writing at least 5 important events in each episode that move the story along. Another technique is to recap as if you were retelling the story to another student who was absent.

6-22 **¿Me quiere?** Cisco, de **Ambiciones siniestras,** le escribe un correo electrónico a la chica que conoció (*he met*) en el concierto. En el email habla de sus planes para el fin de semana y la invita a acompañarlo (*accompany him*). Escribe ese mensaje en **diez** oraciones como si fueras (*as if you were*) Cisco. ■

MODELO

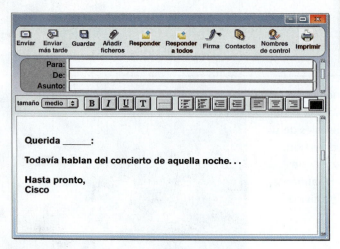

6-23 ## Su versión En **6-21**, narraron (*you narrated*) una versión del cuento **Ambiciones siniestras**. Ahora es su turno como escritores. Sean muy creativos y creen su propia (*own*) versión creativa. Su instructor les va a explicar cómo hacerlo. Empiecen con la oración del modelo. ¡Diviértanse! ■

MODELO   *Hay seis estudiantes de tres universidades.*

6-24 ## Tu propia película Eres cinematógrafo y puedes crear tu propia versión de **Ambiciones siniestras**. Primero, pon las fotos en el orden correcto y luego escribe el diálogo para la película. Luego, puedes filmar tu versión. ■

6-25 **Los hispanos en los Estados Unidos** Escribe **cinco** influencias hispanas en los Estados Unidos. ■

MODELO   1. *St. Augustine fue fundada por los españoles en el año 1565.*

Workbooklet

6-26 **Aspectos interesantes** Escribe por lo menos **tres** cosas interesantes sobre cada uno de los siguientes países. ■

MÉXICO	ESPAÑA	HONDURAS	GUATEMALA

EL SALVADOR	NICARAGUA	COSTA RICA	PANAMÁ

6-27 **Un agente de viajes** Durante el verano tienes la oportunidad de trabajar en una agencia de viajes (*travel agency*). Tienes unos clientes que quieren visitar un país hispanohablante. Escoge uno de los países que estudiamos y recomienda el país en por lo menos **seis** oraciones. ■

6-28 **Mi país favorito** Describe tu país favorito entre los que hemos estudiado (*we have studied*). En por lo menos **ocho** oraciones explica por qué te gusta y lo que encuentras interesante e impresionante de ese país. ■

6-29 **Compáralos** Escoge dos países que estudiamos y escribe las diferencias y semejanzas (*similarities*) entre los dos. ■

MODELO   *México es un país grande en Norteamérica y Nicaragua es más pequeño que México y está en Centroamérica.*

6-30 **¡A jugar!** En grupos de tres o cuatro, preparen las respuestas para las siguientes categorías de *¿Lo sabes?*, un juego como *Jeopardy!*, y después las preguntas correspondientes. Pueden usar valores de dólares, pesos, euros, etc. ¡Buena suerte! ■

CATEGORÍAS

VOCABULARIO	VERBOS	CULTURA
la vida estudiantil	verbos regulares	Estados Unidos
las materias y las especialidades	verbos irregulares	México
los deportes y los pasatiempos	**saber** y **conocer**	España
la casa y los muebles	**ser** y **estar**	Honduras
los quehaceres de la casa	**ir**	Guatemala
el cine	**ir + a +** infinitivo	El Salvador
la música	**estar + -ando, -iendo**	Nicaragua
el voluntariado		Costa Rica
		Panamá

MODELOS

CATEGORÍA: LA VIDA ESTUDIANTIL

Respuesta: en la residencia estudiantil
Pregunta: *¿Dónde viven los estudiantes?*

CATEGORÍA: LOS DEPORTES Y LOS PASATIEMPOS

Respuesta: Albert Pujols
Pregunta: *¿Quién juega al béisbol muy bien?*

¿LO SABES?

| MÉXICO | ESPAÑA | HONDURAS | GUATEMALA |

¿LO SABES? DOBLE

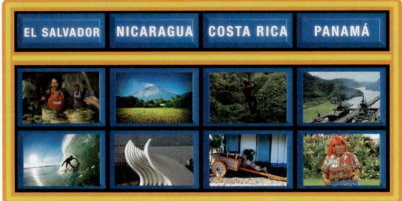

| EL SALVADOR | NICARAGUA | COSTA RICA | PANAMÁ |

Y por fin, ¿cómo andas?

	Feel confident	Need to review
Having completed this chapter, I now can . . .		
Comunicación		
• describe my family and other families	☐	☐
• relate information about my school and campus	☐	☐
• impart information about homes that my friends and I like and dislike	☐	☐
• offer opinions on what will take place in the future	☐	☐
• reveal what I and others like to do and what we need to do	☐	☐
• report on service opportunities in my community	☐	☐
• discuss music, movies, and television	☐	☐
• engage in additional communication practice (SAM)	☐	☐
Cultura		
• share information about the Spanish-speaking world in the United States, Mexico, Spain, Honduras, Guatemala, El Salvador, Nicaragua, Costa Rica, and Panama	☐	☐
• compare and contrast the countries I learned about in **Capítulos 1–5**	☐	☐
• explore further cultural themes (SAM)	☐	☐
Ambiciones siniestras		
• review and create with **Ambiciones siniestras**	☐	☐
Comunidades		
• use Spanish in real-life contexts (SAM)	☐	☐

Appendix 1

Answers to *¡Explícalo tú!* (Inductive Grammar Answers)

Capítulo Preliminar A

12. Gustar

1. To say you like or dislike one thing, what form of **gustar** do you use?
   gusta
2. To say you like or dislike more than one thing, what form of **gustar** do you use?
   gustan

Capítulo 2

9. El verbo *gustar*

1. To say you like or dislike one thing, what form of **gustar** do you use?
   gusta
2. To say you like or dislike more than one thing, what form of **gustar** do you use?
   gustan
3. Which words in the examples mean *I?* (**Me**) *You?* (**Te**) *He/she?* (**le**)
4. If a verb is needed after **gusta/gustan,** what form of the verb do you use?
   the infinitive form of the verb

Capítulo 4

4. Los verbos con cambio de raíz

1. Which verb forms look like the infinitive **cerrar**?
   nosotros, vosotros
2. Which verb forms have a spelling change that differs from the infinitive **cerrar**?
   yo, tú, él, ella, usted, ellos, ellas, ustedes

1. Which verb forms look like the infinitive **pedir**?
   nosotros, vosotros
2. Which verb forms have a spelling change that differs from the infinitive **pedir**?
   yo, tú, él, ella, usted, ellos, ellas, ustedes

1. Which verb forms look like the infinitive **encontrar**?
   nosotros, vosotros
2. Which verb forms have a spelling change that differs from the infinitive **encontrar**?
   yo, tú, usted, él, ella, ustedes, ellos, ellas

1. Which verb forms look like the infinitive **jugar**?
   nosotros, vosotros

2. Which verb forms have a spelling change that differs from the infinitive **jugar**?
   yo, tú, usted, él, ella, ustedes, ellos, ellas

3. Why does **jugar** not belong with the verbs like **encontrar**?
   because the change is *u → ue*, not *o → ue* like *encontrar*

To summarize . . .

1. What is a rule that you can make regarding all four groups of stem-changing verbs and their forms?
   ***Nosotros/vosotros* look like the infinitive. All the other forms have the spelling change.**

2. With what group of stem-changing verbs would you put **querer**?
   e → ie

3. With what group of stem-changing verbs would you put the following verbs:
   demostrar   *to demonstrate* **o → ue**
   devolver   *to return (an object)* **o → ue**
   encerrar   *to enclose* **e → ie**
   perseguir   *to chase* **e → i**

6. *Ir + a + infinitivo*

1. When do the actions in these sentences take place: in the *past, present,* or *future?*
   future

2. What is the first bold type verb you see in each sentence?
   a form of *ir*

3. In what form is the second bolded verb?
   infinitive

4. What word comes between the two verbs?
   a

   Does this word have an equivalent in English?
   no

5. What is your rule, then, for expressing future actions or statements?
   use a form of *ir + a + infinitive*

8. Las expresiones afirmativas y negativas

1. When you use a negative word (**nadie, nunca,** etc.) in a sentence, does it come before or after the verb?
   The negative word can go either before or after the verb.

2. When you use the word **no** and then a negative word in the same sentence, does **no** come before or after the verb?
   ***No* comes before the verb.**

   Where does the negative word come in these sentences?
   The negative word can go either before or after the verb.

3. Does the meaning change depending on where you put the negative word? (E.g., **Nadie llama** *versus* **No llama nadie.**)
   No, the meaning stays the same.

A2

9. Un repaso de *ser* y *estar*

1. Why do you use a form of **ser** in the first sentence?
   because it is a characteristic that remains relatively constant
2. Why do you use a form of **estar** in the second sentence?
   because it describes a physical or personality characteristic that can change, or a change in condition

Capítulo 5

2. Los adjetivos demostrativos

1. When do you use **este, ese,** and **aquel**?
   when you want to point out *one* masculine person or object
2. When do you use **esta, esa,** and **aquella**?
   when you want to point out *one* feminine person or object
3. When do you use **estos, esos,** and **aquellos**?
   when you want to point out *two or more* masculine persons or objects, or a mix of masculine and feminine persons or objects
4. When do you use **estas, esas,** and **aquellas**?
   when you want to point out *two or more* feminine persons or objects

5. El presente progresivo

1. What is the infinitive of the first verb in each sentence that is in *italics*?
   estar
2. What are the infinitives of **haciendo, estudiando, escuchando, tocando, viendo,** and **escribiendo**?
   hacer, estudiar, escuchar, tocar, ver, escribir
3. How do you form the verb forms in **boldface**?
   Take the infinitive, drop the *-ar, -er,* or *-ir,* and add *-ando* or *-iendo.*
4. In this new tense, the *present progressive,* do any words come between the two parts of the verb?
   no
5. Therefore, your formula for forming the present progressive is:
   a form of the verb *estar* + a verb ending in *-ando* or *-iendo*

Capítulo 6

Major grammar points to be reviewed

1. Present tense of:
   Regular **-ar, -er, -ir** verbs
   Irregular verbs
   Stem-changing verbs **e → ie, e → i, o → ue, u → ue**
2. Future tense *ir + a +* **infinitive**
3. Use of direct object pronouns

4. Correctly using **ser** and **estar**
5. Correctly using **gustar**

Major vocabulary to be reviewed

1. The *Vocabulario activo* at the end of each chapter

Major cultural information to be reviewed

1. At least two facts about each of the feature countries
2. At least one point about each of the two culture presentations in each chapter

Capítulo 7

2. Repaso del complemento directo

1. What are direct objects?
   Direct objects receive the action of verbs, answering the questions *what* and *whom*.
   What are direct object pronouns?
   Direct object pronouns replace direct objects.
2. What are the pronouns (forms)? With what must they agree?
   The pronoun forms are *me, te, lo, la, nos, los, las*. They must agree with direct objects.
3. Where are direct object pronouns placed in a sentence?
   They are placed either before verbs or attached to infinitives, *-ando*, or *-iendo*.

3. El pretérito (Parte I)

1. What do you notice about the endings for **-er** and **-ir** verbs?
   They are the same.
2. Where are accent marks needed?
   Accent marks are needed on the *yo* and *él/ella/usted* forms.

Capítulo 8

2. Los pronombres de complemento indirecto

1. Who is buying the clothing?
   Mi madre.
2. Who is receiving the clothing?
   Mi madre **me** compra mucha ropa.
   I am receiving the clothes.
   Mi madre **te** compra mucha ropa.

You are receiving the clothes.
Mi madre **le** compra mucha ropa a usted.
You are receiving the clothes.
Mi madre **le** compra mucha ropa a mi hermano.
My brother is receiving the clothes.
Mi madre **nos** compra mucha ropa.
We are receiving the clothes.
Mi madre **os** compra mucha ropa.
You all are receiving the clothes.
Mi madre **les** compra mucha ropa a ustedes.
You all are receiving the clothes.
Mi madre **les** compra mucha ropa a mis hermanos.
My brothers are receiving the clothes.

¿Me (i.o.) traes la falda gris (d.o.)?	*Will you bring me the gray skirt?*
Su novio le (i.o.) regaló la chaqueta mas formal (d.o.).	*Her boyfriend gave her the more formal jacket.*
Mi hermana me (i.o.) compró la blusa elegante (d.o.).	*My sister bought me the elegant blouse.*
Nuestra compañera de cuarto nos (i.o.) lavó la ropa (d.o.).	*Our roommate washed our clothes for us.*

4. Los pronombres de complemento directo e indirecto usados juntos

1. You know that direct and indirect objects come after verbs. Where do you find direct and indirect object pronouns?
   before verbs or attached to infinitives or present participles

2. Reading from left to right, which pronoun comes first (direct or indirect)? Which pronoun comes second?
   The indirect object pronoun comes first, and the direct object pronoun comes second.

6. Las construcciones reflexivas

In each drawing:

Who is performing / doing the action?

a. La fiesta	d. Raúl y Gloria
b. Alberto	e. Alberto
c. Beatriz	f. Beatriz

Who or what is receiving the action?

a. neighbors	d. Raúl and Gloria
b. daughter	e. Alberto
c. car	f. Beatriz

Which of the drawings and captions demonstrate reflexive verbs?
the bottom row (Raúl y Gloria se despiertan. / Alberto se acuesta. / Beatriz se lava.)

Capítulo 10

3. Los mandatos formales

1. Where do the object pronouns appear in affirmative commands?
   attached to the command
   In negative commands?
   before the command and not attached

   In what order?
   i.o. / d.o.
2. Why are there written accents on some of the commands and not on others?
   because some commands would change pronunciation without the accent marks

5. Otras formas del posesivo

1. What is the position of each possessive in the left-hand column? the middle column?
   before the noun; after the noun
2. How do the possessive adjectives and pronouns agree?
   They agree in number and gender with the nouns they describe or replace.
3. What do the sentences mean in the column on the right?
   Mine works fine; Ours cost a lot; Where are yours? His/hers/yours is $100.

   What have you removed from the previous sentence?
   the noun

Capítulo 11

3. El subjuntivo

1. What is the difference between the subjunctive and the indicative moods?
   The subjunctive expresses concepts such as doubts, emotions, wishes, and desires. The indicative reports events and happenings.
2. What other verb forms look like the subjunctive?
   The *Usted* and *Ustedes* (formal) commands.
3. Where does the subjunctive verb come in relation to the word **que?**
   after the word *que*

Capítulo 12

Major grammar points to be reviewed

1. Past tenses:
   Regular and irregular preterit
   Regular and irregular imperfect
   Uses of the preterit and imperfect
2. Pronouns:
   Direct object
   Indirect object
   Reflexive
   Placement of pronouns

3. Commands:
   Informal affirmative and negative
   Formal affirmative and negative
4. Subjunctive:
   Formation
   Usage

Major vocabulary to be reviewed

1. The *Vocabulario activo* at the end of each chapter

Major cultural information to be reviewed

1. At least two facts about each of the feature countries
2. At least one point about each of the two culture presentations in each chapter

Verb Charts

Regular Verbs: Simple Tenses

Infinitive Present Participle Past Participle	Indicative					Subjunctive		Imperative
	Present	Imperfect	Preterit	Future	Conditional	Present	Imperfect	Commands
hablar hablando hablado	hablo hablas habla hablamos habláis hablan	hablaba hablabas hablaba hablábamos hablabais hablaban	hablé hablaste habló hablamos hablasteis hablaron	hablaré hablarás hablará hablaremos hablaréis hablarán	hablaría hablarías hablaría hablaríamos hablaríais hablarían	hable hables hable hablemos habléis hablen	hablara hablaras hablara habláramos hablarais hablaran	habla (tú), no hables hable (usted) hablemos hablad (vosotros), no habléis hablen (Uds.)
comer comiendo comido	como comes come comemos coméis comen	comía comías comía comíamos comíais comían	comí comiste comió comimos comisteis comieron	comeré comerás comerá comeremos comeréis comerán	comería comerías comería comeríamos comeríais comerían	coma comas coma comamos comáis coman	comiera comieras comiera comiéramos comierais comieran	come (tú), no comas coma (usted) comamos comed (vosotros), no comáis coman (Uds.)
vivir viviendo vivido	vivo vives vive vivimos vivís viven	vivía vivías vivía vivíamos vivíais vivían	viví viviste vivió vivimos vivisteis vivieron	viviré vivirás vivirá viviremos viviréis vivirán	viviría vivirías viviría viviríamos viviríais vivirían	viva vivas viva vivamos viváis vivan	viviera vivieras viviera viviéramos vivierais vivieran	vive (tú), no vivas viva (usted) vivamos vivid (vosotros), no viváis vivan (Uds.)

Regular Verbs: Perfect Tenses

	Indicative					Subjunctive	
	Present Perfect	Past Perfect	Preterit Perfect	Future Perfect	Conditional Perfect	Present Perfect	Past Perfect
	he has ha hemos habéis han	había habías había habíamos habíais habían	hube hubiste hubo hubimos hubisteis hubieron	habré habrás habrá habremos habréis habrán	habría habrías habría habríamos habríais habrían	haya hayas haya hayamos hayáis hayan	hubiera hubieras hubiera hubiéramos hubierais hubieran
	hablado comido vivido	hablado comido vivido	hablado comido vivido	hablado comido vivido	hablado comido vivido	hablado comido vivido	hablado comido vivido

Irregular Verbs

Infinitive Present Participle Past Participle	Indicative					Subjunctive		Imperative
	Present	Imperfect	Preterit	Future	Conditional	Present	Imperfect	Commands
andar andando andado	ando andas anda andamos andáis andan	andaba andabas andaba andábamos andabais andaban	anduve anduviste anduvo anduvimos anduvisteis anduvieron	andaré andarás andará andaremos andaréis andarán	andaría andarías andaría andaríamos andaríais andarían	ande andes ande andemos andéis anden	anduviera anduvieras anduviera anduviéramos anduvierais anduvieran	anda (tú), no andes ande (usted) andemos andad (vosotros), no andéis anden (Uds.)
caer cayendo caído	caigo caes cae caemos caéis caen	caía caías caía caíamos caíais caían	caí caíste cayó caímos caísteis cayeron	caeré caerás caerá caeremos caeréis caerán	caería caerías caería caeríamos caeríais caerían	caiga caigas caiga caigamos caigáis caigan	cayera cayeras cayera cayéramos cayerais cayeran	cae (tú), no caigas caiga (usted) caigamos caed (vosotros), no caigáis caigan (Uds.)
dar dando dado	doy das da damos dais dan	daba dabas daba dábamos dabais daban	di diste dio dimos disteis dieron	daré darás dará daremos daréis darán	daría darías daría daríamos daríais darían	dé des dé demos deis den	diera dieras diera diéramos dierais dieran	da (tú), no des dé (usted) demos dad (vosotros), no deis den (Uds.)
decir diciendo dicho	digo dices dice decimos decís dicen	decía decías decía decíamos decíais decían	dije dijiste dijo dijimos dijisteis dijeron	diré dirás dirá diremos diréis dirán	diría dirías diría diríamos diríais dirían	diga digas diga digamos digáis digan	dijera dijeras dijera dijéramos dijerais dijeran	di (tú), no digas diga (usted) digamos decid (vosotros), no digáis digan (Uds.)

Irregular Verbs (continued)

Infinitive / Present Participle / Past Participle	Indicative					Subjunctive		Imperative
	Present	Imperfect	Preterit	Future	Conditional	Present	Imperfect	Commands
estar estando estado	estoy estás está estamos estáis están	estaba estabas estaba estábamos estabais estaban	estuve estuviste estuvo estuvimos estuvisteis estuvieron	estaré estarás estará estaremos estaréis estarán	estaría estarías estaría estaríamos estaríais estarían	esté estés esté estemos estéis estén	estuviera estuvieras estuviera estuviéramos estuvierais estuvieran	está (tú), no estés esté (usted) estemos estad (vosotros), no estéis estén (Uds.)
haber habiendo habido	he has ha hemos habéis han	había habías había habíamos habíais habían	hube hubiste hubo hubimos hubisteis hubieron	habré habrás habrá habremos habréis habrán	habría habrías habría habríamos habríais habrían	haya hayas haya hayamos hayáis hayan	hubiera hubieras hubiera hubiéramos hubierais hubieran	
hacer haciendo hecho	hago haces hace hacemos hacéis hacen	hacía hacías hacía hacíamos hacíais hacían	hice hiciste hizo hicimos hicisteis hicieron	haré harás hará haremos haréis harán	haría harías haría haríamos haríais harían	haga hagas haga hagamos hagáis hagan	hiciera hicieras hiciera hiciéramos hicierais hicieran	haz (tú), no hagas haga (usted) hagamos haced (vosotros), no hagáis hagan (Uds.)
ir yendo ido	voy vas va vamos vais van	iba ibas iba íbamos ibais iban	fui fuiste fue fuimos fuisteis fueron	iré irás irá iremos iréis irán	iría irías iría iríamos iríais irían	vaya vayas vaya vayamos vayáis vayan	fuera fueras fuera fuéramos fuerais fueran	ve (tú), no vayas vaya (usted) vamos, no vayamos id (vosotros), no vayáis vayan (Uds.)
oír oyendo oído	oigo oyes oye oímos oís oyen	oía oías oía oíamos oíais oían	oí oíste oyó oímos oísteis oyeron	oiré oirás oirá oiremos oiréis oirán	oiría oirías oiría oiríamos oiríais oirían	oiga oigas oiga oigamos oigáis oigan	oyera oyeras oyera oyéramos oyerais oyeran	oye (tú), no oigas oiga (usted) oigamos oíd (vosotros), no oigáis oigan (Uds.)

Irregular Verbs (continued)

Infinitive Present Participle Past Participle	Indicative					Subjunctive		Imperative
	Present	Imperfect	Preterit	Future	Conditional	Present	Imperfect	Commands
poder pudiendo podido	puedo puedes puede podemos podéis pueden	podía podías podía podíamos podíais podían	pude pudiste pudo pudimos pudisteis pudieron	podré podrás podrá podremos podréis podrán	podría podrías podría podríamos podríais podrían	pueda puedas pueda podamos podáis puedan	pudiera pudieras pudiera pudiéramos pudierais pudieran	
poner poniendo puesto	pongo pones pone ponemos ponéis ponen	ponía ponías ponía poníamos poníais ponían	puse pusiste puso pusimos pusisteis pusieron	pondré pondrás pondrá pondremos pondréis pondrán	pondría pondrías pondría pondríamos pondríais pondrían	ponga pongas ponga pongamos pongáis pongan	pusiera pusieras pusiera pusiéramos pusierais pusieran	pon (tú), no pongas ponga (usted) pongamos poned (vosotros), no pongáis pongan (Uds.)
querer queriendo querido	quiero quieres quiere queremos queréis quieren	quería querías quería queríamos queríais querían	quise quisiste quiso quisimos quisisteis quisieron	querré querrás querrá querremos querréis querrán	querría querrías querría querríamos querríais querrían	quiera quieras quiera queramos queráis quieran	quisiera quisieras quisiera quisiéramos quisierais quisieran	quiere (tú), no quieras quiera (usted) queramos quered (vosotros), no queráis quieran (Uds.)
saber sabiendo sabido	sé sabes sabe sabemos sabéis saben	sabía sabías sabía sabíamos sabíais sabían	supe supiste supo supimos supisteis supieron	sabré sabrás sabrá sabremos sabréis sabrán	sabría sabrías sabría sabríamos sabríais sabrían	sepa sepas sepa sepamos sepáis sepan	supiera supieras supiera supiéramos supierais supieran	sabe (tú), no sepas sepa (usted) sepamos sabed (vosotros), no sepáis sepan (Uds.)
salir saliendo salido	salgo sales sale salimos salís salen	salía salías salía salíamos salíais salían	salí saliste salió salimos salisteis salieron	saldré saldrás saldrá saldremos saldréis saldrán	saldría saldrías saldría saldríamos saldríais saldrían	salga salgas salga salgamos salgáis salgan	saliera salieras saliera saliéramos salierais salieran	sal (tú), no salgas salga (usted) salgamos salid (vosotros), no salgáis salgan (Uds.)

Irregular Verbs (continued)

Infinitive / Present Participle / Past Participle	Indicative					Subjunctive		Imperative
	Present	Imperfect	Preterit	Future	Conditional	Present	Imperfect	Commands
ser siendo sido	soy eres es somos sois son	era eras era éramos erais eran	fui fuiste fue fuimos fuisteis fueron	seré serás será seremos seréis serán	sería serías sería seríamos seríais serían	sea seas sea seamos seáis sean	fuera fueras fuera fuéramos fuerais fueran	sé (tú), no seas sea (usted) seamos sed (vosotros), no seáis sean (Uds.)
tener teniendo tenido	tengo tienes tiene tenemos tenéis tienen	tenía tenías tenía teníamos teníais tenían	tuve tuviste tuvo tuvimos tuvisteis tuvieron	tendré tendrás tendrá tendremos tendréis tendrán	tendría tendrías tendría tendríamos tendríais tendrían	tenga tengas tenga tengamos tengáis tengan	tuviera tuvieras tuviera tuviéramos tuvierais tuvieran	ten (tú), no tengas tenga (usted) tengamos tened (vosotros), no tengáis tengan (Uds.)
traer trayendo traído	traigo traes trae traemos traéis traen	traía traías traía traíamos traíais traían	traje trajiste trajo trajimos trajisteis trajeron	traeré traerás traerá traeremos traeréis traerán	traería traerías traería traeríamos traeríais traerían	traiga traigas traiga traigamos traigáis traigan	trajera trajeras trajera trajéramos trajerais trajeran	trae (tú), no traigas traiga (usted) traigamos traed (vosotros), no traigáis traigan (Uds.)
venir viniendo venido	vengo vienes viene venimos venís vienen	venía venías venía veníamos veníais venían	vine viniste vino vinimos vinisteis vinieron	vendré vendrás vendrá vendremos vendréis vendrán	vendría vendrías vendría vendríamos vendríais vendrían	venga vengas venga vengamos vengáis vengan	viniera vinieras viniera viniéramos vinierais vinieran	ven (tú), no vengas venga (usted) vengamos venid (vosotros), no vengáis vengan (Uds.)
ver viendo visto	veo ves ve vemos veis ven	veía veías veía veíamos veíais veían	vi viste vio vimos visteis vieron	veré verás verá veremos veréis verán	vería verías vería veríamos veríais verían	vea veas vea veamos veáis vean	viera vieras viera viéramos vierais vieran	ve (tú), no veas vea (usted) veamos ved (vosotros), no veáis vean (Uds.)

Stem-Changing and Orthographic-Changing Verbs

Infinitive / Present Participle / Past Participle	Indicative Present	Indicative Imperfect	Indicative Preterit	Indicative Future	Indicative Conditional	Subjunctive Present	Subjunctive Imperfect	Imperative Commands
almorzar (ue) (c) almorzando almorzado	almuerzo almuerzas almuerza almorzamos almorzáis almuerzan	almorzaba almorzabas almorzaba almorzábamos almorzabais almorzaban	almorcé almorzaste almorzó almorzamos almorzasteis almorzaron	almorzaré almorzarás almorzará almorzaremos almorzaréis almorzarán	almorzaría almorzarías almorzaría almorzaríamos almorzaríais almorzarían	almuerce almuerces almuerce almorcemos almorcéis almuercen	almorzara almorzaras almorzara almorzáramos almorzarais almorzaran	almuerza (tú), no almuerces almuerce (usted) almorcemos almorzad (vosotros), no almorcéis almuercen (Uds.)
buscar (qu) buscando buscado	busco buscas busca buscamos buscáis buscan	buscaba buscabas buscaba buscábamos buscabais buscaban	busqué buscaste buscó buscamos buscasteis buscaron	buscaré buscarás buscará buscaremos buscaréis buscarán	buscaría buscarías buscaría buscaríamos buscaríais buscarían	busque busques busque busquemos busquéis busquen	buscara buscaras buscara buscáramos buscarais buscaran	busca (tú), no busques busque (usted) busquemos buscad (vosotros), no busquéis busquen (Uds.)
corregir (i, i) (j) corrigiendo corregido	corrijo corriges corrige corregimos corregís corrigen	corregía corregías corregía corregíamos corregíais corregían	corregí corregiste corrigió corregimos corregisteis corrigieron	corregiré corregirás corregirá corregiremos corregiréis corregirán	corregiría corregirías corregiría corregiríamos corregiríais corregirían	corrija corrijas corrija corrijamos corrijáis corrijan	corrigiera corrigieras corrigiera corrigiéramos corrigierais corrigieran	corrige (tú), no corrijas corrija (usted) corrijamos corregid (vosotros), no corrijáis corrijan (Uds.)
dormir (ue, u) durmiendo dormido	duermo duermes duerme dormimos dormís duermen	dormía dormías dormía dormíamos dormíais dormían	dormí dormiste durmió dormimos dormisteis durmieron	dormiré dormirás dormirá dormiremos dormiréis dormirán	dormiría dormirías dormiría dormiríamos dormiríais dormirían	duerma duermas duerma durmamos durmáis duerman	durmiera durmieras durmiera durmiéramos durmierais durmieran	duerme (tú), no duermas duerma (usted) durmamos dormid (vosotros), no durmáis duerman (Uds.)
incluir (y) incluyendo incluido	incluyo incluyes incluye incluimos incluís incluyen	incluía incluías incluía incluíamos incluíais incluían	incluí incluiste incluyó incluimos incluisteis incluyeron	incluiré incluirás incluirá incluiremos incluiréis incluirán	incluiría incluirías incluiría incluiríamos incluiríais incluirían	incluya incluyas incluya incluyamos incluyáis incluyan	incluyera incluyeras incluyera incluyéramos incluyerais incluyeran	incluye (tú), no incluyas incluya (usted) incluyamos incluid (vosotros), no incluyáis incluyan (Uds.)

Stem-Changing and Orthographic-Changing Verbs (continued)

Infinitive Present Participle Past Participle	Indicative					Subjunctive		Imperative
	Present	Imperfect	Preterit	Future	Conditional	Present	Imperfect	Commands
llegar (gu) llegando llegado	llego llegas llega llegamos llegáis llegan	llegaba llegabas llegaba llegábamos llegabais llegaban	llegué llegaste llegó llegamos llegasteis llegaron	llegaré llegarás llegará llegaremos llegaréis llegarán	llegaría llegarías llegaría llegaríamos llegaríais llegarían	llegue llegues llegue lleguemos lleguéis lleguen	llegara llegaras llegara llegáramos llegarais llegaran	llega (tú), no llegues llegue (usted) lleguemos llegad (vosotros), no lleguéis lleguen (Uds.)
pedir (i, i) pidiendo pedido	pido pides pide pedimos pedís piden	pedía pedías pedía pedíamos pedíais pedían	pedí pediste pidió pedimos pedisteis pidieron	pediré pedirás pedirá pediremos pediréis pedirán	pediría pedirías pediría pediríamos pediríais pedirían	pida pidas pida pidamos pidáis pidan	pidiera pidieras pidiera pidiéramos pidierais pidieran	pide (tú), no pidas pida (usted) pidamos pedid (vosotros), no pidáis pidan (Uds.)
pensar (ie) pensando pensado	pienso piensas piensa pensamos pensáis piensan	pensaba pensabas pensaba pensábamos pensabais pensaban	pensé pensaste pensó pensamos pensasteis pensaron	pensaré pensarás pensará pensaremos pensaréis pensarán	pensaría pensarías pensaría pensaríamos pensaríais pensarían	piense pienses piense pensemos penséis piensen	pensara pensaras pensara pensáramos pensarais pensaran	piensa (tú), no pienses piense (usted) pensemos pensad (vosotros), no penséis piensen (Uds.)
producir (zc) (j) produciendo producido	produzco produces produce producimos producís producen	producía producías producía producíamos producíais producían	produje produjiste produjo produjimos produjisteis produjeron	produciré producirás producirá produciremos produciréis producirán	produciría producirías produciría produciríamos produciríais producirían	produzca produzcas produzca produzcamos produzcáis produzcan	produjera produjeras produjera produjéramos produjerais produjeran	produce (tú), no produzcas produzca (usted) produzcamos producid (vosotros), no produzcáis produzcan (Uds.)
reír (i, i) riendo reído	río ríes ríe reímos reís ríen	reía reías reía reíamos reíais reían	reí reíste rio reímos reísteis rieron	reiré reirás reirá reiremos reiréis reirán	reiría reirías reiría reiríamos reiríais reirían	ría rías ría riamos riáis rían	riera rieras riera riéramos rierais rieran	ríe (tú), no rías ría (usted) riamos reíd (vosotros), no riáis rían (Uds.)

Stem-Changing and Orthographic-Changing Verbs (continued)

Infinitive Present Participle Past Participle	Indicative						Subjunctive		Imperative
	Present	Imperfect	Preterit	Future	Conditional	Present	Present	Imperfect	Commands
seguir (i, i) (ga) siguiendo seguido	sigo sigues sigue seguimos seguís siguen	seguía seguías seguía seguíamos seguíais seguían	seguí seguiste siguió seguimos seguisteis siguieron	seguiré seguirás seguirá seguiremos seguiréis seguirán	seguiría seguirías seguiría seguiríamos seguiríais seguirían	siga sigas siga sigamos sigáis sigan	siguiera siguieras siguiera siguiéramos siguierais siguieran	sigue (tú), no sigas siga (usted) sigamos seguid (vosotros), no sigáis sigan (Uds.)
sentir (ie, i) sintiendo sentido	siento sientes siente sentimos sentís sienten	sentía sentías sentía sentíamos sentíais sentían	sentí sentiste sintió sentimos sentisteis sintieron	sentiré sentirás sentirá sentiremos sentiréis sentirán	sentiría sentirías sentiría sentiríamos sentiríais sentirían	sienta sientas sienta sintamos sintáis sientan	sintiera sintieras sintiera sintiéramos sintierais sintieran	siente (tú), no sientas sienta (usted) sintamos sentid (vosotros), no sintáis sientan (Uds.)
volver (ue) volviendo vuelto	vuelvo vuelves vuelve volvemos volvéis vuelven	volvía volvías volvía volvíamos volvíais volvían	volví volviste volvió volvimos volvisteis volvieron	volveré volverás volverá volveremos volveréis volverán	volvería volverías volvería volveríamos volveríais volverían	vuelva vuelvas vuelva volvamos volváis vuelvan	volviera volvieras volviera volviéramos volvierais volvieran	vuelve (tú), no vuelvas vuelva (usted) volvamos volved (vosotros), no volváis vuelvan (Uds.)

Appendix 3

También se dice…

Capítulo Preliminar A

Los saludos/*Greetings*

¿Cómo andas? *How are you doing?*
¿Cómo vas? *How are you doing?*
El gusto es mío. *Pleased to meet you; The pleasure is all mine.*
Hasta entonces. *Until then.*
¿Qué hubo? *How's it going? What's happening? What's new?*
¿Qué pasa? *How's it going? What's happening? What's new?*
¿Qué pasó? *How's it going? What's happening? What's new?*

Las despedidas/*Farewells*

Nos vemos. *See you.*
Que te vaya bien. *Hope everything goes well.*
Que tenga(s) un buen día. *Have a nice day.*
Vaya con Dios. *Go with God.*

Las presentaciones/*Introductions*

Me gustaría presentarle a… *I would like to introduce you to . . . (formal)*
Me gustaría presentarte a… *I would like to introduce you to . . . (familiar)*

Expresiones útiles para la clase/*Useful classroom expressions*

Preguntas y respuestas/*Questions and answers*

(No) entiendo. *I (don't) understand.*
¿Puede repetir, por favor? *Could you repeat, please?*

Expresiones de cortesía/*Polite expressions*

Muchas gracias. *Thank you very much.*
No hay de qué. *Not at all.*

Mandato para la clase/*Instruction for class*

Saque(n) un bolígrafo/papel/lápiz. *Take out a pen/a piece of paper/a pencil.*

Las nacionalidades/*Nationalities*

argentino/a *Argentinian*
boliviano/a *Bolivian*
chileno/a *Chilean*
colombiano/a *Colombian*
costarricense *Costa Rican*
dominicano/a *Dominican*
ecuatoriano/a *Ecuadorian*
guatemalteco/a *Guatemalan*
hondureño/a *Honduran*
nicaragüense *Nicaraguan*
panameño/a *Panamanian*
peruano/a *Peruvian*
uruguayo/a *Uruguayan*
venezolano/a *Venezuelan*

Expresiones del tiempo/*Weather expressions*

el arco iris *rainbow*
el chirimiri *drizzle (Spain)*
Está despejado. *It's clear.*
Hace fresco. *It's cool.*
Hay neblina/niebla. *It's foggy.*
la humedad *humidity*
los copos de nieve *snowflakes*
las gotas de lluvia *raindrops*
el granizo *hail*
el hielo *ice*
el huracán *hurricane*
la llovizna *drizzle*
el pronóstico *weather forecast*
el/los rayo/s, el relámpago *lightning*
la tormenta *storm*
el tornado *tornado*
el/los trueno/s *thunder*

Capítulo 1

La familia/*Family*

el/la ahijado/a *godchild*
el bisabuelo *great-grandfather*
la bisabuela *great-grandmother*
el/la cuñado/a *brother-in-law/sister-in-law*
la familia política *in-laws*
el/la hermanastro/a *stepbrother/stepsister*
el /la hijastro/a *stepson/stepdaughter*
el/la hijo/a único/a *only child*

la madrina *godmother*
el/la medio/a hermano/a *half brother/half sister*
los medios hermanos *half brothers and sisters*
la mami *Mommy; Mom (Latin America)*
el marido *husband*
la mujer *wife*
los nietos *grandchildren*
la nuera *daughter-in-law*
el padrino *godfather*

el papi *Daddy; Dad (Latin America)*
el pariente *relative*
el/la prometido/a *fiancé(e)*
los sobrinos *nieces and nephews*
el/la suegro/a *father-in-law/mother-in-law*
los suegros *in-laws*
la tatarabuela *great-great-grandmother*
el tatarabuelo *great-great-grandfather*
la tía abuela *great-aunt*
el tío abuelo *great-uncle*
el/la viudo/a *widower/widow*
el yerno *son-in-law*

Otra palabra útil/*Another useful word*

divorciado/a *divorced*

La gente/*People*

el bato *friend; guy (in SE USA slang)*
el/la chaval/a *young man/young woman (Spain)*
el chamaco *young man (Cuba, Honduras, Mexico, El Salvador)*
el/la fulano/a *unknown man/woman*

Los adjetivos/*Adjectives*

La personalidad y otros rasgos/*Personality and other characteristics*

amable *nice; kind*
bobo/a *stupid; silly*
el/la bromista *person who likes to play jokes*
cariñoso/a *loving; affectionate*
chistoso/a *funny*
cursi *pretentious; affected*
divertido/a *funny*
educado/a *well mannered; polite*

elegante *elegant*
empollón/ona *bookworm; nerd*
encantador/a *charming; lovely*
espabilado/a *smart; vivacious; alert (Latin America)*
frustrado/a *frustrated*
gracioso/a *funny*
grosero/a *unpleasant*
histérico/a *crazed*
impaciente *impatient*
indiferente *indifferent*
irresponsable *irresponsible*
malvado/a *evil; wicked*
majo/a *pretty; nice (Spain)*
mono/a *pretty; nice (Spain, Caribbean)*
odioso/a *unpleasant*
pesado/a *annoying person*
pijo/a *posh; snooty (Spain)*
progre *liberal; progressive (Spain)*
sabelotodo *know-it-all*
viejo/a *old*

Las características físicas/*Physical characteristics*

atlético/a *athletic*
bello/a *beautiful (Latin America)*
blando/a *soft*
esbelto/a *slender*
flaco/a *thin*
frágil *fragile*
hermoso/a *beautiful; lovely*
musculoso/a *muscular*
robusto/a *sturdy*

Otras palabras útiles/*Other useful words*

demasiado/a *too much*
suficiente *enough*

Capítulo 2

Las materias y las especialidades/*Subjects and majors*

la agronomía *agriculture*
la antropología *anthropology*
el cálculo *calculus*
las ciencias políticas *political sciences*
las comunicaciones *communications*
la contabilidad *accounting*
la economía *economics*
la educación física *physical education*
la enfermería *nursing*
la filosofía *philosophy*
la física *physics*
la geografía *geography*
la geología *geology*
la historia *history*
la ingeniería *engineering*
la literatura comparada *comparative literature*
el mercadeo *marketing (Latin America)*
la mercadotecnia (el márketing) *marketing (Spain)*

la medicina del deporte *sports medicine*
la química *chemistry*
los servicios sociales *social work*
la sociología *sociology*
la terapia física *physical therapy*

En la sala de clase/*In the classroom*

el aula *classroom*
el/la alumno/a *student*
la bombilla *light bulb*
la cámara proyectora *overhead camera*
el cielorraso *ceiling*
el enchufe *wall socket*
el interruptor *light switch*
las luces *lights*
el ordenador *computer (Spain)*
la pantalla *screen*
el proyector *projector*
la prueba *test*
el pupitre *student desk*

el rotulador *marker*
el sacapuntas *pencil sharpener*
el salón de clase *classroom*
el suelo *floor*
la tarima *dais; platform*

Los verbos/*Verbs*

apuntar *to point*
asistir a clase *to attend class*
beber *to drink*
entrar *to enter*
entregar *to hand in*
mirar *to look; to observe*
prestar atención *to pay attention*
repasar *to review*
responder *to answer*
sacar *to take out*
sacar buenas/malas notas *to get good/bad grades*
tomar apuntes *to take notes*

Las palabras interrogativas/*Interrogative words*

¿Con cuánto/a/os/as? *With how many . . . ?*
¿Con qué? *With what . . . ?*
¿Con quién? *With whom . . . ?*
¿De dónde? *From where . . . ?*
¿De qué? *About what . . . ?*
¿De quién? *Of whom . . . ?*

Emociones y estados/*Emotions and states of being*

agotado/a *exhausted*
agradable *nice*
alegre *happy*
asombrado/a *amazed; astonished*
asqueado/a *disgusted*
asustado/a *scared*
deprimido/a *depressed*
desanimado/a *discouraged; disheartened*
disgustado/a *upset*
dormido/a *sleepy*
emocionado/a *moved; touched*
entusiasmado/a *delighted*
fastidiado/a *annoyed; bothered*
ilusionado/a *thrilled*
optimista *optimistic*
pesimista *pessimistic*
retrasado/a *late*
sonriente *smiling*
soñoliento/a *sleepy (Spain)*

Los lugares/*Places*

el apartamento estudiantil *student apartment*
el campo de fútbol *football field*
el campus *campus*
la cancha de tenis/baloncesto *tennis/basketball court*
la/s casa/s de hermandad/es *fraternity and sorority housing*
el centro comercial *mall*
el comedor estudiantil *student dining hall*
la habitación *room*
la matrícula *registration*

el museo *museum*
la oficina de consejeros *guidance/advising office*
el supermercado *supermarket*
el teatro *theater*

La residencia/*The dorm*

los bafles *speakers (Spain)*
el calendario *calendar*
la cama *bed*
el iPod *iPod*
el Internet *Internet*
las literas *bunkbeds*
la llave *memory stick*
la mesita de noche *nightstand*
el móvil *cell phone (Spain)*
la redacción/la composición *essay*
la tarjeta de crédito *credit card*
la tarjeta de identidad; el carnet *ID card*
los videojuegos *video games*

Los deportes y los pasatiempos/*Sports and pastimes*

cazar *to hunt*
conversar con amigos *to talk with friends*
escalar *to go mountain climbing*
esquiar *to ski*
estar en forma *to be in shape*
hablar por teléfono *to talk on the phone*
hacer alpinismo *to go hiking*
hacer footing *to go jogging (Spain)*
hacer gimnasia *to exercise*
hacer senderismo *to hike*
hacer pilates *to do Pilates*
hacer yoga *to do yoga*
ir al centro comercial *to go the mall; to go downtown*
ir a fiestas *to go to parties*
ir a un partido de... *to go to a . . . game*
jugar al ajedrez *to play chess*
jugar al boliche *to bowl*
jugar al ráquetbol *to play racquetball*
jugar a videojuegos *to play video games*
levantar pesas *to lift weights*
ver videos *to watch videos*
montar a caballo *to go horseback riding*
pasear *to go out for a ride; to take a walk*
pasear en barco *to sail*
ir a navegar *to sail*
pescar *to fish*
practicar boxeo *to box*
practicar ciclismo *to cycle*
practicar lucha libre *to wrestle*
practicar las artes marciales *to do martial arts*
salir a cenar/comer *to go out to dinner/eat*
tirar un platillo volador *to throw a Frisbee*

Palabras asociadas con los deportes y los pasatiempos/*Words associated with sports and pastimes*

el/la aficionado/a *fan*
el bate *bat*

el campo *field*
los libros de…
    acción *action books*
    aventura *adventure books*
    cuentos cortos *short stories*
    ficción (ciencia-ficción) *fiction (science fiction)*
    horror *horror books*

misterio *mystery books*
romance *romance books*
espías *spy books*
el palo de golf *golf club*
la pista *track*
la pista y el campo *track and field (Spain)*
la raqueta *racket*

Capítulo 3

La casa/*The house*

la alcoba *bedroom*
el armario empotrado *closet (Spain)*
el ático *attic*
la bodega *cellar*
la buhardilla *attic*
el clóset *closet (Latin America)*
el corredor *hall*
el cuarto *bedroom*
el despacho *office*
el desván *attic*
el pasillo *hallway*
el patio *patio; yard*
el placar *closet (Argentina)*
el portal *porch*
el porche *porch*
la recámara *bedroom (Mexico)*
el salón *salon; lounge; living room*
el tejado *roof*
la terraza *terrace; porch*
el vestíbulo *entrance hall*

En la sala y el comedor/*In the living room and dining room*

la banqueta/el banquillo *small seating stool*
la estantería *bookcase*
la mecedora *rocking chair*
la moqueta *carpet (Spain)*

En la cocina/*In the kitchen*

el congelador *deep freezer*
el friegaplatos *dishwasher*
el frigorífico *refrigerator (Spain)*
el horno *oven*
el lavavajillas *dishwasher (Spain)*
el taburete *bar stool*

Otras palabras/*Other words*

el aparato eléctrico *electric appliance*
la chimenea *chimney*
la cómoda *dresser*
las cortinas *curtains*
el espejo *mirror*
el fregadero *sink*
los gabinetes *cabinets*

la lavadora *washer*
la secadora *dryer*
el librero *bookcase (Mexico)*
la nevera *refrigerator*
las persianas *shutters; window blinds*

En el baño/*In the bathroom*

la cisterna *toilet water tank*
el espejo *mirror*
los grifos *faucets*
la jabonera *soap dish*
el toallero *towel rack*

En el dormitorio/*In the bedroom*

el edredón *comforter*
la frazada *blanket (Latin America)*

Los quehaceres de la casa/*Household chores*

barrer *to sweep*
cortar el césped *to cut the grass*
fregar los platos *to wash the dishes*
fregar los suelos *to clean the floors*
guardar la ropa *to put away clothes*
lavar la ropa *to do laundry*
ordenar *to put in order*
planchar la ropa *to iron*
quitar el polvo *to dust*
recoger *to clean up in general*
recoger la mesa *to clean up after a meal*
regar las plantas *to water the plants*
sacudir las alfombras *to shake out the rugs*
sacudir el polvo *to dust*

Expresiones con *tener*/*Expressions with* tener

tener celos *to be jealous*
tener novio/a *to have a boyfriend/girlfriend*

Los colores/*Colors*

color café *brown*
púrpura *purple (Spain)*
azul/verde claro *light blue/green*
azul/verde oscuro *dark blue/green*
rosa *pink (Spain)*

Capítulo 4

Lugares en una ciudad o pueblo/*Places in a city or town*

la alberca *swimming pool; sports complex (Mexico)*
el ambulatorio *medical center (not a hospital) (Spain)*
el aseo *public restroom*
la catedral *cathedral*
el campo de golf *golf course*
la capilla *chapel*
la clínica *clinic*
el consultorio *doctor's office*
el convento *convent*
la cuadra *block (Latin America)*
la ferretería *hardware store*
la fogata *bonfire*
la frutería *fruit store*
la fuente *fountain*
la gasolinera *gas station*

la heladería *ice cream shop*
la manzana *block (Spain)*
el mercadillo *open-air market*
la mezquita *mosque*
la papelería *stationary store*
la panadería *bread store*
la pastelería *pastry shop*
la pescadería *fish shop; fishmonger*
la piscina *pool*
el polideportivo *sports center*
el quiosco *newsstand*
los servicios *public restrooms*
la sinagoga *synagogue*
la tienda de juguetes *toy store*
la tienda de ropa *clothing store*
el zócalo *plaza (Mexico)*

Capítulo 5

El mundo de la música/*The world of music*

la musica…
    alternativa *alternative music*
    bluegrass *bluegrass music*
el coro *choir*
el cuarteto *quartet*
el equipo de cámara/sonido *camera/sound crew*
el/la mánager *manager*
el merengue *merengue*
la música popular *popular music*
el/la organista *organist*
la pandilla *gang; posse*
los/las seguidores/as *groupies*
el teclado *keyboard*

El mundo del cine/*The world of film*

Gente/*People*

el/la cinematógrafo/a *cinematographer*
el/la director/a *director*
el/la guionista *scriptwriter*

Las películas/*Movies*

el cortometraje *short (film)*
los dibujos animados *cartoons*
el guión *script*
el montaje *montage*

Capítulo 7

Las carnes y las aves/*Meats and poultry*

las aves de corral *poultry*
la carne de cerdo *pork*
la carne de cordero *lamb*
la carne de res *beef*
la carne molida *ground beef*
la carne picada *ground beef (Spain)*
el chorizo *highly seasoned pork sausage*
la chuleta *chop*
el chuletón *T-bone (Spain)*
el jamón serrano *prosciutto ham (Spain)*
el pavo *turkey*
la salchicha *sausage; hot dog*
el salchichón *spiced sausage (Spain)*
la ternera *veal*
el tocino *bacon*

El pescado y los mariscos/*Fish and seafood*

las almejas *clams*
las anchoas *anchovies*

los calamares *squid*
el cangrejo *crab*
el chillo *red snapper (Puerto Rico)*
las gambas *shrimp*
el huachinango *red snapper (Mexico)*
la langosta *lobster*
el lenguado *flounder*
la ostra *oyster*
el pulpo *octopus*
la sardina *sardines*

Las frutas/*Fruits*

el aguacate *avocado*
el albaricoque *apricot*
el ananá *pineapple (Latin America)*
el banano *banana; banana tree*
la cereza *cherry*
la china *orange (Puerto Rico)*
la ciruela *plum*
el durazno *peach*

la fresa *strawberry*
el melocotón *peach*
la papaya *papaya*
la piña *pineapple*
el pomelo *grapefruit*
la sandía *watermelon*
la toronja *grapefruit*

Las verduras/*Vegetables*

las aceitunas *olives*
la alcaparra *caper*
el apio *celery*
la berza *cabbage (Spain)*
el calabacín *zucchini*
la calabaza *squash; pumpkin*
los champiñones *mushrooms*
la col *cabbage*
la coliflor *cauliflower*
los espárragos *asparagus*
las espinacas *spinach*
los guisantes *peas*
las habichuelas *kidney beans*
los hongos *mushrooms (Latin America)*
la judías verdes *green beans*
el pepinillo *pickle*
el pepino *cucumber*
el pimiento *pepper*
el plátano *plantain*
el repollo *cabbage*
la salsa *sauce*
las setas *wild mushrooms (Spain)*
la zanahoria *carrot*

Los postres/*Desserts*

el arroz con leche *rice pudding*
la batida *milkshake*
el batido *milkshake (Spain)*
los bocaditos *bite-size sandwiches*
los bollos *sweet bread*
el bombón *sweets; candy*
el caramelo *sweets; candy*
los chocolates *chocolates*
los chuches *candies in general (Spain)*
la dona *donut*
el dónut *donut (Spain)*
el flan *caramel custard*
la natilla *custard*
los pastelitos *turnover; pastry; finger cakes*
la tarta *cake*

Las bebidas/*Beverages*

el champán *champagne*
la sidra *cider*
el zumo *juice (Spain)*

Más comidas/*More foods*

el ajo *garlic*
la avena *oatmeal*
el caldo *broth*
el consomé *clear soup*
los fideos *noodles (in soup)*
la harina *flour*

la jalea *jelly; marmalade (Spain, Puerto Rico)*
la margarina *margarine*
la miel *honey*
el pan dulce *sweet roll*
el panqueque *pancake*
las tortas americanas *pancakes (Spain)*

Las comidas/*Meals*

el aperitivo *appetizer*
las tapas *hors d'oeuvres*

Los condimentos y las especias/*Condiments and spices*

el aderezo *seasoning; dressing*
el aliño *seasoning; dressing (Spain)*

Algunos términos de la cocina/*Some cooking terms*

agregar *to add*
asar *to roast; to broil*
aumentar libras/kilos *to gain weight*
batir *to beat*
calentar *to heat*
derretir *to melt*
espesarse *to thicken*
freír *to fry*
mezclar *to mix*
revolver *to stir*
servir *to serve*
unir *to combine*
verter *to pour*

Otras palabras útiles/*Other useful words*

aclararse *to thin*
añadir *to add*
el batidor *beater*
la batidora *hand-held mixer*
la cacerola *saucepan*
cocer *to cook*
la copa *goblet; wine glass*
el cuenco *bowl; mixing bowl*
echar (algo) *to add*
el fuego (lento, mediano, alto) *(low, medium, high) heat*
la fuente *serving platter/dish*
el ingrediente *ingredient*
el kilogramo *kilogram (or 2.2 pounds)*
el nivel *level*
la olla *pot*
el pedazo *piece*
el platillo *saucer*
el plato hondo *bowl*
el plato sopero *soup bowl*
la receta *recipe*
recalentar *to reheat*
remover *to stir (Spain)*
la sartén *frying pan*
el/la sopero/a *soup serving bowl*

En el restaurante/*In the restaurant*

la cucharilla *teaspoon (Spain)*
el friegaplatos *dishwasher (person)*
el/la mesero/a *waiter/waitress (Latin America)*
el/la pinche *kitchen assistant*

Capítulo 8

La ropa y la joyería/*Clothing and jewelry*

el albornoz *bathrobe (Spain)*
las alpargatas *espadrille shoes (Spain)*
el anorak *rain-proof coat*
los aretes *earrings*
la bolsa *bag*
la bufanda *scarf*
la capa de agua *raincoat (Puerto Rico)*
la cartera *pocketbook, purse*
el chubasquero *raincoat (Spain)*
el collar *necklace*
la correa *belt*
el gorro *wool cap; hat*
los mahones *jeans (Puerto Rico)*
las pantallas *earrings (Puerto Rico)*
el peine *comb*
la peinilla *comb (Latin America)*
los pendientes *earrings*
la pulsera *bracelet*
la sombrilla *parasol; umbrella*
los vaqueros *jeans*
las zapatillas de tenis *sneakers; tennis shoes (Spain)*

Más palabras útiles/*More useful words*

de buena/mala calidad *good/poor quality*
de goma *(made of) rubber*
de lino *(made of) linen*
de manga corta/larga/media *short/long/half sleeve*

de nilón *nylon*
de oro *(made) of gold*
de plata *(made) of silver*
de platino *platinum*
de puntitos *polka dotted*

Para comprar ropa/*To go clothes shopping*

el escaparate *store window*
el/la dependiente/a *clerk*
la ganga *bargain*
la liquidación *clearance sale*
el maniquí *mannequin*
el mostrador *counter*
la oferta *offer; sale*
la rebaja *sale; discount*
el tacón alto/bajo *high/low heel*
la venta *clearance sale*
la vitrina *store window*
los zapatos planos/de cuña *flat/wedge shoes*

Algunos adjetivos/*Some adjectives*

amplio/a *wide*
apretado/a *tight*

Un verbo reflexivo/*A reflexive verb*

desvestirse (e → i → i) *to get undressed*

Capítulo 9

El cuerpo humano/*The human body*

la arteria *artery*
el cabello *hair*
la cadera *hip*
la ceja *eyebrow*
el cerebelo *cerebellum*
el cerebro *brain*
la cintura *waist*
el codo *elbow*
la costilla *rib*
la frente *forehead*
el hombro *shoulder*
el hueso *bone*
el labio *lip*
la lengua *tongue*
las mejillas *cheeks*
la muñeca *wrist*
el músculo *muscle*
el muslo *thigh*
los nervios *nerves*
la pestaña *eyelash*
la piel *skin*
el pulmón *lung*
la rodilla *knee*
el talón *heel*

el trasero *buttocks (Spain)*
el tobillo *ankle*
la uña *nail*
las venas *veins*

Algunas enfermedades/*Some illnesses*

el alcoholismo *alcoholism*
la alta tensión *high blood pressure*
el ataque del corazón *heart attack*
la baja tensión *low blood pressure*
el cáncer *cancer*
la depresión *depression*
la diabetes *diabetes*
el dolor de cabeza *headache*
el/la drogadicto/a *drug addict*
la hipertensión *high blood pressure*
el infarto *heart attack*
la inflamación *inflammation*
el mareo *dizziness*
la narcomanía *drug addiction*
la presión alta/baja *high/low blood pressure*
la quemadura *burn*
el sarampión *measles*
el SIDA *AIDS*
la varicela *chicken pox*

Otros verbos útiles/*Other useful verbs*

contagiarse de *to catch (an illness)*
desmayarse *to faint*
desvanecerse *to faint*
doblarse *to sprain*
enyesar *to put on a cast*
fracturar(se) *to break; to fracture*
hacer gárgaras *to gargle*
hinchar *to swell*
pegársele *to catch something*
recetar *to prescribe*
respirar *to breathe*
sacar la sangre *to draw blood*
tomarle la presión *to take someone's blood pressure*
tomarle el pulso *to take someone's pulse*
tomarle la temperatura *to check someone's temperature*
torcerse *to sprain*
vomitar *to vomit*

Otras palabras útiles/*Other useful words*

las alergias *allergies*
el antihistamínico *antihistamine*

la camilla *stretcher*
la cura *cure*
la dosis *dosage*
la enfermedad *illness*
las gotas para los ojos *eyedrops*
los medicamentos *medicines*
las muletas *crutches*
operar *to operate*
el/la paciente *patient*
la penicilina *penicillin*
el pulso *pulse*
las pruebas médicas *medical tests*
la radiografía *X-ray*
el resultado *result*
retorcerse *to sprain*
el termómetro *thermometer*
la tirita *bandage*
la vacuna *vaccination*

Capítulo 10

El transporte y otras palabras/*Transportation and other words*

el aparcamiento *parking lot*
el atasco *traffic jam*
el billete *ticket*
el camino *dirt road*
el camión *bus (Mexico)*
la camioneta *pickup truck; van; station wagon*
el carnet *driver's license (Spain)*
la carretera *highway*
enviar *to send; to dispatch*
la goma *tire (Latin America)*
la guagua *bus (Caribbean)*
el guía *steering wheel*
el paso de peatones *crosswalk*
el seguro del coche *car insurance*
el tiquete *ticket*
la velocidad *speed*

Algunas partes de un vehículo/*Some parts of a car*

el acelerador *accelerator; gas pedal*
el cinturón de seguridad *seat belt*
el claxon *horn*
el espejo retrovisor *rearview mirror*
los frenos *brakes*
las luces *lights*

el maletero *car trunk (Spain)*
el parachoques *bumper*
la transmisión *transmission*

Un verbo útil/*A useful verb*

perderse *to get lost*

El viaje/*Travel*

los cheques de viajero *traveler's checks*
la dirección *address*
el equipaje *luggage*
la estampilla *(postage) stamp*
la oficina de turismo *tourist office*
el paquete *package*
el pasaje de ida y vuelta *round-trip ticket*
los pasajes *(travel) tickets*
el sobre *the envelope*

El hotel/*The hotel*

el/la camarero/a *service maid*
el/la guardia de seguridad *security guard*
el/la portero/a *doorman/woman*
el/la recepcionista *receptionist*
el servicio *room service (cleaning)*
el/la telefonista *telephone operator*

Capítulo 11

Algunos animales/*Some animals*

la abeja *bee*
la ardilla *squirrel*
la ballena *whale*
la cabra *goat*
el cangrejo *crab*
el ciervo *deer*
el cochino *pig*
la culebra *snake*
el dinosaurio *dinosaur*
la foca *seal*
el gallo *rooster*
el gorila *gorilla*
la iguana *iguana*
la jirafa *giraffe*
el lobo *wolf*
el loro *parrot*
la mariposa *butterfly*
el marrano *pig*
el mono *monkey*
el nido *nest*
la oveja *sheep*
la paloma *pigeon; dove*
el pato *duck*
el puerco *pig*
el pulpo *octopus*
el puma *puma*
el rinoceronte *rhinoceros*
el saltamontes *grasshopper*
el tiburón *shark*
el tigre *tiger*
la tortuga *turtle*
el venado *deer*
el zorro *fox*

El medio ambiente/*The environment*

el aerosol *aerosol*
el agua subterránea *ground water*
la Antártida *Antarctica*
el Ártico *the Arctic*
la atmósfera *atmosphere*
el aumento *increase*
el bióxido de carbono *carbon dioxide*
el carbón *coal*
el central nuclear *nuclear plant*
el clorofluorocarbono *chlorofluorocarbon*
el combustible fósil *fossil fuel*
la cosecha *crop; harvest*
la descomposición *decomposition*
el desperdicio de patio *yard waste*
el ecosistema *ecosystem*
la energía *energy*
la energía eólica (molinos de viento) *wind power (windmills)*

la industria *industry*
insoportable *unbearable; unsustainable*
el medio ambiente *environment*
el oxígeno *oxygen*
el país *country*
el pesticida *pesticide*
el petróleo *petroleum*
la piedra *rock; stone*
las placas solares *solar panels*
la planta eléctrica *power plant*
el plomo *lead*
el polvo *dust*
el rayo de sol *ray of sunlight*
el rayo ultravioleta *ultraviolet ray*
el riesgo *risk*

Algunos verbos/*Some verbs*

atrapar *to trap*
conseguir *to achieve*
corroer *to corrode*
dañar *to damage*
desarrollar *to evolve; to develop*
descongelarse *to melt; melt down*
destruir *to destroy*
hacer huelga *to go on strike*
hundirse *to sink*
luchar en contra *to fight against*
prevenir *to prevent*
realizar *to achieve*
tirar *to throw away (Spain)*

La política/*Politics*

la constitución *constitution*
la ciudadanía *citizenship*
el/la ciudadano/a *citizen*
el/la congresista *congressman/woman*
el gobierno *the government*
la monarquía constitucional *constitutional monarchy*
el paro general *general strike*
el/la primer/a ministro/a *prime minister*
el/la secretario/a de estado *secretary of state*

Las cuestiones políticas/*Political issues*

el aborto *abortion*
el abuso de menores *child abuse*
el derecho de trabajadores *workers' rights*
la eutanasia *euthanasia*
el genocidio *genocide*
la inmigración ilegal *illegal immigration*
la pena capital *death penalty*
la seguridad social *social security*
la violencia doméstica *domestic violence*

Appendix 4

Spanish-English Glossary

A

a to; at (**11**); ~ **cambio** in exchange (**4, PB**); ~ **eso de** around (**7**); ~ **fin de** in order to (**11**); ~ **la derecha (de)** to the right (of) (**3, 11**); ~ **la izquierda (de)** to the left (of) (**3, 11**); ~ **la parrilla** grilled (**7**); ~ **mano** on hand (**10**); ~ **menudo** often (**2, 3**); ¿~ **qué hora...?** At what time? (**PA**); ~ **veces** sometimes; from time to time (**2, 3, 4**); ~ **ver** let's see (**2**)

abarcar to encompass (**5**)

Abra(n) el libro en la página... Open your book to page . . . (**PA**)

abrazo, el hug (**PA**)

abrigo, el coat; overcoat (**3, 8**)

abrir to open (**2**)

abuelo/a, el/la grandfather/ grandmother (**1**)

abuelos, los grandparents (**1**)

aburrido/a boring; bored (*with* **estar**) (**1, 2, 5**)

acabar con end (**4**)

acabar de + infinitivo to have just finished + (*something*) (**3, 9**)

aceite, el oil (**7**)

acerca de about (**11**)

acercar to approach (**8**)

acierto, el match (**11**)

acompañar to accompany (**6**)

acordarse (o, ue) de to remember (**8**)

acostarse (o, ue) to go to bed (**8**)

actor, el actor (**5**)

actriz, la actress (**5**)

además de furthermore; in addition to (**2, 7**)

Adiós. Good-bye. (**PA**)

adivinar to guess (**7**)

adjetivos, los adjectives (**1**)

administración de empresas, la business (**2**)

¿Adónde? To where? (**2**)

advertir to warn (**8**)

aerolínea, la airline (**10**)

aeropuerto, el airport (**10**)

afeitarse to shave (**8**)

aficionado/a, el/la fan (**5**)

afuera de outside of (**11**)

afueras, las outskirts (**3**)

agencia de viajes, la travel agency (**6, 10**)

agente de viajes, el/la travel agent (**10**)

agua, el water; ~ **(con hielo)** water (with ice) (**5, 7**); ~ **dulce** fresh water (**5**)

ahora now (**PB**)

aire, el air (**11**); ~ **acondicionado** air conditioning (**10**)

al horno baked (**7**)

al lado (de) beside; next to (**3, 11**)

alborotado/a stirred up (**11**)

alcalde, el mayor (**11**)

alcaldesa, la mayor (**11**)

alebrijes, los painted wooden animals (**2**)

alemán/alemana German (**PA**)

alfabetización, la literacy (**8**)

alfombra, la rug; carpet (**3**)

algo something; anything (**4, PB**)

algodón, el cotton (**8**)

alguien someone (**4**)

algún some; any (**4**)

alguno/a/os/as some; any (**3, 4**)

allá over there (*and potentially not visible*) (**6**)

allí there / over there (**4, 6**)

almacén, el department store (**4**)

almohada, la pillow (**3**)

almorzar (ue) to have lunch (**4, 7**)

almuerzo, el lunch (**7**)

alpargatas, las espadrilles (**8**)

altillo, el attic (**3**)

altiplano, el high plateau (**9**)

alto/a tall (**1**)

aluminio, el aluminum (**11**)

amarillo yellow (**3**)

ambulante roving (**4**)

amenaza, la threat (**8**)

amenazada endangered (**7**)

amigo/a, el/la friend (**1**)

amor, el love (**4**)

amueblado/a furnished (**3**)

anaranjado orange (**3**)

ancho wide (**7, 8**)

andar to walk (**7**)

anillo, el ring (**5**)

animada animated (**5**)

animal, el animal (**11**); ~ **doméstico** domesticated animal; pet (**11**); ~ **en peligro de extinción** endangered species (**11**); ~ **salvaje** wild animal (**11**)

año pasado, el last year (**7**)

anoche last night (**7**)

ante before (**6**)

anteayer the day before yesterday (**7**)

anterior previous (**5**)

antes de before (time/space) (**11**)

antiácido, el antacid (**9**)

antibiótico, el antibiotic (**9**)

antiguo/a old (**3**)

antipático/a unpleasant (**1**)

anuncio, el ad (**3**)

apartamento, el apartment (**2**)

apasionado/a passionate (**5**)

apéndice, el appendix (**4**)

apodo, el nickname (**5**)

apoyar to support (**5, PB, 11**); ~ **a un/a candidato/a** to support a candidate (**4**)

aprender to learn (**2**)

aprobado/a approved (**10**)

apuntes, los (*pl.*) notes (**2**)

aquel/la that, that one (*way over there/not visible*) (**5**)

aquellos/as that, those (*way over there/not visible*); those ones (**5**)

aquí here (**6**)

árbol, el tree (**11**)

arbusto, el bush; shrub (**7**)

armario, el armoire; closet; cabinet (**3**)

arquitectura, la architecture (**2**)

arreglar to straighten up; to fix (**3**); ~**se** to get ready (**8**); ~ **la maleta** to pack a suitcase (**10**)

arroz, el rice (**7**)

arte, el art (**2**)

artículo, el article (**1**); ~ **definido** definite article (**1**); ~ **indefinido** indefinite article (**1**)

artista, el/la artist (**5**)
asado/a roasted; grilled (**7**)
áspero/a rough (**11**)
aspirina, la aspirin (**9**)
asunto, el matter (**6**)
asustado/a frightened (**7**)
asustar to scare (**9**)
atender to wait on (**9**)
aterredor/a frightening (**9**)
atletismo, el track and field (**2**)
atrevido/a daring (**8**)
atún, el tuna (**7**)
aumentar to grow (**11**)
autobús, el bus (**10**)
autopista, la highway; freeway (**10**)
ave, el bird (**11**)
averiguar to find out (**4, PB**)
aves, las poultry (**7**)
avión, el airplane (**10**)
ayer yesterday (**7**)
ayudante, el/la assistant (**5**)
ayudar to help (**3**); **~ a las personas mayores/los mayores** to help elderly people (**4**)
azotar to whip (**11**)
azúcar, el sugar (**7**)
azul blue (**3**)

B

bailar to dance (**2**)
bajar (de) to get down (from); to get off (of) (**10**)
bajo/a short (**1**)
balcón, el balcony (**3**)
banana, la banana (**7**)
bañarse to bathe (**8**)
banco, el bank (**4**)
bañera, la bathtub (**3**)
baño, el bathroom (**3**)
bar, el bar (**4**)
barato/a cheap (**7**)
barco, el boat (**4, 10, PB**)
barro negro, el black clay (**2**)
Bastante bien. Just fine. (**PA**)
basura, la garbage (**11**)
bata, la robe (**8**)
batata, la yam (**7**)
batería, la drums (**5**)
baterista, el/la drummer (**5**)
baúl, el trunk (**10**)
beber to drink (**7**)
bebida, la beverage (**7, PB**)
beige beige (**3**)
bella beautiful (**4**)
besito, el little kiss (**PA**)

biblioteca, la library (**2**)
bicicleta, la bicycle (**10**)
bidet, el bidet (**3**)
bien: bien cocido/a well done (**7**); **~ hecho/a** well cooked (**7**); **~, gracias.** Fine, thanks. (**PA**)
bienestar, el well-being; welfare (**11**)
biología, la biology (**2**)
bistec, el steak (**7**)
blanco white (**3**)
blusa, la blouse (**8**)
boca, la mouth (**9**)
boda, la wedding (**4, 6**)
boleto, el ticket (**8, 10**); **~ de ida y vuelta** round-trip ticket (**10**)
bolígrafo, el ballpoint pen (**2**)
bolso, el purse (**8**)
bondadoso/a kind (**11**)
bonito/a pretty (**1**)
borrador, el eraser (**2**)
bosque, el forest (**11**)
botar to throw away (**11**)
botas, las (*pl.*) boots (**8**)
botella, la bottle (**11**)
botones, el bellman (**10**)
brazo, el arm (**9**)
broma, la joke (**3, 8**)
buceo, el scuba diving (**4**)
¡Buen provecho! Enjoy your meal! (**7**)
bueno/a good (**1, 10**)
Buenos días. Good morning. (**PA**)
Buenas noches. Good evening. (**PA**)
Buenas tardes. Good afternoon. (**PA**)
bufanda, la scarf (**9**)
bullicio, el hubbub (**4**)
buscar to look for (**4**)

C

caballo, el horse (**11**)
cabeza, la head (**9**)
cada each (**3**)
cadena, la chain (**3**)
caer(se) to fall down (**9**)
café, el café (**4, 7**)
cafetería, la cafeteria (**2**)
caja, la (de cartón) (cardboard) box (**11**)
cajero automático, el ATM (**4**)
calcetines, los (*pl.*) socks (**8**)
calculadora, la calculator (**2**)
calefacción, la heat (**10**)
calidad, la quality (**11**)

caliente hot (temperature) (**7**)
callarse to get / keep quiet (**8**)
calle, la street (**3, 10**)
cama, la bed (**3**)
camarero/a, el/la waiter/waitress (**7**); housekeeper (**10**)
camarones, los (*pl.*) shrimp (**7**)
cambiar to change (**10**)
caminar to walk (**2**); to walk; to go on foot (**10**)
camión, el truck (**10**)
camisa, la T-shirt (**5**); shirt (**8**)
camiseta, la T-shirt (**8**)
campamento de niños, el summer camp (**4**)
campaña, la campaign (**11**)
campo, el country (**3**)
canadiense Canadian (**PA**)
candidato/a, el/la candidate (**11**)
cansado/a tired (**2**)
cantante, el/la singer (**5**)
capa de ozono, la ozone layer (**11**)
capítulo, el chapter (**5**)
cara, la face (**9**)
cargos, los posts (**11**)
carne, la meat (**7**); **~ de cerdo** pork (**7**)
caro/a expensive (**4, 7**)
carro, el car (**10**)
casa, la house (**3**)
casado/a married (**1**)
cascada, la waterfall (**10**)
castillo, el castle (**3**)
catarro, el cold (**9**)
catorce fourteen (**PA**)
cebolla, la onion (**7**)
cena, la dinner (**7**)
cenar to have dinner (**7**)
centro, el downtown (**4**); **~ comercial** mall; business/shopping district (**4**); **~ estudiantil** student center; student union (**2**)
cepillarse (el pelo, los dientes) to brush (one's hair, teeth) (**8**)
cerca (de) near (**2, 7, 11**)
cerdo, el pig (**11**)
cereal, el cereal (**7**)
cero zero (**PA**)
cerrar (ie) to close (**4**)
cerveza, la beer (**7**)
cestería, la basket making (**2**)
chamán, el shaman (**9**)
Chao. Bye. (**PA**)
chaqueta, la jacket (**8**)
chico/a, el/la boy/girl (**1**)

chile, el chili pepper (**7**)
chino/a Chinese (**PA**)
cibercafé, el Internet café (**4**)
cielo, el sky; heaven (**11**)
cien one hundred (**2**); **~ mil** one hundred thousand (**3**); **~ millones** one hundred million (**3**); **~** one hundred (**1**)
ciencias, las (*pl.*) science (**2**)
Cierre(n) el/los libros/s. Close your book/s. (**PA**)
cierto/a true (**4**)
cinco five (**PA**)
cincuenta fifty (**1**)
cine, el movie theater (**4**)
cintura, la waist (**9**); **de la ~ para arriba** from the waist up (**9**)
cinturón, el belt (**8**)
circular una petición to circulate a petition (**4**)
cita, la appointment (**4, PB**)
ciudad, la city (**3, 4**)
claro/a light (colored) (**8**)
cliente/a, el/la customer; client (**7**)
club, el club (**4**); **~ de campo** country club (**4**)
coche, el car (**8, 10**)
cocido/a boiled; baked (**7**)
cocina, la kitchen (**3**)
cocinar to cook (**7**)
cocinero/a, el/la chef (**4, 7**)
cognado, el cognate (**PA**)
cola, la line (of people) (**10**)
colcha, la bedspread; comforter (**3**)
colgar to hang up (**7**)
colibrí, el hummingbird (**11**)
color, el color (**3**)
combatir to fight; to combat (**11**)
comedor, el dining room (**3**)
comenzar (ie) to begin (**4**)
comer to eat (**2**)
cómico/a funny; comical (**1**)
comida, la food; meal (**7, PB**)
¿Cómo? What? How? (**PA, 2**); **¿~ está usted?** How are you? (*for.*) (**PA**); **¿~ estas?** How are you? (*fam.*) (**PA**); **¿~ se dice... en español?** How do you say . . . in Spanish? (**PA**); **¿~ se llama usted?** What is your name? (*for.*) (**PA**); **¿~ te llamas?** What is your name? (*fam.*) (**PA**)
como like (**5**)
cómodo/a comfortable (**8**)
compañero/a de clase, el/la classmate (**2**)

compartir share (**3, 5**)
composición, la composition (**2**)
comprar to buy (**2**)
comprender to understand (**2**)
Comprendo. I understand. (**PA**)
computadora, la computer (**2**)
con with (**11**)
concierto, el concert (**5**)
concurso, el contest (**3**)
condimento, el condiment; seasoning (**7**)
conducción, la driving (**10**)
conducir to drive (**7, 8, 10**)
conejo, el rabbit (**11**)
congreso, el congress (**11**)
conjunto, el group; band (**5**); outfit (**8**)
conmigo with me (**9**)
conmovedora moving (**5**)
conocer to be acquainted with (**3**)
consejo, el advice (**5**)
contaminación, la pollution (**11**)
contaminar to pollute (**11**)
contar to narrate (**9**)
contemporáneo/a contemporary (**3**)
contento/a content; happy (**2**)
contestar to answer (**2**)
Conteste(n). Answer. (**PA**)
contigo with you (**9**)
corazón, el heart (**9**)
corbata, la tie (**8**)
cordillera, la mountain range (**11**)
corregir to correct (**3, 10**)
correo basura, el spam (**3**)
correos, el post office (**4**)
correr to run (**2**)
cortar(se) to cut (oneself) (**9**)
corte, la court (**11**)
cortejo, el courting (**7**)
corto/a short (**8**)
cosa, la thing (**3**)
cosecha, la crop (**7**)
costar (ue) to cost (**4**)
costurero/a, el/la tailor/ seamstress (**8**)
crear create (**4**)
creativa creative (**5**)
creer to believe (**2**)
crucero, el cruise ship (**5**)
crudo/a rare; raw (**7**)
cuaderno, el notebook (**2**)
cuadro, el picture; painting (**3, 5**)
cual which (**11**)
¿Cuál? Which (one)? (**2**); **¿~ es la fecha de hoy?** What is today's date? (**PA**)

cualquier whatever (**8**)
¿Cuándo? When? (**2**)
¿Cuánto/a? How much?, How many? (**2**)
cuarenta forty (**1**)
cuarto, el room (**2, 3**); **~ doble** double room (**10**); **~ individual** single room (**10**)
cuarto/a fourth (**5**)
cuatro four (**PA**)
cuatrocientos four hundred (**2**)
cubano/a Cuban (**PA**)
cubrir to cover (**8**)
cuchara, la soup spoon; tablespoon (**7**)
cucharada, la spoonful (**7**)
cucharita, la teaspoon (**7**)
cuchillo, el knife (**7**)
cuello, el neck (**9**)
cuenta, la bill; account (**4**)
cuero, el leather (**8**)
cuerpo humano, el human body (**9**)
cuestiones políticas, las political issues (**11**)
cueva, la cave (**11**)
cuidadoso/a careful (**5**)
cuidar to take care of (**3, 11**)
culpable, el/la guilty (**8**)
curandero/a, el/la folk healer (**4**)
curar(se) to cure; to be cured (**9**)
curita, la adhesive bandage (**9**)
curso, el course (**2**)

D

dañar to hurt (**11**)
dar to give (**3**); to find (**2**); **~ un concierto** to give/perform a concert (**5**); **~ vida** give life (**5**)
de of; from; about (**11**); **~ cuadros** checked (**8**); **¿~ dónde?** From where? (**2**); **~ la mañana** in the morning (**PA**); **~ la noche** in the evening (**PA**); **~ la tarde** in the afternoon (**PA**); **~ lunares** polka-dotted (**8**); **~ nada.** You're welcome. (**PA**); **¿~ qué se trata... ?** What is the gist of . . . ? (**8**); **~ rayas** striped (**8**); **~ repente** suddenly (**PB**); **~ suspenso** suspenseful (**5**)
debajo (de) under; underneath (**7, 11**)
deber, el obligation; duty (**4**); **~** ought to; should (**4**)
débil weak (**1**)

décimo/a tenth (**5**)

decir to say; to tell (**3**)

dedo, el (de la mano) finger (**9**); ~ **(del pie)** toe (**9**)

defensa, la defense (**11**)

dejar to leave (**10**)

delante de in front of (**11**)

delgado/a thin (**1**)

delincuencia, la crime (**11**)

demás, los others (**4**)

democracia, la democracy (**11**)

demostrar (ue) to demonstrate (**4**)

dentro de inside of (**11**)

deporte, el sport (**2**)

derecho, el law (**2**)

derrame de petróleo, el oil spill (**11**)

desaparecer to disappear (**5**)

desaparecido/a missing (**9**)

desastre, el disaster (**11**)

desayunar to have breakfast (**7**)

desayuno, el breakfast (**7**)

descansar to rest (**7**)

desde from (**11**)

desempleo, el unemployment (**11**)

desfile de moda, el fashion show (**8**)

desilusionar to disappoint (**9**)

desordenado/a messy (**3**)

despedida, la farewell (**PA**)

despertador, el alarm clock (**2**)

despertarse (e, ie) to wake up; to awaken (**8**)

después afterward (**6**); after (**11**)

destacar stand out (**5**); to distinguish (**7**)

destino, el destination (**8**)

destrucción, la destruction (**11**)

destruir to destroy (**5**)

detrás (de) behind (**4, 11**)

deuda, la (externa) (foreign) debt (**11**)

devolver (ue) to return (an object) (**4**)

día, el day (**PA**); ~ **festivo** holiday (**7**)

dibujo, el drawing (**3**)

dictador/a, el/la dictator (**11**)

dictadura, la dictatorship (**11**)

diente, el tooth (**9**)

diez ten (**PA**)

difícil difficult (**2**)

dinero, el money (**2**)

diputado/a, el/la deputy; representative (**11**)

disco compacto, el (el CD) compact disk, CD (**2**)

discurso, el speech (**11**)

discutir to discuss (**PB**)

diseñador/a, el/la designer (**8**)

disfrutar de enjoy (**4, PB**)

distraer to distract (**5**)

divertirse (e, ie) to enjoy oneself; to have fun (**8**)

dividido por divided by (**1**)

doblar to turn (**10**)

doce twelve (**PA**)

doctor/a, el/la doctor (**9**)

doler (ue) to hurt (**9**)

dolor, el pain (**9**)

domingo, el Sunday (**PA**)

dona, la donut (**10**)

¿Dónde? Where? (**2**)

dormir (ue) to sleep (**4**); ~**se (o, ue)** to fall asleep (**8**)

dormitorio, el bedroom (**3**)

dos two (**PA**)

dos millones two million (**3**)

doscientos two hundred (**2**)

ducha, la shower (**3**)

ducharse to shower (**8**)

dulce, el candy; sweets (**7**)

durante during (**PB**)

durar to last (**9, 11**)

duro/a hard-boiled (**7**)

DVD, el (*pl.* los DVD) DVD/s (**2**)

E

echar una siesta take a nap (**PB**)

ecología, la ecology (**11**)

edificio, el building (**2**)

efecto invernadero, el global warming (**11**)

ejército, el army (**5**)

él he, him (**PA, 11**)

el/la/los/las the (**1**)

elecciones, las elections (**11**)

elefante, el elephant (**11**)

elegante elegant (**8**)

elegir to elect (**11**)

ella she (**PA**); her (**11**)

ellos/as they (**PA**); them (**11**)

emanar to emanate (**11**)

embarazada pregnant (**9**)

embriaguez, el intoxication (**10**)

emocionante moving (**5**)

emociones, las emotions (**2**)

empanada, la turnover (meat) (**7**)

empezar (ie) to begin (**4**)

empleado/a, el/la attendant (**12**)

empresario/a, el/la agent; manager (**5**)

en in (**11**); ~ **frente de** in front of (**2**); ~ **vez de** instead of (**8**)

encantar to love; to like very much (**8**)

Encantado/Encantada. Pleased to meet you. (**PA**)

encender to turn on (**9**)

encerrar (ie) to enclose (**4**)

encima (de) on top (of); above (**3, 7, 11**)

encontrar (ue) to find (**4**)

encubierto/a undercover (**11**)

encuesta, la survey; poll (**11**)

endémico/a common (**11**)

enfermar(se) to get sick (**9**)

enfermedad illness (**9**)

enfermero/a, el/la nurse (**9**)

enfermo/a ill; sick (**2**)

enfrente (de) in front (of) (**4**); across from; facing (**11**)

enojado/a angry (**2**)

ensalada, la salad (**7**)

ensayar to practice/rehearse (**5**)

ensayo, el essay (**2**)

enseñar to teach; to show (**2**)

entender (ie) to understand (**4**)

enterar to find out (**8, 10**)

entonces then (**6**)

entrada, la ticket (**5**); ~ **gratis** free ticket (**5**); ~ entrance (**5**)

entrar to enter (**10**); ~ **ganas** get the urge (**9**)

entre among; between (**4, PB, 11**)

entregar to turn in (**7**)

entretenerse to entertain oneself (**8**)

entretenido/a entertaining (**5**)

entrevista, la interview (**3**)

envolver to wrap (**7**)

épica epic (**5**)

equipaje, el luggage (**10**)

equipo, el team (**2**)

equivocarse to be mistaken (**9**)

es: ~ **la...** It's . . . o'clock. (**PA**); ~ **necesario que** it's necessary that (**11**); ~ **una lástima** it's a shame (**11**)

escalera, la staircase (**3, 11**)

esconder to hide (**8**)

escribir to write (**2**)

Escriba(n). Write. (**PA**)

escritorio, el desk (**2**)

escuchar: escuchar música to listen to music (**2**)

Escuche(n). Listen. (**PA**)

escuela secundaria, la high school (**9**)

ese/a that, that one (**5**)

esos/as those over there; those ones (**3, 5**)

espalda, la back (**9**)

español/española Spaniard (**PA**)

espantosa scary (**5**)

especialidad, la: ~ de la casa specialty of the house (**7**); **~es** majors (**2**)

especias, las spices (**7**)

esperar to wait for; to hope (**2**)

esposo/a, el/la husband/wife (**1**)

Está nublado. It's cloudy. (**PA**)

estación, la (de tren, de autobús) (train, bus) station (**10**); **~** season (**PA**)

estacionamiento, el parking (**10**)

estacionar to park (**10**)

estadidad, la statehood (**11**)

estadio, el stadium (**2**)

estado, el state (**2, 9, 11**)

estadounidense (norteamericano/a) American (**PA**)

estafar to defraud (**10**)

estampado/a print; with a design or pattern (**8**)

estante, el bookcase (**3**)

estar to be (**2**); **~ de acuerdo** to agree (**4**); **~ en huelga** to be on strike (**11**); **~ enfermo/a** to be sick (**9**); **~ sano/a; saludable** to be healthy (**9**)

este/a this, this one (**5**)

estilo, el style (**8**)

esto this (**3**)

estómago, el stomach (**9**)

estornudar to sneeze (**9**)

estornudo, el sneeze (**9**)

estos/as these (**5**)

estrecho/a narrow; tight (**8**)

estrella, la star (**5**)

estrenar una película to release a film/movie (**5**)

estreno, el opening (**5**)

estudiante, el/la student (**2**)

estudiar to study (**2, 6**)

estufa, la stove (**3**)

estupendo/a stupendous (**5**)

evitar to avoid (**9, 11**)

evolucionar evolve (**5**)

examen, el exam (**2**); **~ físico** physical exam (**9**)

exigente demanding (**9**)

experimentar to experience (**11**)

expresión, la expression (**PA**); **~ de cortesía** polite expression (**PA**)

extranjero, el abroad (**10**)

extraño/a strange (**4**)

F

fabada, la bean stew (**7**)

fábrica, la factory (**8**)

fácil easy (**2**)

falda, la skirt (**8**)

faltar to miss (**4, PB**)

fama, la fame (**5**)

familia, la family (**1**)

farmacéutico/a, el/la pharmacist (**9**)

farmacia, la pharmacy (**9**)

fascinar to fascinate (**8**)

feliz happy (**2**)

feo/a ugly (**1**)

fiebre, la fever (**9**)

fiesta, la party (**3**)

fila, la row (**5**)

fin de semana, el weekend (**7**)

finalmente finally (**6**)

finca, la farm (**11**)

fino/a fine; delicate (**5**)

firma, la signature (**4**)

físico/a physical (**1**)

floreciente flourishing (**8**)

fondos, los funds (**10**)

formal formal (**8**)

foto, la photo (**1**)

francés/francesa French (PA)

fresco/a fresh (**7**)

frijoles, los (*pl.*) beans (**7**)

frito/a fried (**7**)

fruta, la fruit (**7**)

fuente, la source (**5, 9**)

fuera outside (**7**)

fuerte strong (**1**); loud (**3**)

funcionar to work; to function (**10**)

G

galleta, la cookie; cracker (**7**)

gallina, la chicken, hen (**7, 11**)

gallo, el rooster (**7**)

ganar to win (**6**)

garaje, el garage (**3**)

garganta, la throat (**9**)

gasolinera, la gas station (**10**)

gato, el cat (**10, 11**)

género, el genre (**5**)

gente, la people (**1**)

gimnasio, el gymnasium (**2**)

gira, la tour (**5**)

gobernador/a, el/la governor (**11**)

gobierno, el government (**11**)

gordo/a fat (**1**)

gorra, la cap (**8**)

grabación, la recording (**5**)

grabar to record (**5**)

Gracias. Thank you. (**PA**)

graduar to graduate (**11**)

gramo, el gram (**7**)

grande big; large (**1, 10**)

granja, la farm (**11**)

gripe, la flu (**9**)

gris gray (**3**)

gritar to scream (**8**)

guantes, los gloves (**8**)

guapo/a handsome/pretty (**1**)

guardar to put away; to keep (**3**); **~ cama** to stay in bed (**9**)

guerra, la war (**11**)

guía, la guide (**5**)

guitarra, la guitar (**5**)

guitarrista, el/la guitarist (**5**)

gustar to like (**PA**)

H

habilidad, la ability; skill (**5**)

hablar to speak (**2**)

hace: ~ buen tiempo. The weather is nice. (**PA**); **~ calor.** It's hot. (**PA**); **~ frío.** It's cold. (**PA**); **~ mal tiempo.** The weather is bad. (**PA**); **~ sol.** It's sunny. (**PA**); **~ viento.** It's windy. (**PA**)

hacer to do; to make (**3, 9**); **~ artesanía** to make arts and crafts (**4**); **~ daño** to (do) damage; to harm (**11**); **~ ejercicio** to exercise (**2**); **~ falta** to need; to be lacking (**8**); **~ la cama** to make the bed (**3**); **~ mímica** to play charades (**8**); **~ una caminata** to take a walk (**4**); **~ una gira** to tour (**5**); **~ una hoguera** to light a campfire (**4**)

hamaca, la hammock (**11**)

hamburguesa, la hamburger (**7**)

hasta until (**11**); **~ luego.** See you later. (**PA**); **~ mañana.** See you tomorrow. (**PA**); **~ pronto.** See you soon. (**PA**)

hay there is; there are (**2**); **~ que + infinitivo** it is necessary . . . / you must . . . / one must/should . . . (**5**)

helado, el ice cream; iced (**7**)

herida, la wound; injury (**9**)

hermano/a, el/la brother/sister (**1**)

hermanos, los brothers and sisters; siblings (**1**)

hervido/a boiled (**7**)
hijo/a, el/la son/daughter (**1**)
hijos, los sons and daughters; children (**1**)
hispanohablante Spanish-speaking (**3**)
hojalatería, la tin work (**2**)
¡Hola! Hi! (**PA**)
hombre, el man (**1**)
hora, la time (**PA**)
horario, el (de clases) schedule (of classes) (**2**, **6**)
hormiga, la ant (**11**)
hospital, el hospital (**9**)
hotel, el hotel (**10**)
hoyo, el hole (**11**)
huelga, la strike (**11**)
huevo, el egg (**7**)
humilde humble (**3**)
huracán, el hurricane (**11**)

I

idiomas, los (*pl.*) languages (**2**)
iglesia, la church (**4**)
Igualmente. Likewise. (**PA**)
imaginativo/a imaginative (**5**)
impermeable, el raincoat (**8**)
importar to matter; to be important (**8**)
impresionante impressive (**5**)
impuesto, el tax (**11**)
incendio, el fire (**11**)
incómodo/a uncomfortable (**8**)
incumbir to concern (**8**)
inflación, la inflation (**11**)
influyente influential (**11**)
informal casual (**8**)
informática, la computer science (**2**)
inglés/inglesa English (**PA**)
inodoro, el toilet (**3**)
insecto, el insect (**11**)
inteligente intelligent (**1**)
interesante interesting (**1**)
interesar to be interested in (**2**)
inundación, la flood (**11**)
invierno, el winter (**PA**)
involucrado/a involved (**11**)
inyección, la shot (**9**)
ir to go (**4**); ~ **de camping** to go camping (**4**); ~ **de compras** to go shopping (**2**); ~ **de excursión** to take a short trip (**4**); ~ **de vacaciones** to go on vacation (**10**); ~ **de viaje** to go on a trip (**10**); ~**se del hotel** to leave the hotel; to check out (**10**); ~**se** to go away; to leave (**8**)

J

jamás never; not ever (*emphatic*) (**4**, **11**)
jamón, el ham (**7**)
japonés/japonesa Japanese (**PA**)
jarabe, el cough syrup (**9**)
jardín, el garden (**3**)
jazz, el jazz (**5**)
jeans, los (*pl.*) jeans (**8**)
joven young; young man/young woman (**1**, **10**)
joya, la jewel (**9**)
jueves, el Thursday (**PA**)
juez/a, el/la judge (**11**)
jugar (ue) to play (**4**); ~ **al básquetbol** to play basketball; ~ **al béisbol** to play baseball; ~ **al fútbol** to play soccer; ~ **al fútbol americano** to play football; ~ **al golf** to play golf; ~ **al tenis** to play tennis (**2**)
jugo, el juice (**7**)
juicio, el jury (**11**)

L

La cuenta, por favor. The check, please. (**7**)
laboratorio, el laboratory (**2**)
lado, el side (**2**)
lago, el lake (**5**, **10**, **11**)
lámpara, la lamp (**3**)
lana, la wool (**8**)
lápiz, el pencil (**2**)
largo/a long (**8**)
lastimar(se) to get hurt (**9**)
lata, la can (**11**)
latir to beat (heart) (**9**)
lavabo, el sink (**3**)
lavaplatos, el dishwasher (**3**)
lavar los platos to wash dishes (**3**); ~**se** to wash oneself (**8**)
le to/for him, her (**8**)
Lea(n). Read. (**PA**)
leche, la milk (**7**)
lechuga, la lettuce (**7**)
leer to read (**2**)
lejos de far from (**2**, **11**)
lento/a slow (**3**, **5**)
león, el lion (**11**)
les to/for them (**8**)
letra, la lyrics (**5**)
levantarse to get up; to stand up (**8**)
ley, la law (**10**, **11**)
leyenda, la legend (**9**)

librería, la bookstore (**2**)
libro, el book (**2**)
licencia, la (de conducir) driver's license (**10**)
ligero/a light (**PB**)
limón lemon (**7**)
limpiaparabrisas, el windshield wiper (**10**)
limpiar to clean (**3**)
limpio/a clean (**3**)
lío, el mess (**9**)
liso/a solid-colored (**8**)
literatura, la literature (**2**)
llamarse to be called (**8**)
llanta, la tire (**10**)
llave, la key (**10**)
llegar to arrive (**2**)
llenar to fill (**10**)
llevar to wear; to take; to carry (**8**); ~ **a alguien al médico** to take someone to the doctor (**4**); ~ **a cabo** to carry out (**11**)
Llueve. It's raining. (**PA**)
lluvia, la rain (**PA**); ~ **ácida** acid rain (**11**)
Lo sé. I know. (**PA**)
lo, la him, her, it, you (**5**)
loma, la hill (**11**)
loro, el parrot (**11**)
los, las them; you all (**5**)
lucha libre, la wrestling (**2**)
luchar to fight; to combat (**11**)
luego then (**6**)
lugar, el place (**2**)
lugareños, los locals (*pl.*) (**4**)
luna de miel, la honeymoon (**10**)
lunes, el Monday (**PA**)

M

madrastra, la stepmother (**1**)
madre, la mother (**1**)
maíz, el corn (**7**)
mal de altura, el altitude sickness (**9**)
maleta, la suitcase (**10**)
malo/a bad (**1**, **10**)
malvado/a evil (**10**)
mamá, la mom (**1**)
mandar una carta to send/mail a letter (**4**)
mandato, el instruction, command (**PA**)
mandioca, la yucca (**7**)
manejar to drive (**8**, **10**)
manejo, el management (**7**)
mano, la hand (**1**, **9**)

manta, la blanket (**3**)

mantel, el tablecloth (**7**)

mantequilla, la butter (**7**)

manzana, la apple (**7**)

mapa, el map (**2**)

maquillarse to put on make up (**8**)

marcar to dial (**9**)

mariscos, los seafood (**7**)

marrón brown (**3**)

martes, el Tuesday (**PA**)

más + *adjective/adverb/noun* + **que** more . . . than (**10**)

más plus (**1**); **~ o menos.** So-so. (**PA**); **~ tarde que** later than (**7**); **~ temprano que** earlier than (**7**)

mascota, la domesticated animal; pet (**10**, **11**)

matar to kill (**11**)

matemáticas, las (*pl.*) mathematics (**2**)

materia, la subject (**2**)

material, el material (**8**)

mayonesa, la mayonnaise (**7**)

mayor old; older (**1**); the eldest (**10**); the largest (**5**); bigger (**10**)

mayordomo, el butler (**10**)

me me (**5**); to/for me (**8**)

Me llamo... My name is . . . (**PA**)

medianoche, la midnight (**PA**)

medias, las (*pl.*) stockings; hose (**8**)

medicina, la medicine (**2**)

médico/a, el/la doctor (**9**)

medio ambiente, el environment (**11**)

medio medium (**7**)

mediodía, el noon (**PA**)

mejor, el/la the best (**4**, **10**); better (**10**); **~(se)** to improve; to get better (**9**)

melón, el melon (**7**)

menor smaller; younger; the smallest; the youngest (**10**)

menos + *adjective/adverb/noun* + **que** less . . . than (**10**)

menos minus (**1**)

mensaje, el message (**3**)

mentir (ie) to lie (**4**)

mentira, la lie (**5**, **7**)

menú, el menu (**7**)

mercado, el market (**4**)

merendar to have a snack (**7**)

merienda, la snack (**7**)

mermelada, la jam; marmalade (**7**)

mes, el month (**PA**)

mesa, la table (**2**)

meterse en política to get involved in politics (**11**)

metro, el subway (**10**)

mexicano/a Mexican (**PA**)

mezcla, la mixture (**7**)

mí me (**11**)

mi, mis my (**1**)

microondas, el microwave (**3**)

mientras while (**2**)

miércoles, el Wednesday (**PA**)

mil one thousand (**2**)

milla, la mile (**PB**)

millón one million (**3**)

mío/a/os/as mine (**10**)

mirar to look at (**1**)

mochila, la bookbag; knapsack (**2**)

moda, la fashion (**8**)

modelo, el/la model (**8**)

moderno/a modern (**3**)

molestar to bother (**8**)

monarquía, la monarchy (**11**)

montaña, la mountain (**10**, **11**)

montañoso/a mountainous (**4**)

montar: ~ (a caballo) to ride a horse (**11**); **~ en bicicleta** to ride a bike (**2**); **~ una tienda de campaña** to put up a tent (**4**)

montón, el pile (**7**)

morado purple (**3**)

morir (ue) to die (**4**)

mosca, la fly (**11**)

mosquito, el mosquito (**11**)

mostaza, la mustard (**7**)

mostrar (ue) to show (**4**)

moto(cicleta), la motorcycle (**1**, **10**)

motor, el motor; engine (**10**)

muchacho/a, el/la boy/girl (**1**)

Mucho gusto. Nice to meet you. (**PA**)

mueble, el piece of furniture (**3**)

muebles, los furniture (*pl.*) (**3**)

muerto/a dead (**11**)

mujer, la woman (**1**)

multa, la traffic ticket; fine (**10**)

museo, el museum (**4**)

música, la music (**2**); **~ clásica** classical music (**5**); **~ folklórica** folk music (**5**); **~ popular** pop music (**5**); **~ rap** rap music (**5**)

musical musical (**5**)

músico/a, el/la musician (**5**)

muy very (**1**)

Muy bien. Really well. (**PA**)

N

nacionalidad, la nationality (**PA**)

nada nothing (**4**)

nadar to swim (**2**)

nadie no one; nobody (**4**)

naranja, la orange (**7**)

nariz, la nose (**9**)

narrar to narrate (**6**)

naturaleza, la nature (**11**)

náusea, la nausea (**9**)

necesitar to need (**2**)

negocio, el business (**8**)

negro black (**3**)

nervioso/a upset; nervous (**2**)

ni... ni neither . . . nor (**4**)

ni nor (**3**)

nieto/a, el/la grandson/granddaughter (**1**)

nieve, la snow (**PA**)

nigeriano/a Nigerian (**PA**)

ningún none (**4**)

ninguno/a/os/as none (**3**, **4**)

niño/a, el/la little boy/little girl (**1**)

no: ~ comprendo. I don't understand. (**PA**); **~ lo sé.** I don't know. (**PA**); **~.** No. (**PA**)

noreste, el northeast (**2**)

nos us (**5**); to/for us (**8**)

nosotros/as us (**PA**); we (**11**)

novecientos nine hundred (**2**)

noveno/a ninth (**5**)

noventa ninety (**1**)

novio/a, el/la boyfriend/girlfriend (**1**)

nube, la cloud (**PA**)

nuestro/a/os/as our/s (**1**, **10**)

nueve nine (**PA**)

nuevo/a new (**3**)

número, el number (**PA**); **~ ordinal** ordinal number (**5**)

nunca never (**2**, **3**, **4**)

O

o... o either . . . or (**4**)

objeto, el object (**3**)

obtener to get (**10**)

océano, el ocean (**11**)

ochenta eighty (**1**)

ocho eight (**PA**)

ochocientos eight hundred (**2**)

octavo/a eighth (**5**)

ocurrir to occur (**9**)

oeste, el west (**2**)

oferta, la offer (**3**)

oficina, la office (**3**); **~ de correos** post office (**4**)

ofrecer offer (**2**)

oído, el inner ear (**9**)

oír to hear (**3**)

ojalá que let's hope (**11**)

ojear las vitrinas to window shop (8)
ojo, el eye (9)
once eleven (**PA**)
ópera, la opera (5)
oreja ear (9)
organizar to organize (4)
orgulloso/a proud (4)
orquesta, la orchestra (5)
os to/for you all (5, 8)
oscuro/a dark (8)
oso, el bear (11)
otoño, el fall (**PA**)
otro/a another (**PA**)

P

paciente, el/la patient (1)
padrastro, el stepfather (1)
padre, el father (1)
padres, los parents (1)
pagar to pay (7)
paisaje, el countryside (3)
pájaro, el bird (11)
palabra, la word (**PA**)
pan, el bread (7)
pantalla, la screen (5)
pantalones, los (*pl.*) pants (8);
   ~ cortos (*pl.*) shorts (8)
papá, el dad (1)
papa, la potato (7)
papas fritas, las (*pl.*) french fries;
   potato chips (7)
papel, el paper (2)
paquete, el package (10)
para for (**PB**); in order to (11)
parabrisas, el windshield (10)
parada, la bus stop (10)
paraguas, el umbrella (8)
pararse to stand (10)
parecer seem (4)
pared, la wall (2)
parientes, los relatives (*pl.*) (2)
parque, el park (4); ~ de atracciones
   theme park (10)
parrillada, la mixed grill (7)
participar en una campaña política
   to participate in a political
   campaign (4)
partido político, el political party
   (11)
pasajero, el passenger (10)
pasaporte, el passport (10)
pasar: ~ to happen (**PB**); ~ la
   aspiradora to vacuum (3)
pasatiempos, los pastimes (2)
pastel, el pastry; pie (7)

pastilla, la pill (9)
pata, la leg (of an animal) (9)
patata, la potato (7)
patinar to skate (2)
paz, la peace (5)
peatón, el pedestrian (10)
pecho, el chest (9)
pedagogía, la education (2)
pedido, el request (9)
pedir (i) to ask for (4); to order (7)
peinarse to comb one's hair (8)
película, la film (4, 5); ~ de acción
   action movie (5); ~ de ciencia
   ficción science fiction movie (5);
   ~ documental documentary (5);
   ~ dramática drama (5); ~ de
   guerra war movie (5); ~ de humor
   funny movie; comedy (5); ~ de
   misterio mystery movie (5); ~
   musical musical (5); ~ romántica
   romantic movie (5); ~ de terror
   horror movie (5)
peligro, el danger (11)
peligroso/a dangerous (8, 11)
pelo, el hair (9)
pelota, la ball (2)
pensar (ie) to think (4)
peor worse, the worst (4, 10)
pequeño/a small (1, 10)
pera, la pear (7)
perder (ie) to lose; to waste (4)
perdido/a lost (4)
perezoso/a lazy (1)
periódico, el newspaper (11)
periodismo, el journalism (2)
pero but (2)
perro: ~ dog (3, 11); ~ caliente hot
   dog (7)
perseguir (i) to chase (4)
personalidad, la personality (1)
pertenecer to belong (9)
pesadilla, la nightmare (8)
pescado, el fish (7)
pésimo/a heavy; depressing (5)
peso corporal, el body weight (9)
pez, el (*pl.*, los peces) fish (11)
pianista el/la pianist (5)
piano, el piano (5)
picante spicy (7)
pie, el foot (8, 9)
pierna, la leg (9)
pijama, el pajamas (8)
pimienta, la pepper (7)
pintar to dye (9)
piso, el floor; story (3)
pista, la clue (5, 7)

pizarra, la chalkboard (2)
placer, el pleasure (7)
planeta, el planet (11)
planta baja, la ground floor (3)
plantar to plant (11)
plástico, el plastic (11)
plato, el plate; dish (7)
playa, la beach (10)
plaza, la town square (4)
pobre poor (1)
poco (un) (a) little (1); ~ hecho/a
   rare (7)
poder to be able to (3)
policía, el policeman (10)
poliéster, el polyester (8)
política, la politics (11)
pollo, el chicken (7)
poner to put; to place (3); ~ la mesa
   to set the table (3); ~se (la ropa)
   to put on (one's clothes) (8); ~se
   (nervioso/a) to get (nervous) (8)
por times; by (1); ~ for; through; by;
   because of (11); ~ favor. Please.
   (**PA**); ~ lo menos at least (3);
   ~ ciento percent (1); ¿~ qué?
   Why? (2)
portarse to behave (8)
postre, el dessert (7)
preferir (ie) to prefer (4)
preguntar to ask (a question) (2)
prenda, la article of clothing (8)
preocupado/a worried (2)
preocuparse (por) to worry about;
   to concern (11)
preparar to prepare; to get ready (2);
   ~ la comida to prepare a meal (3)
preparativo preparation (5)
presentación, la introduction (**PA**)
presentar una película to show a
   film/movie (5)
presentarlo to introduce (3)
presidencia, la presidency (11)
presidente/a, el/la president (11)
prestar to loan; to lend (8)
presupuesto, el budget (8)
primavera, la spring (**PA**)
primer first (5); ~ piso second
   floor (3)
primero/a first (5)
primo/a, el/la cousin (1)
primos, los cousins (1)
principio, el start (8)
probarse (o, ue) la ropa to try on
   clothing (8)
profesor/a, el/la professor (2)
programa, el platform (11)

promedio, el average (**7**)
propina, la tip (**7**)
propio/a own (**6**)
proponer propose (**5**)
próposito, el purpose (**7**)
proteger to protect (**11**)
provincia, la province (**11**)
prueba, la proof (**10**)
psicología, la psychology (**2**)
pueblo, el town; village (**4**)
puerta, la door (**2**)
puertorriqueño/a Puerto Rican (**PA**)
puro/a pure (**11**)

Q

que what (**3**)
¿Qué? What? (**2**); **¿~ día es hoy?**
What day is today? (**PA**); **¿~ es
esto?** What is this? (**PA**);
¿~ hora es? What time is it?
(**PA**); **¿ ~ significa?** What does
it mean? (**PA**); **¿~ tal?** How's it
going? (**PA**); **¿~ tiempo hace?**
What's the weather like? (**PA**)
quedar to stay (**11**)
quedarle bien / mal to fit well /
poorly (**8**)
quedarse to stay; to remain (**8**)
quehaceres, los (*pl.*) chores (**3**)
quemar(se) to burn; to get
burned (**9**)
querer to want; to love (**2**, **3**)
queso, el cheese (**7**)
¿Quién/es? Who? (PA, **2**)
quiero: ~ presentarle a... I would
like to introduce you to . . . (*for.*)
(**PA**); **~ presentarte a...** I would
like to introduce you to . . . (*fam.*)
(**PA**)
quince fifteen (**PA**)
quinientos five hundred (**2**)
quinto/a fifth (**5**)
quitarse (la ropa) to take off (one's
clothes) (**8**)

R

radio, el/la radio (**2**)
rana, la frog (**11**)
rasgo, el characteristic (**1**)
rata, la rat (**11**)
ratón, el mouse (**11**)
realizar to act out (**7**)
rebozo, el poncho (**8**)
recepción, la front desk (**10**)

receta, la prescription (**9**)
recetar to prescribe (**9**)
recibir to receive (**2**)
reciclar to recycle (**11**)
recomendar (ie) to recommend (**4**)
reconocer to recognize (**8**)
recordar (ue) to remember (**4**)
recuerdo, el memento (**3**);
memory (**7**)
recurso natural, el natural
resource (**11**)
reforestar to reforest (**11**)
refresco, el soft drink (**7**)
refrigerador, el refrigerator (**3**)
regalo, el gift (**8**)
regatear to bargain (**7**)
regímenes, los regimes (**11**)
región, la region (**11**)
registrarse (en el hotel) to check
in (**10**)
regresar to return (**2**)
Regular. Okay. (**PA**)
reina, la queen (**11**)
reírse to laugh (**4**)
reloj, el clock; watch (**2**)
remedio casero, el home-made
remedy (**7**)
repartir comidas to hand out/deliver
food (**4**)
repetir (i) to repeat (**4**)
Repita(n). Repeat. (**PA**)
reportaje, el report (**12**)
reproductor de CD/DVD, el CD/
DVD player (**2**)
requerir to require (**11**)
reseña, la review (PB, **5**)
reserva, la reservation (**10**)
reservar una mesa to reserve a
table (**7**)
resfriado, el cold (**9**)
residencia, la dorm (**2**); **~
estudiantil** dormitory (**2**)
resolver (o, ue) to resolve (**11**)
respetar to respect (**5**)
responsable responsible (**1**)
restaurante, el restaurant (**4**, **7**)
resumir to summarize (**9**)
reunirse to get together; to meet (**8**)
reutilizar to reuse (**11**)
revisar to check; to overhaul (**10**)
revista, la magazine (**8**)
rey, el king (**11**)
rico/a rich (**1**)
riesgo, el risk (**9**)
río, el river (**11**)
ritmo, el rhythm (**5**)

rock, el rock (**5**)
rojo red (**3**)
rompecabeza, el riddle (**7**)
romper(se) to break (**9**)
ropa, la clothes; clothing (**3**, **8**);
~ interior underwear (**8**)
rosado pink (**3**)
roto broken (**9**)
ruido, el noise (**3**, **PB**, **10**)

S

sábado, el Saturday (**PA**)
sábana, la sheet (**3**)
saber to know (**4**)
sacar: ~ la basura to take out the
garbage (**3**); **~ la licencia** to get a
driver's license (**10**); **~ un CD** to
release a CD (**5**)
sacudir los muebles to dust (**3**)
sal, la salt (**7**)
sala, la: ~ de clase classroom (**2**);
~ de urgencias emergency room
(**9**); **~** living room (**3**)
salir to leave; to go out (**3**)
salsa, la salsa (**5**); **~ de tomate**
ketchup (**7**)
salud, la health (**9**)
saludo, el greeting (**PA**)
salvar to save (**9**)
sano/a healthy (**9**)
sandalia, la sandal (**8**)
sangre, la blood (**9**)
secarse to dry off (**8**)
seda, la silk (**8**)
sede, la seat (of government) (**9**)
seguir (i) to follow; to continue
(doing something) (**4**)
según according to (**3**, **11**)
segundo/a second (**5**)
segundo piso, el third floor (**3**)
seguridad, la security (**2**)
seguro médico, el health insurance
(**9**)
seis six (**PA**)
seiscientos six hundred (**2**)
sello, el postage stamp (**10**)
selva, la jungle (**11**); **~ tropical**
jungle; (tropical) rain forest (**11**)
semáforo, el traffic light (**10**)
semana, la week (**PA**); **~ pasada** last
week (**7**)
sembrar (e, ie) to sow (**11**)
semejanza, la similarity (**6**)
semestre, el semester (**2**)
senado, el senate (**11**)

senador/a, el/la senator (11)
señor, el (Sr.) man; gentleman; Mr. (1)
señora, la (Sra.) woman; lady; Mrs. (1)
señorita, la (Srta.) young woman; Miss (1)
sentarse (e, ie) to sit down (8)
sentido, el meaning (3)
sentir to feel (PB); ~se (e, ie) to feel (8)
séptimo/a seventh (5)
ser to be (PA); ~ alérgico/a (a) to be allergic (to) (9)
serpiente, la snake (11)
servilleta, la napkin (7)
servir (i) to serve (4)
sesenta sixty (1)
setecientos seven hundred (2)
setenta seventy (1)
sexto/a sixth (5)
si if (4)
Sí. Yes. (PA)
siempre always (3, 4)
siete seven (PA)
siglo, el century (3)
siguiente, el following (3)
silla, la chair (2)
sillón, el armchair (3)
simpático/a nice (1)
sin embargo nevertheless (2, 3, 6)
sin without (4, PB, 11)
sobre on; on top (of); over (3, 4, 11); ~ todo above all (5)
sofá, el sofa (3)
sol, el sun (PA)
solamente only (8)
solicitud, la application (2)
solo alone (9)
sombrero, el hat (8)
son equals (1)
sopa, la soup (7)
sorprendente surprising (5)
sorpresa, la surprise (8)
sospechoso/a suspicious (2)
sótano, el basement (3)
Soy... I am . . . (PA)
su/s his, her, its, your, their (1)
suave smooth (5)
subir (a) to go up; to get on (10)
subrayar to underline (7)
sucio/a dirty (3)
sudadera, la sweatshirt (8)
suelo, el floor (3)
suéter, el sweater (8)
sunami, el tsunami (11)

supermercado, el supermarket (4)
surgir to emerge (8)
suspiro, el sigh (11)
suyo/a/os/as his, her/s, your/s (for.), their/s (PB, 3, 10)

T

tal vez perhaps (3)
taller mecánico, el auto repair shop (10)
también too; also (2)
tambor, el drum (5)
tamborista, el/la drummer (5)
tampoco nor (7)
tan such (2)
tan... como as . . . as (1)
tanque, el gas tank (10)
tanto many (2); so much (9)
tarde late (3)
tarea, la homework (2)
tarjeta, la: ~ de crédito credit card (7); ~ de débito debit card (7); ~ postal postcard (4, 10)
taxi, el taxi (10)
taza, la cup (7)
te to/for you (5, 8)
té, el (helado / caliente) tea (iced / hot) (7)
teatro, el theater (4)
techo, el roof (3)
tela, la fabric (8)
televisión, la television (2)
tema, el topic; gist (5)
temperatura, la temperature (PA)
templo, el temple (4)
temprano early (3)
tenedor, el fork (7)
tener to have (1); ~ alergia (a) to be allergic (to) (9); ~ ... años to be . . . years old (3); ~ calor to be hot (3); ~ cuidado to be careful (3); ~ dolor de cabeza to have a headache (9); ~ dolor de estómago to have a stomachache (9); ~ dolor de espalda to have a backache (9); ~ éxito to be successful (3); ~ frío to be cold (3); ~ ganas de + (infinitive) to feel like + (verb) (3); ~ hambre to be hungry (3); ~ (la/una) gripe to have the flu (9); ~ miedo to be afraid (3); ~ prisa to be in a hurry (3); ~ que + (infinitive) to have to + (verb) (3); ~ razón to be right (3); ~ resfriado to have a cold (9);

~ sed to be thirsty (3); ~ sueño to be sleepy (3); ~ suerte to be lucky (3); ~ tos to have a cough (9); ~ (un) catarro to have a cold (9); ~ un virus to have a virus (9); ~ una infección to have an infection (9); ~ vergüenza to be embarrassed (3)
tenis, los (pl.) tennis shoes (8)
tercer, el: ~ piso fourth floor (3)
tercero/a third (5)
terminar to finish; to end (2)
terremoto, el earthquake (5, 11)
tesoro, el treasure (10)
ti you (11)
tiburón, el shark (5)
tienda, la store (2)
tierra, la land; soil (11)
Tierra, la Earth (11)
tío/a, el/la uncle/aunt (1)
tíos, los aunts and uncles (1)
tirar to throw (9)
tiza, la chalk (2)
tocador, el dresser (3)
tocar touch (4); ~ to play (a musical instrument) (2, 5)
todavía still (4)
tomar to take; to drink (2); ~ el sol to sunbathe (2)
tomate, el tomato (7)
tonto/a silly; dumb (1)
tormenta, la storm (11)
tornado, el tornado (11)
torneo, el tournament (4)
toro, el bull (11)
torre, la tower (3)
torta, la cake (7)
tos, la cough (9)
toser to cough (9)
tostada, la toast (7)
trabajador/a hard-working (1)
trabajar to work (2); ~ como consejero/a to work as a counselor (4); ~ como voluntario/a en la residencia de ancianos to volunteer at a nursing home (4); ~ en política to work in politics (4)
trabajo en prácticas, el internship (8)
tradicional traditional (3)
traer to bring (3)
tráfico, el traffic (10)
tragedia, la tragedy (11)
trágico/a tragic (5)
traje, el suit (8); outfit (5); ~ de baño swimsuit; bathing suit (8)
transitar to enter/exit (10)

transporte, el transportation (**10**)
tratamiento médico, el medical treatment (**9**)
tratar de to try to (**3**, **9**); to treat (**9**)
trece thirteen (**PA**)
treinta thirty (**PA**)
tren, el train (**10**)
tres three (**PA**)
trescientos three hundred (**2**)
triste sad (**2**)
trompeta, la trumpet (**5**)
trompetista, el/la trumpet player (**5**)
tú you (*fam.*) (**PA**)
tu, tus your (**1**)
turnarse to take turns (**3**)
tuyo/a/os/as yours (*fam.*) (**3**, **10**)

U

un/una/unos/unas a, an, some (**1**)
uno one (**PA**)
usar to use (**2**, **4**, **PB**)
uso adecuado, el suitable use (**10**)
usted/es you (*for.*) (**PA**, **11**)
útil useful (**PA**)

V

vaca, la cow (**11**)
vacaciones, las vacation (**10**)

vaso, el glass (**7**)
Vaya(n) a la pizarra. Go to the board. (**PA**)
vehículo, el vehicle (**10**)
veinte twenty (**PA**)
venda, la bandage (**9**)
vendaje, el bandage (**9**)
vendar(se) to bandage (oneself); to dress (a wound) (**9**)
venir to come (**3**)
ventana, la window (**2**)
ver to see (**3**); **~ la televisión** to watch television (**2**)
verano, el summer (**PA**)
verbo, el verb (**1**, **2**)
verde green (**3**)
verdura, la vegetable (**7**)
vertedero, el dump (**11**)
vestido, el dress (**8**)
vestirse (e, i) to get dressed (**8**)
vez, la time (**5**)
viajar to travel (**10**); **~ en canoa** to canoe (**4**)
viaje, el trip (**10**)
viajero/a, el/la traveler (**10**)
vidrio, el glass (**11**)
viejo/a old (**3**, **10**)
viento, el wind (**PA**)
viernes, el Friday (**PA**)
vinagre, el vinegar (**7**)

vino, el wine (**7**)
visitar to visit (**10**)
vivir to live (**2**)
vivo/a alive; living (**11**)
volante, el steering wheel (**10**)
volar (o, ue) to fly; to fly away (**10**)
voluntariado, el volunteerism (**4**)
volver (ue) to return (**4**); **~ loco/a** to drive him/her crazy (**12**)
vosotros/as you (*fam. pl. Spain*) (**PA**, **11**)
votar to vote (**11**)
voto, el vote (**11**)
voz, la voice (**5**)
vuelo, el flight (**10**)
vuestro/a/os/as your/s (*fam. pl. Spain*) (**1**, **10**)

Y

y: ¿~ tú? And you? (*fam.*) (**PA**); **¿~ usted?** And you? (*for.*) (**PA**)
ya already (**4**); **~ no** no longer (**5**); **~ que** since (**1**)
yo I (**PA**)

Z

zapatillas, las (*pl.*) slippers (**8**)
zapatos, los (*pl.*) shoes (**8**)

Appendix 5

English-Spanish Glossary

A

a un/una/unos/unas (**1**)
ability la habilidad (**5**)
able to, to be poder (**3**)
about acerca de (**11**); sobre (**4, 11**)
above all sobre todo (**5**)
abroad el extranjero (**10**)
aburrida boring (**5**)
accompany, to acompañar (**6**)
according to según (**3, 11**)
account la cuenta (**4**)
acid rain la lluvia ácida (**11**)
acquainted with, to be conocer (**3**)
across from enfrente de (**11**)
act out, to realizar (**7**)
actor el actor (**5**)
actress la actriz (**5**)
ad el anuncio (**3**)
adjectives los adjetivos (**1**)
administration la administración (**11**)
advice el consejo (**5**)
afraid, to be tener miedo (**3**)
after después de (**11**)
afterward después (**6**)
agent el/la empresario/a (**5**)
agree, to estar de acuerdo (**4**)
air el aire (**11**); **~ conditioning** el aire acondicionado (**10**)
airline la aerolínea (10)
airplane el avión (**10**)
airport el aeropuerto (**10**)
alarm clock el despertador (**2**)
alive vivo/a (**11**)
allergic (to), to be tener alergia (a) (**9**)
alone solo (9)
already ya (4)
also también (**2**)
altitude sickness el mal de altura (9)
aluminum el aluminio (**11**)
always siempre (**3, 4**)
American estadounidense (norteamericano/a) (**PA**)
among entre (**11**)
an un/una/unos/unas (**1**)
And you? ¿Y tú? (*fam.*) (**PA**); **And you?** ¿Y usted? (*for.*) (**PA**)
angry enojado/a (**2**)
animal animal (**11**)

animated animado/a (**5**)
another otro/a
answer, to contestar (**2**); **~.** Conteste(n). (**PA**)
ant la hormiga (**11**)
antacid el antiácido (**9**)
antibiotic el antibiótico (**9**)
any algún; alguno/a/os/as (**4**)
anything algo (**4**)
apartment el apartamento (**2**)
appendix el apéndice (**4**)
apple la manzana (**7**)
application la solicitud (**2**)
appointment la cita (**4**)
approach, to acercar (**8**)
approved aprobado/a (**10**)
architecture la arquitectura (**2**)
arm el brazo (**9**)
armchair el sillón (**3**)
armoire el armario (**3**)
army el ejército (**5**)
around a eso de (**7**)
arrive, to llegar (**2**)
art el arte (**2**)
article el artículo (**1**); **definite ~** el artículo definido (**1**); **indefinite ~** el artículo indefinido (**1**)
articles of clothing las prendas (**8**)
artist el/la artista (**5**)
as . . . as tan... como (**1**)
ask (a question), to preguntar (**2**); **to ~ for** pedir (i) (**4**)
aspirin la aspirina (**9**)
assistant la ayudante (**5**)
at least por lo menos (**3**)
At what time . . . ? ¿A qué hora... ? (**PA**)
ATM el cajero automático (**4**)
attendant el/la empleado/a (12)
attic el altillo (**3**)
aunt la tía (**1**)
auto repair shop el taller mecánico (**10**)
average el promedio (**7**)
avoid, to evitar (**9, 11**)
awaken, to despertarse (e, ie) (**8**)
away, to go irse (**8**)

B

back la espalda (**9**)
bad malo/a (**1, 10**)
baked al horno; cocido/a (**7**)
balcony el balcón (**3**)
ball la pelota (**2**)
ballpoint pen el bolígrafo (**2**)
banana la banana (**7**)
band el conjunto (**5**)
bandage (adhesive) la curita; el vendaje; la venda (**9**)
bandage (oneself), to vendar(se) (**9**)
bank el banco (**4**)
bar el bar (**4**)
bargain, to regatear (**7**)
basement el sótano (**3**)
basket making la cestería (2)
bathe, to bañarse (**8**)
bathroom el baño (**3**)
bathtub la bañera (**3**)
be, to estar (**2**); ser (**PA**)
beach la playa (**10**)
beans los frijoles (*pl.*) (**7**); **~ stew** la fabada (**7**)
bear el oso (**11**)
beat (*heart*), **to** latir (**9**)
beautiful bella (**4**)
because of por (**11**)
bed la cama (**3**)
bedroom el dormitorio (**3**)
bedspread la colcha (**3**)
beer la cerveza (**7**)
before ante (**6**); **~** (*time/space*) antes de (**11**)
begin, to comenzar (ie); empezar (ie) (**4**)
behave, to portarse (**8**)
behind detrás de (**4, 11**)
beige beige (**3**)
believe, to creer (**2**)
bellman el botones (**10**)
belong, to pertenecer (**9**)
belt el cinturón (**8**)
beside al lado (de) (**3**)
best el/la mejor (1, **4, 10**)
better mejor (**10**); **to get ~** mejorar(se) (**9**)
between entre (**4, 11**)
beverage la bebida (**PB, 7**)

bicycle la bicicleta (**10**)

bidet el bidé (**3**)

big grande (**1, 10**); **bigger** mayor (**10**); **biggest** el/la mayor (**10**)

bill la cuenta (**4**)

biology la biología (**2**)

bird el ave; el pájaro (**11**)

black negro (**2, 3**)

blanket la manta (**3**)

blood la sangre (**9**)

blouse la blusa (**8**)

blue azul (**3**)

boat el barco (**4, 10**)

body el cuerpo (**9**); **~ weight** el peso corporal (**9**)

boiled cocido/a; hervido/a (**7**)

book el libro (**2**); **~bag** la mochila (**2**); **~case** el estante (**3**); **~store** la librería (**2**)

boots las botas (*pl.*) (**8**)

bored (with *estar*) aburrido/a (**2**)

boring aburrido/a (**1**)

bother, to molestar (**8**)

bottle la botella (**11**)

box (*cardboard*) la caja (*de cartón*) (**11**)

boy el chico; el muchacho; **little ~** el niño (**1**); **~friend** el novio (**1**)

bread el pan (**7**)

break, to romper(se) (**9**)

breakfast el desayuno (**7**); **to have ~** desayunar (**7**)

bring, to traer (**3**)

broken roto (**9**)

brother el hermano (**1**)

brown marrón (**3**)

brush, to (*one's hair, teeth*) cepillarse (*el pelo, los dientes*) (**8**)

budget el presupuesto (**8**)

building el edificio (**2**)

bull el toro (**11**)

burn, to quemar(se) (**9**)

bus el autobús (**10**); **~ stop** la parada (**10**)

bush el arbusto (**7**)

business el negocio (**8**); **~** la administración de empresas (**2**); **~ / shopping district** el centro comercial (**4**)

but pero (**2**)

butler el mayordomo (**10**)

butter la mantequilla (**7**)

buy, to comprar (**2**)

by por (**1, 11**)

Bye. Chao. (**PA**)

C

cabinet el armario (**3**)

café el café (**4**)

cafeteria la cafetería (**2**)

cake la torta (**7**)

calculator la calculadora (**2**)

called, to be llamarse (**8**)

campaign la campaña (**11**)

can la lata (**11**)

Canadian canadiense (**PA**)

candidate el/la candidato/a (**11**)

candy los dulces (**7**)

canoe, to viajar en canoa (**4**)

cap la gorra (**8**)

car el coche (**8, 10**)

care for cuidar (**3**)

careful cuidadoso/a (**5**); **to be ~** tener cuidado (**3**)

carpet la alfombra (**3**)

carry, to llevar (**8**); **to ~ out** llevar a cabo (**11**)

castle el castillo (**3**)

casual informal (**8**)

cat el/la gato/a (**10, 11**)

cave la cueva (**11**)

CD/DVD player el reproductor de CD/DVD (**2**)

century el siglo (**3**)

cereal el cereal (**7**)

chain la cadena (**3**)

chair la silla (**2**)

chalk la tiza (**2**); **~board** la pizarra (**2**)

change, to cambiar (**10**)

chapter el capítulo (**5**)

characteristic el rasgo (**1**)

charades, to play hacer mímica (**8**)

chase, to perseguir (i) (**4**)

cheap barato/a (**7**)

check in, to registrarse (en el hotel) (**10**); **to ~ out** irse del hotel (**10**)

checked de cuadros (**8**)

cheese el queso (**7**)

chef el/la cocinero/a (**4**)

chest el pecho (**9**)

chicken el pollo (**7**); la gallina (**11**)

children los hijos (**1**)

chili pepper el chile (**7**)

Chinese chino/a (**PA**)

chores los quehaceres (**3**)

church la iglesia (**4**)

circulate a petition, to circular una petición (**4**)

city la ciudad (**3, 4**)

classmate el/la compañero/a de clase (**2**)

Classroom instructions (*commands*) Mandatos para la clase (**PA**)

classroom la sala de clase (**2**)

clay barro (**2**)

clean limpio/a (**3**); **to ~** limpiar (**3**)

client el/la cliente/a (**7**)

clock el reloj (**2**)

Close your book/s. Cierre(n) el/los libros/s. (**PA**)

close, to cerrar (ie) (**4**)

closet el armario (**3**)

clothes la ropa (**3**)

clothing la ropa (**3, 8**)

cloud la nube (**PA**)

club el club (**4**)

clue la pista (**5, 7**)

coat el abrigo (**3**)

coffee el café (**7**)

cognate el cognado (**PA**)

cold el catarro; el resfriado (**9**)

cold, to be tener frío (**3**); **to have a ~** tener (un) catarro; tener resfriado (**9**)

color el color (**3**)

comb one's hair, to peinarse (**8**)

combat, to combatir (**11**)

come, to venir (**3**)

comfortable cómodo/a (**8**)

comforter la colcha (**3**)

comical cómico/a (**1**)

common endémico/a (**11**)

compact disk el disco compacto (el CD) (**2**)

composition la composición (**2**)

computer la computadora (**2**); **~ science** la informática (**2**)

concern, to incumbir (**8**)

concert el concierto (**5**)

condiment el condimento (**7**)

congress el congreso (**11**)

contemporary contemporáneo/a (**3**)

content contento/a (**2**)

contest el concurso (**3**)

continue (*doing something*), **to** seguir (i) (**4**)

cook el/la cocinero/a (**7**)

cook, to cocinar (**3, 7**)

cookies las galletas (**7**)

corn el maíz (**7**)

correct, to corregir (**3, 10**)

cost, to costar (ue) (**4**)

cotton el algodón (**8**)

cough, to toser (9); **~** la tos (9);
  ~ syrup el jarabe (9); **to have a**
  ~ tener tos (9)
country el campo (3); **~ club** el club
  de campo (4)
countryside el paisaje (3)
course el curso (2)
court la corte (11)
courting el cortejo (7)
cousin el/la primo/a (1)
cover, to cubrir (8)
cow la vaca (11)
crackers las galletas (7)
create crear (4)
creative creativo/a (5)
credit card la tarjeta de crédito (7)
crime la delincuencia (11)
crop la cosecha (7)
cruise ship el crucero (5)
Cuban cubano/a (**PA**)
cup la taza (7)
cure, to curar(se) (9)
customer el/la cliente/a (7)
cut (oneself), to cortar(se) (9)

D

dad el papá (1)
damage, to (do) hacer daño (11)
dance, to bailar (2)
danger el peligro (11)
dangerous peligroso/a (8, 11)
daring atrevido/a (8)
dark oscuro/a (8)
daughter la hija (1)
day el día (**PA**); **the ~ before**
  yesterday anteayer (7)
dead muerto/a (11)
debit card la tarjeta de débito (7)
debt (*foreign*) la deuda (*externa*) (11)
defense la defensa (11)
defraud, to estafar (10)
delicate fino/a (5)
demanding exigente (9)
democracy la democracia (11)
demonstrate, to demostrar (ue) (4)
department store el almacén (4)
depressing pésimo/a (5)
deputy el/la diputado/a (11)
designer el/la diseñador/a (8)
desk el escritorio (2)
dessert el postre (7)
destination el destino (8)
destroy, to destruir (5)
destruction la destrucción (11)
dial, to marcar (9)

dictator el/la dictador/a (11); **~ship**
  la dictadura (11)
die, to morir (ue) (4)
difficult difícil (2)
dining room el comedor (3)
dinner la cena (7); **to have ~** cenar (7)
dirty sucio/a (3)
disappear, to desaparecer (5)
disappoint, to desilusionar (9)
disaster el desastre (11)
discuss, to discutir (**PB**)
dish el plato (7); **~washer** el
  lavaplatos (3)
distinguish, to destacar (7)
distract, to distraer (5)
divided by dividido por (1)
do, to hacer (3)
doctor el/la doctor/a; el/la médico/a (9)
documentary el documental (5)
dog el perro (3, 11)
domesticated animals los animales
  domésticos (11)
donut la dona (10)
door la puerta (2)
dorm / dormitory la residencia (2)
double room el cuarto doble (10)
downtown el centro (4)
drama dramático/a (5)
drawing el dibujo (3)
dress (*a wound*), **to** vendar(se) (9)
dress el vestido (8)
dresser el tocador (3)
drink, to tomar (2); beber (7)
drive, to conducir (7, 10); manejar
  (8); **to ~ him/her crazy** volver
  loco/a (12)
driver's license la licencia (*de conducir*)
  (10); **to get a ~** sacar la licencia (10)
driving la conducción (10)
drum el tambor (5)
drummer el/la baterista (5); el/la
  tamborista (5)
drums la batería (5)
dry off, to secarse (8)
dumb tonto/a (1)
dump el vertedero (11)
during durante (**PB**)
dust, to sacudir los muebles (3)
duty el deber (4)
DVD el DVD (2)
dye, to pintar (9)

E

each cada (3)
ear la oreja (9); **ear** (*inner*) el oído (9)

earlier than más temprano que (7)
early temprano (3)
Earth la Tierra (11)
earthquake el terremoto (5, 11)
easy fácil (2)
eat, to comer (2)
ecology la ecología (11)
education la pedagogía (2)
egg el huevo (7)
eight hundred ochocientos (2)
eight ocho (**PA**)
eighteen diez y ocho (**PA**)
eighth octavo/a (5)
eighty ochenta (1)
either . . . or o... o (4)
eldest el/la mayor (10)
elect, to elegir (11)
elections las elecciones (11)
elegant elegante (8)
elephant el elefante (11)
eleven once (**PA**)
emanate, to emanar (11)
embarrassed, to be tener
  vergüenza (3)
emerge, to surgir (8)
emergency room la sala de
  urgencias (9)
emotions emociones (2)
enclose, to encerrar (ie) (4)
encompass, to abarcar (5)
end, to acabar con (4); terminar (2)
endangered amenazada (7);
  ~ species los animales en peligro
  de extinción (11)
engine el motor (10)
English inglés/inglesa (**PA**)
Enjoy your meal! ¡Buen provecho! (7)
enjoy, to disfrutar de (4); **to**
  ~ oneself divertirse (e, ie) (8)
enter, to entrar (10)
enter/exit, to transitar (10)
entertain oneself, to entretenerse (8)
entrance la entrada (5)
entretenida entertaining (5)
environment el medio ambiente (11)
epic épica (5)
equals son (1)
eraser el borrador (2)
espadrilles las alpargatas (8)
essay el ensayo (2)
ever jamás (11)
evil malvado/a (10)
evolve, to evolucionar (5)
exam el examen (2)
exercise, to hacer ejercicio (2)
expensive caro/a (4, 7)

experience, to experimentar (11)
expression la expresión (**PA**)
eye el ojo (**9**)

F

fabric la tela (**8**)
face la cara (**9**)
facing enfrente de (**11**)
factory la fábrica (8)
fall: ~ el otoño (**PA**); **to ~ asleep** dormirse (o, ue) (**8**); **to ~ down** caer(se) (**9**)
fame la fama (**5**)
family la familia (**1**)
fan el/la aficionado/a (**5**)
far from lejos de (2, **11**)
Farewells Las despedidas (**PA**)
farm la finca; la granja (**11**)
fascinate, to fascinar (**8**)
fashion la moda (**8**); ~ **show** el desfile de moda (8)
fat gordo/a (**1**)
father el padre (**1**)
feel, to sentir (**PB**); sentirse (e, ie) (**8**)
fever la fiebre (**9**)
fifteen quince (**PA**)
fifth quinto/a (**5**)
fifty cincuenta (**1**)
fight, to luchar (**11**)
fill, to llenar (**10**)
film la película (**4**)
finally finalmente (6)
find out, to averiguar (**PB**, 4); enterar (8); enterarse (10)
find, to dar con (2); encontrar (ue) (**4**)
Fine, thanks. Bien, gracias. (**PA**)
fine: ~ fino/a (**5**); ~ la multa (**10**)
finger el dedo (de la mano) (**9**)
finish, to terminar (2); **to have just ~ed + (***something***)** acabar de + *infinitivo* (**9**)
fire el incendio (**11**)
first primer, primero/a (**5**)
fish el pez (*pl.*, los peces) (7, **11**)
fit well / poorly, to quedarle bien / mal (**8**)
five cinco (**PA**); ~ **hundred** quinientos (**2**)
fix, to arreglar (3)
flight el vuelo (**10**)
flood la inundación (**11**)
floor el piso (3); el suelo (3)
flourishing floreciente (8)
flu la gripe (**9**); **to have the** ~ tener (la/una) gripe (**9**)

fly la mosca (**11**)
fly, to volar (o, ue); **to ~ away** volar (o, ue) (**10**)
folk healer el/la curandero/a (**4**)
follow, to seguir (i) (**4**)
following el siguiente (3)
food la comida (7)
foot el pie (8, **9**); **to go on ~** ir a pie (**10**)
for para (**PB**, **11**); por (**11**)
forest el bosque (**11**)
fork el tenedor (**7**)
formal formal (8)
forty cuarenta (**1**)
four cuatro (**PA**); ~ **hundred** cuatrocientos (**2**); ~ **hundred thousand** cuatrocientos mil (**3**)
fourteen catorce (**PA**)
fourth cuarto/a (**5**); ~ **floor** el tercer piso (**3**)
freeway la autopista (**10**)
French francés/francesa (**PA**)
french fries las papas fritas (*pl.*) (**7**)
fresh fresco/a (**7**)
Friday el viernes (**PA**)
fried frito/a (7)
friend el/la amigo/a (**1**)
frightened asustado/a (7)
frightening aterredor (9)
frog la rana (**11**)
From where? ¿De dónde? (**2**)
from: ~ desde (**11**); ~ **time to time** a veces (**2**); ~ **about** de (**11**)
front: ~ **desk** la recepción (**10**); **in ~ (of)** enfrente (de) (**4**)
fruit las frutas (7)
function, to funcionar (**10**)
funds los fondos (10)
funny cómico/a (**1**)
furnished amueblado/a (3)
furniture los muebles (3); **piece of ~** el mueble (**3**)
furthermore además (2)

G

garage el garaje (**3**)
garbage la basura (**11**)
garden el jardín (3)
gas: ~ **station** la gasolinera (**10**); ~ **tank** el tanque (**10**)
genre el género (**5**)
gentleman el señor (Sr.) (**1**)
German alemán/alemana (**PA**)
get: to ~ obtener (10); **to ~ dressed** vestirse (e, i) (**8**); **to ~ down (***from***)**

bajar (*de*) (**10**); **to** ~ (*nervous*) ponerse (*nervioso/a*) (**8**); **to ~ off** (*of*) bajar (*de*) (**10**); **to ~ on** subir (a) (**10**); **to ~ ready** preparar (**2**), arreglarse (**8**); **to ~ the urge** entrar ganas (**9**); **to ~ together** reunirse (**8**); **to ~ up** levantarse (**8**)
gift el regalo (**8**)
girl la chica; la muchacha; **little ~** la niña (**1**); **~friend** la novia (**1**)
gist el tema (5)
give, to dar (**3**); **to ~ life** dar vida (**5**); **to ~ a concert** dar un concierto (**5**)
glass el vaso (**7**); el vidrio (**11**)
global warming el efecto invernadero (**11**)
gloves los guantes (**8**)
go out, to salir (3)
Go to the board. Vaya(n) a la pizarra. (**PA**)
go: to ~ ir (**4**); **to ~ camping** ir de camping (**4**); **to ~ shopping** ir de compras (**2**); **to ~ to bed** acostarse (o, ue) (**8**); **to ~ up** subir (a) (**10**)
Good afternoon. Buenas tardes. (**PA**)
good bueno/a (**1**, **10**); ~ **-bye.** Adiós. (**PA**); ~ **evening.** Buenas noches. (**PA**); ~ **morning.** Buenos días. (**PA**)
government el gobierno (**11**)
governor el/la gobernador/a (**11**)
graduate, to graduar (11)
gram el gramo (7)
granddaughter la nieta (**1**)
grandfather el abuelo (**1**)
grandmother la abuela (**1**)
grandparents los abuelos (**1**)
grandson el nieto
gray gris (**3**)
green verde (**3**)
Greetings Los saludos (**PA**)
grilled a la parrilla (**7**); asado/a (**7**)
ground floor la planta baja (**3**)
group el conjunto (**5**)
grow, to aumentar (**11**)
guess, to adivinar (7)
guide la guía (**5**)
guilty el/la culpable (**8**)
guitar la guitarra (**5**)
guitarist el/la guitarrista (**5**)
gymnasium el gimnasio (**2**)

H

hair el pelo (**9**)
ham el jamón (**7**)

hamburger la hamburguesa (**7**)

hammock la hamaca (**11**)

hand la mano (**1, 9**); **to ~ out food** repartir comidas (**4**)

handsome guapo

hang up, to colgar (**7**)

happen, to pasar (**PB**)

happy contento/a (**2**); feliz (**2**)

hard: ~ -boiled duro/a (**7**); **~ -working** trabajador/a (**1**)

harm, to hacer daño (**11**)

hat el sombrero (**8**)

have, to tener (**1**); **to ~ a... -ache** tener dolor de… (**9**); **to ~ a backache** tener dolor de espalda (**9**); **to ~ fun** divertirse (e, ie) (**8**); **to ~ a headache** tener dolor de cabeza (**9**); **to ~ just** acabar de (**3**); **to ~ lunch** almorzar (ue) (**4**); **to ~ a stomachache** tener dolor de estómago (**9**); **to ~ +** (*verb*) **to** tener que + (*infinitive*) (**3**)

he él (**PA**)

head la cabeza (**9**)

headquarters la sede (**9**)

health la salud (**9**); **~ insurance** seguro médico (**9**)

healthy sana (**9**); **to be ~** estar sano/a; saludable (**9**)

heart el corazón (**9**)

heat la calefacción (**10**)

heaven el cielo (**11**)

heavy pésimo/a (**5**)

help, to ayudar (**3**); **to ~ elderly people** ayudar a las personas mayores/los mayores (**4**)

hen la gallina (**7, 11**)

her ella (**11**)

here aquí (**6**)

Hi! ¡Hola! (**PA**)

hide, to esconder (**8**)

high school la escuela secundaria (**9**)

highway la autopista (**10**)

hill la loma (**11**)

him él (**11**)

him/her, to/for le (**8**)

him/her/it lo, la (**5**)

his/her/its su, sus (**1**)

his/her/s/your/s (*for.*) **/their/s** suyo/a/ os/as (**3, 10**); suyo/a (**PB**)

hole el hoyo (**11**)

holiday el día festivo (**7**)

home-made remedy el remedio casero (**7**)

homework la tarea (**2**)

honeymoon la luna de miel (**10**)

hope, to esperar (**2**)

horse el caballo (**11**)

hose las medias (*pl.*) (**8**)

hospital el hospital (**9**)

hot dog el perro caliente (**7**)

hot, to be tener calor (**3**); **~** (*temperature*) caliente (**7**)

hotel el hotel (**10**); **to leave the ~** irse del hotel (**10**)

house la casa (**3**)

housekeeper el/la camarero/a (**10**)

how: ~? ¿Cómo? (**2**); **~ are you?** ¿Cómo está usted? (*for.*) (**PA**); **~ are you?** ¿Cómo estas? (*fam.*) (**PA**); **~ do you say . . . in Spanish?** ¿Cómo se dice… en españól? (**PA**); **~ many?** ¿Cuántos/ as? (**2**); **~ much?** ¿Cuánto/a? (**2**); **~'s it going?** ¿Qué tal? (**PA**)

hubbub el bullicio (**4**)

hug el abrazo (**PA**)

human body el cuerpo humano (**9**)

humble humilde (**3**)

hummingbird el colibrí (**11**)

hungry, to be tener hambre (**3**)

hurricane el huracán (**11**)

hurry, to be in a tener prisa (**3**)

hurt, to dañar (**11**); doler (ue) (**9**); **to get ~** lastimar(se) (**9**)

husband el esposo (**1**)

I

I: ~ yo (**PA**); **~ am . . .** Soy… (**PA**); **~ don't know.** No lo sé. (**PA**); **~ don't understand.** No comprendo. (**PA**); **~ know.** Lo sé. (**PA**); **~ understand.** Comprendo. (**PA**); **~ would like to introduce you to . . .** Quiero presentarle a… (*for.*) (**PA**); **~ would like to introduce you to . . .** Quiero presentarte a… (*fam.*) (**PA**)

ice cream el helado (**7**)

iced helado/a (**7**)

if si (**4**)

ill enfermo/a (**2**)

illness la enfermedad (**9**)

imaginative imaginativo/a (**5**)

important, to be importar (**8**)

impressive impresionante (**5**)

improve, to mejorar(se) (**9**)

in en (**11**); **~ addition to** además de (**7**); **~ exchange** a cambio (**4**); **~ front of** delante de (**11**), en frente de (**2**); **~ order to** a fin de (**11**); **~ order to** para (**11**); **~ the afternoon** de la tarde (**PA**); **~ the evening** de la noche (**PA**); **~ the morning** de la mañana (**PA**)

infection, to have an tener una infección (**9**)

inflation la inflación (**11**)

influential influyente (**11**)

injury la herida (**9**)

insect el insecto (**11**)

inside of dentro de (**11**)

instead of en vez de (**8**)

intelligent inteligente (**1**)

interested in, to be interesar (**2**)

interesting interesante (**1**)

Internet café el cibercafé (**4**)

internship el trabajo en prácticas (**8**)

interview la entrevista (**3**)

intoxication el embriaguez (**10**)

introduce, to presentar (**3**)

Introductions Las presentaciones (**PA**)

involved involucrado/a (**11**)

it is necessary . . . (*you must . . . / one must/should . . .*) hay que + *infinitivo* (**5**)

it's: ~ a shame es una lástima (**11**); **~ cold.** Hace frío. (**PA**); **~ cloudy.** Está nublado. (**PA**); **~ hot.** Hace calor. (**PA**); **~ necessary that** es necesario que (**11**); **~ raining.** Llueve. (**PA**); **~ sunny.** Hace sol. (**PA**); **~ windy.** Hace viento. (**PA**); **~ . . . o'clock.** Es la… / Son las… (**PA**)

J

jacket la chaqueta (**8**)

jam la mermelada (**7**)

Japanese japonés/japonesa (**PA**)

jazz el jazz (**5**)

jeans los jeans (*pl.*) (**8**)

jewel la joya (**9**)

joke la broma (**3, 8**)

journalism el periodismo (**2**)

judge el/la juez/a (**11**)

juice el jugo (**7**)

jungle la selva, la selva tropical (**11**)

jury el juicio (**11**)

Just fine. Bastante bien. (**PA**)

K

keep, to guardar (**3**)

ketchup la salsa de tomate (**7**)

key la llave (**10**)

kill, to matar (**11**)
kind bondadoso/a (11)
king el rey (**11**)
kiss el beso (1); **little ~** el besito (**PA**)
kitchen la cocina (**3**)
knapsack la mochila (**2**)
knife el cuchillo (**7**)
know, to saber (**4**)

L

laboratory el laboratorio (**2**)
lacking, to be hacer falta (**8**)
lady la señora (Sra.) (**1**)
lake el lago (5, **10, 11**)
lamp la lámpara (**3**)
land la tierra (**11**)
languages los idiomas (*pl.*) (**2**)
large grande (**1**)
largest mayor (**5**)
last: to ~ durar (9, 11); **~ night** anoche (**7**); **~ week** la semana pasada (**7**); **~ weekend** el fin de semana pasado (**7**); **~ year** el año pasado (**7**)
late tarde (**3**)
later than más tarde que (**7**)
laugh, to reírse (**4**)
law el derecho (**2**); la ley (10, **11**)
lazy perezoso/a (**1**)
learn, to aprender (**2**)
leather el cuero (**8**)
leave, to dejar (**10**); irse (**8**); salir (**3**)
left (of), to the a la izquierda (de) (**3, 11**)
leg (*of an animal*) la pata (**9**); la pierna (**9**)
legend la leyenda (**9**)
lemon el limón (**7**)
lend, to prestar (**8**)
less . . . than menos + *adjective/adverb/noun* + que (**10**)
let's: ~ hope ojalá que (**11**); **~ see** a ver (**2**)
lettuce la lechuga (**7**)
library la biblioteca (**2**)
lie la mentira (5, 7); **to ~** mentir (ie) (**4**)
light a campfire, to hacer una hoguera (**4**)
light ligero (**PB**); **~** (*colored*) claro/a (**8**)
like very much, to encantar (**8**)
like, to gustar (**PA**)
like: ~ como (**5**); **to feel ~** + (*verb*) tener ganas de + (*infinitive*) (**3**)
Likewise. Igualmente. (**PA**)

line (*of people*) la cola (**10**)
lion el león (**11**)
listen to music, to escuchar música (**2**)
Listen. Escuche(n). (**PA**)
literacy la alfabetazación (**8**)
literature la literatura (**2**)
little (*a*) (un) poco (**1**)
live, to vivir (**2**)
living room la sala (**3**)
living vivo/a (**11**)
loan to, to prestar (**8**)
locals los lugareños (**4**)
long largo/a (**8**)
look: to ~ at mirar (1); **to ~ for** buscar (**4**)
lose, to perder (ie) (**4**)
lost perdido/a (4)
loud fuerte (**3**)
love el amor (**4**); **to ~** encantar (**8**); querer (**3**)
lucky, to be tener suerte (**3**)
luggage el equipaje (**10**)
lunch el almuerzo (**7**); **to have ~** almorzar (ue) (**7**)
lyrics la letra (**5**)

M

magazine la revista (**8**)
mail a letter, to mandar una carta (**4**)
majors las especialidades (**2**)
make, to hacer (**3**); **to ~ arts and crafts** hacer artesanía (**4**); **to ~ the bed** hacer la cama (**3**)
mall el centro comercial (**4**)
man el hombre; el señor (Sr.) (**1**)
management el manejo (**7**)
manager el/la empresario/a (**5**)
many tanto/a (**2**)
map el mapa (**2**)
market el mercado (**4**)
marmalade la mermelada (**7**)
married casado/a (**1**)
match el acierto (**11**)
material el material (**8**)
mathematics las matemáticas (*pl.*) (**2**)
matter: ~ el asunto (**6**); **to ~** importar (**8**)
mayonnaise la mayonesa (**7**)
mayor el alcalde/la alcaldesa (**11**)
me me (**5**); mí (**11**); **to/for ~** me (**8**)
meal la comida (**PB, 7**)
meaning sentido (**3**)
meat la carne (**7**)
medical treatment el tratamiento médico (**9**)

medicine la medicina (**2**)
medium término medio (**7**)
meet, to reunirse (**8**)
melon el melón (**7**)
memento el recuerdo (**3**)
memory el recuerdo (**7**)
menu el menú (**7**)
mess el lío (**9**)
message el mensaje (**3**)
messy desordenado/a (**3**)
Mexican mexicano/a (**PA**)
microwave el microondas (**3**)
midnight la medianoche (**PA**)
mile la milla (**PB**)
milk la leche (**7**)
mine mío/a/os/as (**10**)
minus menos (**1**)
miss, to faltar (**4**)
Miss la señorita (Srta.) (**1**)
missing desaparecido/a (**9**)
mistaken, to be equivocarse (**9**)
mixed grill la parrillada (**7**)
mixture la mezcla (**7**)
model el/la modelo (**8**)
modern moderno/a (**3**)
mom la mamá (**1**)
monarchy la monarquía (**11**)
Monday el lunes (**PA**)
money el dinero (**2**)
month el mes (**PA**)
more . . . than más + *adjective/adverb/noun* + que (**10**)
mosquito el mosquito (**11**)
mother la madre (**1**)
motor el motor (**10**)
motorcycle la moto (**1**); la moto(cicleta) (**10**)
mountain la montaña (**10, 11**); **~ range** la cordillera (**11**)
mountainous montañoso/a (**4**)
mouse el ratón (**11**)
mouth la boca (**9**)
movie la película (**4, 5**); **action ~** una película de acción (**5**); **science fiction ~** una película de ciencia ficción (**5**); **war ~** una película de guerra (**5**); **comedy ~** una película de humor (**5**); **mystery ~** una película de misterio (**5**); **romantic ~** una película romántica (**5**); **horror ~** una película de terror (**5**); **~ theater** el cine (**4**)
moving conmovedor/a; emocionante (**5**)
Mr. Sr. (**1**)
Mrs. Sra. (**1**)

much tanto/a (**9**)

museum el museo (**4**)

music la música (**2, 5**); **classical ~** la música clásica (**5**); **folk ~** la música folklórica (**5**); **pop ~** la música popular (**5**); **rap ~** la música rap (**5**)

musical musical (**5**)

musician el/la músico/a (**5**)

mustard la mostaza (**7**)

my mi, mis (**1**)

My name is . . . Me llamo... (**PA**)

N

napkin la servilleta (**7**)

narrate, to contar (**9**); narrar (**6**)

narrow estrecho/a (**8**)

nationality la nacionalidad (**PA**)

natural resource el recurso natural (**11**)

nature la naturaleza (**11**)

nausea la náusea (**9**)

near cerca de (**2, 7, 11**)

neck el cuello (**9**)

need, to hacer falta (**8**); necesitar (**2**)

neither . . . nor ni... ni (**4**)

nervous nervioso/a (**2**)

never jamás (**4**); nunca (**2, 3, 4**)

nevertheless sin embargo (**2, 3, 6**)

new nuevo/a (**3**)

newspaper el periódico (**11**)

next to al lado de (**11**)

nice simpático/a (**1**)

Nice to meet you. Mucho gusto. (**PA**)

nickname el apodo (**5**)

Nigerian nigeriano/a (**PA**)

nightmare la pesadilla (**8**)

nine nueve (**PA**); **~ hundred** novecientos (**2**)

nineteen diez y nueve (**PA**)

ninety noventa (**1**)

ninth noveno/a (**5**)

no: ~ longer ya no (**5**); **~. No.** (**PA**); **~ one** nadie (**4**)

nobody nadie (**4**)

noise el ruido (**PB, 3, 10**)

none ninguna (**3**); ningún (**4**); ninguno/a/os/as (**4**)

noon el mediodía (**PA**)

nor ni (**3**); tampoco (**7**)

northeast el noreste (**2**)

nose la nariz (**9**)

not ever (*emphatic*) jamás (**4**)

notebook el cuaderno (**2**)

notes los apuntes (*pl.*) (**2**)

nothing nada (**4**)

now ahora (**PB**)

number el número (**PA**)

nurse el/la enfermero/a (**9**)

O

object el objeto (**3**)

obligation el deber (**4**)

occur, to ocurrir (**9**)

ocean el océano (**11**)

offer la oferta (**3**); **to ~** ofrecer (**2**)

office la oficina (**3**)

often a menudo (**2, 3**)

oil el aceite (**7**); **~ spill** el derrame de petróleo (**11**)

oír to hear (**3**)

Okay. Regular. (**PA**)

old antiguo/a (**3**); mayor (**1**); viejo/a (**3, 10**); **~er** mayor (**10**)

on top (*of*) encima (de), sobre (**3, 7, 11**)

on: on sobre (**3**); **~ hand** a mano (**10**)

one uno (**PA**); **~ hundred** cien (**1, 2**); **~ hundred million** cien millones (**3**); **~ hundred thousand** cien mil (**3**); **~ million** un millón (**3**); **~ thousand** mil (**2**)

onion la cebolla (**7**)

only solamente (**8**)

Open your book to page . . . Abra(n) el libro en la página... (**PA**)

open, to abrir (**2**)

opening el estreno (**5**)

opera la ópera (**5**)

orange anaranjado (**3**); **~** la naranja (**7**)

orchestra la orquesta (**5**)

order, to pedir (**7**)

ordinal numbers los números ordinales (**5**)

organize, to organizar (**4**)

others los demás (**4**)

ought to deber (**4**)

our/s nuestro/a/os/as (**1, 10**)

outfit el conjunto (**8**); el traje (**5**)

outside fuera (**7**); **~ of** (a)fuera de (**11**)

outskirts las afueras (**3**)

over sobre (**3, 11**); **~ there** (*and potentially not visible*) allá (**6**)

overcoat el abrigo (**8**)

overhaul, to revisar (**10**)

own propio/a (**6**)

ozone layer la capa de ozono (**11**)

P

package el paquete (**10**)

pain el dolor (**9**)

painted wooden animals los alebrijes (**2**)

painting el cuadro (**3**)

pajamas el pijama (**8**)

pants los pantalones (*pl.*) (**8**)

paper el papel (**2**)

parents los padres (**1**)

park el parque (**4**)

park, to estacionar (**10**)

parking el estacionamiento (**10**)

parrot el loro (**11**)

participate in a political campaign, to participar en una campaña política (**4**)

party fiesta (**3**)

passenger el pasajero (**10**)

passionate apasionado/a (**5**)

passport el pasaporte (**10**)

pastimes los pasatiempos (**2**)

pastry el pastel (**7**)

patient paciente (**1**)

pay, to pagar (**7**)

peace la paz (**5**)

pear la pera (**7**)

pedestrian el peatón (**10**)

pencil el lápiz (**2**)

people la gente (**1**)

pepper la pimienta (**7**)

percent por ciento (**1**)

perhaps tal vez (**3**)

personality la personalidad (**1**)

pet la mascota (**10**); el animal doméstico (**11**)

pharmacist el/la farmacéutico/a (**9**)

pharmacy la farmacia (**9**)

photo la foto (**1**)

physical física (**1**); **~ exam** el examen físico (**9**)

pianist el/la pianista (**5**)

piano el piano (**5**)

picture el cuadro (**3, 5**)

pie el pastel (**7**)

pig el cerdo (**11**)

pile el montón (**7**)

pill la pastilla (**9**)

pillow la almohada (**3**)

pink rosado (**3**)

place el lugar (**2**)

place, to poner (**3**)

planet el planeta (**11**)

plant, to plantar (**11**)

plastic el plástico (**11**)

plate el plato (**7**)

plateau (high) el altiplano (**9**)

platform el programa (**11**)

play, to jugar (ue) (**4**); **to ~ an instrument** tocar un instrumento (**2, 5**); **to ~ basketball** jugar al básquetbol; **to ~ baseball** jugar al béisbol; **to ~ soccer** jugar al fútbol; **to ~ football** jugar al fútbol americano; **to ~ golf** jugar al golf; **to ~ tennis** jugar al tenis (**2**)

Please. Por favor. (**PA**)

Pleased to meet you. Encantado/ Encantada. (**PA**)

pleasure el placer (**7**)

plus más (**1**)

policeman el policía (**10**)

Polite expressions Expresiones de cortesía (**PA**)

political: ~ issues las cuestiones políticas (**11**); **~ party** el partido político (**11**)

politics la política (**11**); **to get involved in ~** meterse en política (**11**)

polka-dotted de lunares (**8**)

poll la encuesta (**11**)

pollute, to contaminar (**11**)

pollution la contaminación (**11**)

polyester el poliéster (**8**)

poncho el rebozo (**8**)

poor pobre (**1**)

pork la carne de cerdo (**7**)

post office correos; la oficina de correos (**4**)

postage stamp el sello (**10**)

postcard la tarjeta postal (**4, 10**)

posts los cargos (**11**)

potato chips las papas fritas (*pl.*) (**7**)

potato la papa; la patata (**7**)

poultry las aves (**7**)

practice, to ensayar (**5**)

prefer, to preferir (ie) (**4**)

pregnant embarazada (**9**)

preparation preparativo (**5**)

prepare, to preparar (**2**); **to ~ a meal** preparar la comida (**3**)

prescribe, to recetar (**9**)

prescription la receta (**9**)

presidency la presidencia (**11**)

president el/la presidente/a (**11**)

pretty bonito/a, guapa (**1**)

previous anterior (**5**)

print with a design or pattern el/la estampado/a (**8**)

professor el/la profesor/a (**2**)

proof la prueba (10)

propose, to proponer (**5**)

protect, to proteger (**11**)

proud orgulloso/a (**4**)

province la provincia (**11**)

psychology la psicología (**2**)

Puerto Rican puertorriqueño/a (**PA**)

pure puro/a (**11**)

purple morado (**3**)

purpose el própósito (**7**)

purse el bolso (**8**)

put away, to guardar (**3**)

put, to poner (**3**)

put: to ~ on (*one's clothes*) ponerse (la ropa) (**8**); **to ~ on make up** maquillarse (**8**); **to ~ up a tent** montar una tienda de campaña (**4**)

Q

quality la calidad (**11**)

queen la reina (**11**)

Questions and answers Preguntas y respuestas (**PA**)

quiet, to keep callarse (**8**)

R

rabbit el conejo (**11**)

radio el/la radio (**2**)

rain la lluvia (**PA**); **~ forest** (*tropical*) la selva tropical (**11**)

raincoat el impermeable (**8**)

rare crudo/a; poco hecho/a (**7**)

rat la rata (**11**)

raw crudo/a (**7**)

read, to leer (**2**)

Read. Lea(n). (**PA**)

Really well. Muy bien. (**PA**)

receive, to recibir (**2**)

recognize, to reconocer (**8**)

recommend, to recomendar (ie) (**4**)

record, to grabar (**5**)

recordings las grabaciones (**5**)

recycle, to reciclar (**11**)

red rojo (**3**)

reforest, to reforestar (**11**)

refrigerator el refrigerador (**3**)

regime el regímen (**11**)

region la región (**11**)

rehearse, to ensayar (**5**)

relatives los parientes (**2**)

release a CD, to sacar un CD (**5**)

release a movie, to estrenar una película (**5**)

remain, to quedarse (**8**)

remember, to acordarse de (o, ue) (**8**); recordar (ue) (**4**)

repeat, to repetir (i) (**4**)

Repeat. Repita(n). (**PA**)

report el reportaje (**12**)

representative el/la diputado/a (**11**)

request el pedido (**9**)

require, to requerir (**11**)

reservation la reserva (**10**)

reserve a table, to reservar una mesa (**7**)

resolve, to resolver (o, ue) (**11**)

respect, to respetar (**5**)

responsible responsable (**1**)

rest, to descansar (**7**)

restaurant el restaurante (**4, 7**)

return, to regresar (**2**); volver (ue) (**4**); **to ~** (*an object*) devolver (ue) (**4**)

reuse, to reutilizar (**11**)

review la reseña (**PB, 5**)

rhythm el ritmo (**5**)

rice el arroz (**7**)

rich rico/a (**1**)

riddle el rompecabeza (**7**)

ride: to ~ a bike montar en bicicleta (**2**); **to ~ a horse** montar (a caballo) (**11**)

right: to be ~ tener razón (**3**); **to the ~ (of)** a la derecha (de) (**3, 11**)

ring el anillo (**5**)

risk el riesgo (**9**)

river el río (**11**)

roasted asado/a (**7**)

robe la bata (**8**)

rock el rock (**5**)

roof el techo (**3**)

room el cuarto (**2, 3**); **~mate** el/la compañero/a de cuarto (**2**)

rooster el gallo (**7**)

rough áspero/a (**11**)

roving ambulante (**4**)

row la fila (**5**)

rug la alfombra (**3**)

run, to correr (**2**)

S

sad triste (**2**)

salad la ensalada (**7**)

salsa la salsa (**5**)

salt la sal (**7**)

sandals las sandalias (*pl.*) (**8**)

Saturday el sábado (**PA**)

save, to salvar (**9**)

say, to decir (**3**)

scare, to asustar (**9**)

scarf la bufanda (**9**)

scary espantoso/a (**5**)

schedule el horario (**6**); ~ (*of classes*) el horario (*de clases*) (**2**)

science las ciencias (*pl.*) (**2**)

scream, to gritar (**8**)

screen la pantalla (**5**)

scuba diving el buceo (**4**)

seafood los mariscos (**7**)

seamstress la costurera (**8**)

season la estación (**PA**)

seasoning el condimento (**7**)

second segundo/a (**5**); ~ **floor** el primer piso (**3**)

security la seguridad (**2**)

see, to ver (**3**)

see: ~ you later. Hasta luego. (**PA**); ~ **you soon.** Hasta pronto. (**PA**); ~ **you tomorrow.** Hasta mañana. (**PA**)

seem, to parecer (**4**)

semester el semestre (**2**)

senate el senado (**11**)

senator el/la senador/a (**11**)

send a letter, to mandar una carta (**4**)

serve, to servir (i) (**4**)

set the table, to poner la mesa (**3**)

seven siete (**PA**); ~ **hundred** setecientos (**2**)

seventeen diez y siete (**PA**)

seventh séptimo/a (**5**)

seventy setenta (**1**)

shaman el chamán (**9**)

share, to compartir (**3, 5**)

shark el tiburón (**5**)

shave, to afeitarse (**8**)

she ella (**PA**)

sheet la sábana (**3**)

shirt la camisa (**8**)

shoes los zapatos (*pl.*) (**8**)

short bajo/a (**1**); corto/a (**8**)

shorts los pantalones cortos (*pl.*) (**8**)

shot la inyección (**9**)

should deber (**4**)

show, to enseñar (**2**); mostrar (ue) (**4**); **to ~ a movie** presentar una película (**5**)

shower la ducha (**3**); **to ~** ducharse (**8**)

shrimp los camarones (*pl.*) (**7**)

shrub el arbusto (**7**)

siblings los hermanos (**1**)

sick, to be estar enfermo/a (**2, 9**); enfermar(se) (**9**)

side el lado (**2**)

sigh el suspiro (**11**)

signature la firma (**4**)

silk la seda (**8**)

silly tonto/a (**1**)

similarity la semejanza (**6**)

since ya que (**1**)

singer el/la cantante (**5**)

single room el cuarto individual (**10**)

sink el lavabo (**3**)

sister la hermana (**1**)

sit down, to sentarse (e, ie) (**8**)

six seis (**PA**); ~ **hundred** seiscientos (**2**)

sixteen diez y seis (**PA**)

sixth sexto/a (**5**)

sixty sesenta (**1**)

skate, to patinar (**2**)

skill la habilidad (**5**)

skirt la falda (**8**)

sky el cielo (**11**)

sleep, to dormir (ue) (**4**)

sleepy, to be tener sueño (**3**)

slippers las zapatillas (*pl.*) (**8**)

slow lento/a (**3, 5**)

small pequeño/a (**1, 10**); **smaller** menor (**10**); **smallest** el/la menor (**10**)

smooth suave (**5**)

snack la merienda (**7**); **to have a ~** merendar (**7**)

snake la serpiente (**11**)

sneeze el estornudo (**9**); **to ~** estornudar (**9**)

snow la nieve (**PA**)

socks los calcetines (*pl.*) (**8**)

sofa el sofá (**3**)

soft drink el refresco (**7**)

soil la tierra (**11**)

solid-colored liso/a (**8**)

some algún (**4**); alguno/a/os/as (**3, 4**); un/una/unos/unas (**1**)

someone alguien (**4**)

something algo (**PB, 4**)

sometimes a veces (**2, 3, 4**)

son el hijo (**1**)

sore throat el dolor de garganta (**9**)

So-so. Más o menos. (**PA**)

soup la sopa (**7**); ~ **spoon** la cuchara (**7**)

source la fuente (**5, 9**)

sow, to sembrar (e, ie) (**11**)

spam el correo basura (**3**)

Spaniard español/española (**PA**)

Spanish-speaking hispanohablante (**3**)

speak, to hablar (**2**)

specialty of the house la especialidad de la casa (**7**)

speech el discurso (**11**)

spices las especias (**7**)

spicy picante (**7**)

spoonful la cucharada (**7**)

sports los deportes (**2**)

spring la primavera (**PA**)

stadium el estadio (**2**)

staircase la escalera (**3, 11**)

stand: to ~ pararse (**10**); **to ~ out** destacar (**5**); **to ~ up** levantarse (**8**)

star la estrella (**5**)

start el principio (**8**)

state el estado (**9, 11**)

statehood la estadidad (**11**)

states (*of being*) los estados (**2**)

station (*train, bus*) la estación (*de tren, de autobús*) (**10**)

stay, to quedarse (**8, 11**); **to ~ in bed** guardar cama (**9**)

steak el bistec (**7**)

steering wheel el volante (**10**)

stepfather el padrastro (**1**)

stepmother la madrastra (**1**)

still todavía (**4**)

stirred up alborotado/a (**11**)

stockings las medias (*pl.*) (**8**)

stomach el estómago (**9**)

store la tienda (**2**)

storm la tormenta (**11**)

story el piso (**3**)

stove la estufa (**3**)

straighten up, to arreglar (**3**)

strange extraño (**4**)

street la calle (**3, 10**)

strike la huelga (**11**); **to be on ~** estar en huelga (**11**)

striped de rayas (**8**)

strong fuerte (**1**)

student el/la estudiante (**2**); ~ **center/ union** el centro estudiantil (**2**)

study, to estudiar (**2, 6**)

stupendous estupendo/a (**5**)

style el estilo (**8**)

subject la materia (**2**)

subway el metro (**10**)

successful, to be tener éxito (**3**)

such tan (**2**)

suddenly de repente (**PB**)

sugar el azúcar (**7**)

suit el traje (**5, 8**); **bathing ~** el traje de baño (**8**)

suitable use el uso adecuado (**10**)

suitcase la maleta (**10**); **to pack a ~** arreglar/hacer la maleta (**10**)

summarize, to resumir (**9**)

summer el verano (**PA**); ~ **camp** el campamento de niños (**4**)

sun el sol (**PA**); **to ~bathe** tomar el sol (**2**)

Sunday el domingo (**PA**)
supermarket el supermercado (**4**)
support, to apoyar (**5**, **PB**, **11**); **to ~ a candidate** apoyar a un/a candidato/a (**4**)
surprise la sorpresa (**8**)
surprising sorprendente (**5**)
survey la encuesta (**11**)
suspenseful de suspenso (**5**)
suspicious sospechoso/a (**2**)
sweater el suéter (**8**)
sweatshirt la sudadera (**8**)
sweets los dulces (**7**)
swim, to nadar (**2**); **~suit** traje de baño (**8**)

T

table la mesa (**2**)
tablecloth el mantel (**7**)
tablespoon la cuchara (**7**)
tailor el costurero (**8**)
take turns, to turnarse (**3**)
take, to tomar (**2**); llevar (**8**); **to ~ a nap** echar una siesta (**PB**); **to ~ a short trip** ir de excursión (**4**); **to ~ a walk** hacer una caminata (**4**); **to ~ care of** cuidar (**11**); **to ~ off** (*one's clothes*) quitarse (*la ropa*) (**8**); **to ~ out the garbage** sacar la basura (**3**); **to ~ someone to the doctor** llevar a alguien al médico (**4**)
tall alto/a (**1**)
tax el impuesto (**11**)
taxi el taxi (**10**)
tea (*iced/hot*) el té (*helado/caliente*) (**7**)
teach, to enseñar (**2**)
team el equipo (**2**)
teaspoon la cucharita (**7**)
television la televisión (**2**)
tell, to decir (**3**)
temperature la temperatura (**PA**)
temple el templo (**4**)
ten diez (**PA**)
tennis shoes los tenis (*pl.*) (**8**)
tenth décimo/a (**5**)
Thank you. Gracias. (**PA**)
that, that one (*way over there/not visible*) aquel/la; ese/a (**5**)
that, those (*way over there/not visible*); **those ones** aquellos/as (**5**)
the el/la/los/las (**1**); **~ check, please.** La cuenta, por favor. (**7**); **~ weather is bad.** Hace mal tiempo. (**PA**); **~ weather is nice.** Hace buen tiempo. (**PA**)

theater el teatro (**4**)
their su, sus (**1**)
them los, las (**5**); ellos/as (**11**); **to/for ~** les (**8**)
theme park el parque de atracciones (**10**)
then entonces, luego (**6**)
there / over there allí (**4**, **6**)
there is / are hay (**2**)
these estos/as (**5**)
they ellos/as (**PA**)
thin delgado/a (**1**)
thing la cosa (**3**)
think, to pensar (ie) (**4**)
third tercer, tercero/a (**5**); **~ floor** el segundo piso (**3**)
thirsty, to be tener sed (**3**)
thirteen trece (**PA**)
thirty treinta (**PA**, **1**); **~ thousand** treinta mil (**3**)
this esto (**3**)
this, this one este/a (**5**)
those over there; those ones esos/as (**3**, **5**)
threat la amenaza (**8**)
three tres (**PA**); **~ hundred** trescientos (**2**)
throat la garganta (**9**)
through por (**11**)
throw, to tirar (**9**); **to ~ away** botar (**11**)
Thursday el jueves (**PA**)
ticket el boleto (**8**, **10**), la entrada (**5**); **free ~** la entrada gratis (**5**); **round-trip ~** el boleto de ida y vuelta (**10**)
tie la corbata (**8**)
tight estrecho/a (**8**)
time la hora (**PA**)
time la vez (**5**)
times por (**1**)
tin work hojalatería (**2**)
tip la propina (**7**)
tire la llanta (**10**)
tired cansado/a (**2**)
to a (**11**); **~ where?** ¿Adónde? (**2**)
toast la tostada (**7**)
toe el dedo (del pie) (**9**)
toilet el inodoro (**3**)
tomato el tomate (**7**)
too también (**2**)
tooth el diente (**9**)
topic el tema (**5**)
tornado el tornado (**11**)
touch, to tocar (**4**)
tour la gira (**5**); **to ~** hacer una gira (**5**)

tournament el torneo (**4**)
tower la torre (**3**)
town el pueblo (**4**); **~ square** la plaza (**4**)
track and field el atletismo (**2**)
traditional tradicional (**3**)
traffic el tráfico (**10**); **~ light** el semáforo (**10**); **~ ticket** la multa (**10**)
tragedy la tragedia (**11**)
tragic trágico/a (**5**)
train el tren (**10**)
transportation el transporte (**10**)
travel, to viajar (**10**); **~ agent** el/la agente de viajes (**10**); **~ agency** la agencia de viajes (**6**, **10**)
traveler el/la viajero/a (**10**)
treasure el tesoro (**10**)
treat, to tratar (**9**)
tree el árbol (**11**)
trip el viaje (**10**); **to go on a ~** ir de viaje (**10**)
truck el camión (**10**)
true cierto/a (**4**)
trumpet la trompeta (**5**); **~ player** el/la trompetista (**5**)
trunk el baúl (**10**)
try on clothing, to probarse (o, ue) la ropa (**8**)
try to, to tratar de (**3**, **9**)
T-shirt la camiseta (**5**, **8**)
tsunami el sunami (**11**)
Tuesday el martes (**PA**)
tuna el atún (**7**)
turn: to ~ doblar (**10**); **to ~ in** entregar (**7**); **to ~ on** encender (**9**)
turnover (*meat*) la empanada (**7**)
twelve doce (**PA**)
twenty veinte (**PA**)
two dos (**PA**); **~ hundred** doscientos (**2**); **~ million** dos millones (**3**); **~ thousand** dos mil (**3**)

U

ugly feo/a (**1**)
umbrella el paraguas (**8**)
uncle el tío (**1**)
uncomfortable incómodo/a (**8**)
under; underneath debajo (de) (**7**, **11**)
undercover encubierto/a (**11**)
underline, to subrayar (**7**)
understand, to comprender (**2**); entender (ie) (**4**)
underwear la ropa interior (**8**)
unemployment el desempleo (**11**)

unpleasant antipático/a (**1**)
until hasta (**11**)
upset nervioso/a (**2**)
us nos (**5**); nosotros/as (**11**); **to/for ~** nos (**8**)
use, to usar (**PB, 2,** 4)
useful útil (**PA**)

V

vacation las vacaciones (**10**); **to go on ~** ir de vacaciones (**10**)
vacuum, to pasar la aspiradora (**3**)
vegetable la verdura (**7**)
vehicle el vehículo (**10**)
verb el verbo (**1, 2**)
very muy (**1**)
village el pueblo (**4**)
vinegar el vinagre (**7**)
virus, to have a tener un virus (**9**)
visit, to visitar (**10**)
voice la voz (**5**)
volunteer at a nursing home, to trabajar como voluntario/a en la residencia de ancianos (**4**)
volunteerism el voluntariado (**4**)
vote el voto (**11**); **to ~** votar (**11**)

W

waist la cintura (**9**); **from the ~ up** de la cintura para arriba (**9**)
wait: to ~ for esperar (**2**); **to ~ on** atender (**9**)
waiter el camarero (**7**)
waitress la camarera (**7**)
wake up, to despertarse (e, ie) (**8**)
walk, to andar (**7**); caminar (**2**)
wall la pared (**2**)
want, to querer (**2, 3**)
war la guerra (**11**)
warn, to advertir (**8**)
wash: to ~ dishes lavar los platos (**3**); **to ~ oneself** lavarse (**8**)
waste, to perder (ie) (**4**)
watch el reloj (**2**)
watch television, to ver la televisión (**2**)
water el agua; **fresh ~** el agua dulce (**5**); **~ (with ice)** el agua (con hielo) (**7**)

waterfall la cascada (**10**)
we nosotros/as (**PA**)
weak débil (**1**)
wear, to llevar (**8**)
wedding la boda (**4**)
Wednesday el miércoles (**PA**)
week la semana (**PA**)
welfare el bienestar (**11**)
well: well cooked bien hecho/a (**7**); **~ done** bien cocido/a (**7**); **~ -being** el bienestar (**11**)
west el oeste (**2**)
what que (**3**)
what? ¿qué? (**3**); **~?** ¿Cómo? (**PA**); **~?** ¿Qué? (**2**); **~ day is today?** ¿Qué día es hoy? (**PA**); **~ does it mean?** ¿Qué significa? (**PA**); **~ is the gist of . . . ?** ¿De qué se trata... ? (**8**); **~ is this?** ¿Qué es esto? (**PA**); **~ is today's date?** ¿Cuál es la fecha de hoy? (**PA**); **~ is your name?** ¿Cómo se llama usted? (*for.*) (**PA**); **~ is your name?** (*fam.*) ¿Cómo te llamas? (**PA**); **~ time is it?** ¿Qué hora es? (**PA**); **~'s the weather like?** ¿Qué tiempo hace? (**PA**)
whatever cualquier (**8**)
When? ¿Cuándo? (**2**)
Where? ¿Dónde? (**2**)
which el cual (**11**); **~ (one/s)?** ¿Cuál/es? (**2**)
while mientras (**2**)
whip, to azotar (**11**)
white blanco (**3**)
Who? ¿Quién? (**PA, 2**); ¿Quiénes? (*pl.*) (**2**)
Why? ¿Por qué? (**2**)
wide ancho/a (**7, 8**)
wife la esposa (**1**)
wild animals los animales salvajes (**11**)
win, to ganar (**6**)
wind el viento (**PA**)
window la ventana (**2**); **to ~ shop** ojear las vitrinas (**8**)
windshield el parabrisas (**10**); **~wiper** el limpiaparabrisas (**10**)
wine el vino (**7**)
winter el invierno (**PA**)

with con (**11**); **~ me** conmigo (**9**); **~ oneself** consigo (**11**); **~ you** contigo (**9**); **~out** sin (**4, 11**)
woman la mujer (**1**); la señora (Sra.) (**1**)
wool la lana (**8**)
word la palabra (**PA**)
work, to funcionar (**10**), trabajar (**2**); **to ~ as a counselor** trabajar como consejero/a (**4**); **to ~ in politics** trabajar en política (**4**)
worried preocupado/a (**2**)
worry about, to preocuparse (por) (**11**)
worse peor (**10**)
worst el/la peor (**4, 10**)
wound la herida (**9**)
wrap, to envolver (**7**)
wrestling la lucha libre (**2**)
write, to escribir (**2**)
Write. Escriba(n). (**PA**)

Y

yam la batata (**7**)
years old, to be . . . tener... años (**3**)
yellow amarillo (**3**)
Yes. Sí. (**PA**)
yesterday ayer (**7**)
you te (**5**); ti (**11**); tú (*fam.*) (**PA**); usted/es (*for.*) (**PA, 11**); vosotros/as (*fam. pl. Spain*) (**PA, 11**); **~ all** os (**5**); **~ all** los, las (**5**); **to/for ~** te (**8**); **to/for ~ all** os (**8**)
young joven (**1, 10**); **~ man** el joven, el señor (Sr.) (**1**); **~ woman** la joven, la señorita (Srta.) (**1**); **~er** menor (**10**); **~est** el/la menor (**10**)
your (*for.*) su, sus (**1**); tu, tus (**1**); vuestro/a/os/as (*fam. pl. Spain*) (**1, 10**)
You're welcome. De nada. (**PA**)
yours (*fam.*) tuyo/a/os/as (**3, 10**)
yucca la mandioca (**7**)

Z

zero cero (**PA**)

Credits

Photo Credits

p. 2: Jack Hollingsworth/Photodisc/Thinkstock; **p. 4:** (l) Demetrio Carrasco/Dorling Kindersley; (c) Jupiterimages/Comstock/Thinkstock; (r) Digital Vision/Thinkstock; **p. 7:** (t) Stockbyte/Getty Images; (b) Comstock Images/Thinkstock; **p. 12:** Yuri Arcurs/Shutterstock; **p. 15:** Jupiterimages/Comstock/Thinkstock; **p. 16:** George Doyle/Stockbyte/Thinkstock; **p. 20:** (t) Stockbyte/Thinkstock; (1st row, left to right) Jupiterimages/Photos.com/Thinkstock; Jupiterimages/Comstock/Thinkstock; Pete Saloutos/Shutterstock; BananaStock/Thinkstock; (2nd row, left to right) James Woodson/Photodisc/Thinkstock; BananaStock/Thinkstock; Jupiterimages/Brand X Pictures/Thinkstock; BananaStock/Thinkstock; **p. 21:** Samot/Shutterstock; **p. 22:** (l) Medioimages/Photodisc/Thinkstock; (tr) David Kay/Shutterstock; (br) Eddie Gerald/Rough Guides/DK Images; **p. 26:** (t) Andi Berger/Shutterstock; (1st row, l) iofoto/Shutterstock; (1st row, c) Resnak/Shutterstock; (1st row, r) Brad Remy/Shutterstock; (2nd row, l) Jupiterimages/Comstock/Thinkstock; (2nd row, c) Brandon Seidel/Shutterstock; (2nd row, r) Saleeee/Shutterstock; (3rd row, l) Paul Yates/Shutterstock; (3rd row, c) olly/Shutterstock; **pp. 30–31:** Andresr/Shutterstock; **p. 35:** (t) monbibi/Shutterstock; (b) David Sacks/Lifesize/Thinkstock; **p. 45:** Rido/Shutterstock; **p. 46:** (t) Knotsmaster/Shutterstock; (b) Grigory Kubatyan/Shutterstock; **p. 50:** (l) Goodshoot/Thinkstock; (r) Comstock Images/Thinkstock; **p. 52:** (t) ImageryMajestic/Shutterstock; (c) Jeffery Allan Salter/Corbis SABA/Corbis Entertainment/Corbis; (cr) Aspen Photo/Shutterstock; (bl) Michael Moran/Dorling Kindersley; (bc) Samot/Shutterstock; **pp. 60–61:** Bill Perry/Shutterstock; **p. 64:** csp/Shutterstock; **p. 69:** Jack Hollingsworth/Photodisc/Thinkstock; **p. 72:** (tl) kaarsten/Shutterstock; (cr) Creatista/Shutterstock; **p. 73:** (l) Poprugin Aleksey/Shutterstock; (cl) John Foxx/Stockbyte/Thinkstock; (cr) Matthew Ward/Dorling Kindersley; (r) Comstock Images/Getty Images/Thinkstock; **p. 81:** (tl) Skylinephoto/Shutterstock; (tc) Stockbyte/Thinkstock; (tr) Jack Hollingsworth/Digital Vision/Thinkstock; (bl) Comstock/Thinkstock; (bc) Jupiterimages/Comstock/Thinkstock; (br) Donald Miralle/Lifesize/Thinkstock; **p. 82:** (1st row, l) Bikeriderlondon/Shutterstock; (1st row, c) Stockbyte/Thinkstock; (1st row, r) Stephen Mcsweeny/Shutterstock; (2nd row, l) BananaStock/Thinkstock; (2nd row, c) Digital Vision/Thinkstock; (2nd row, r) Stockbyte/Thinkstock; (3rd row, l) Poleze/Shutterstock; (3rd row, c) Maridav/Shutterstock; (3rd row, r) Daria Minaeva/Shutterstock; (4th row, l) Jupiterimages/Brand X Pictures/Thinkstock; **p. 83:** Stockbyte/Thinkstock; **p. 84:** John Gibson/AFP/Getty Images; **p. 86:** (t) Jack Hollingsworth/Photodisc/Thinkstock; (b) Jupiterimages/Comstock/Thinkstock; **p. 88:** (t) Jack Hollingsworth/Photodisc/Thinkstock; (cr) csp/Shutterstock; (b) csp/Shutterstock; **p. 89:** (t) Pixland/Thinkstock; (c) SoloHielo/Shutterstock; (b) Francesca Yorke/Dorling Kindersley; **pp. 96–97:** Audrey Heining-Boynton; **p. 100:** (tl) Audrey Heining-Boynton; (tc) Evok20/Shutterstock; (tr) gary yim/Shutterstock; (bl) javarman/Shutterstock; (bc) Jarno Gonzalez Zarraonandia/Shutterstock; (br) Audrey Heining-Boynton; **p. 104:** Mark Hayes/Shutterstock; **p. 105:** (t) Audrey Heining-Boynton; (b) Audrey Heining-Boynton; **p. 107:** HamsterMan/Shutterstock; **p. 111:** (1st row, l) Audrey Heining-Boynton; (1st row, c) Audrey Heining-Boynton; (1st row, r) Audrey Heining-Boynton; (2nd row, l) Audrey Heining-Boynton; (2nd row, c) Audrey Heining-Boynton; (2nd row, r) Audrey Heining-Boynton; (3rd row, l) Audrey Heining-Boynton; (3rd row, tc) Alberto Loyo/Shutterstock; (3rd row, bc) Audrey Heining-Boynton; (3rd row, r) Audrey Heining-Boynton; **p. 112:** Audrey Heining-Boynton; **p. 113:** Audrey Heining-Boynton; **p. 117:** (tl) Audrey Heining-Boynton; (tr) Natalia Belotelova/Shutterstock; (bl) Pres Panayotov/Shutterstock; (br) Audrey Heining-Boynton; **p. 119:** (t) Audrey Heining-Boynton; (b) Audrey Heining-Boynton; **p. 121:** Comstock/Thinkstock; **p. 122:** Photoroller/Shutterstock; **p. 124:** (t) Brand X Pictures/Thinkstock; (cr) Richard Wareham Fotografie/Alamy; (bl) Vinicius Tupinamba/Shutterstock; (br) imageZebra/Shutterstock; **p. 125:** (tl) Sillycoke/Shutterstock; (cl) Audrey Heining-Boynton; (cr) Joan Ramon Mendo Escoda/Shutterstock; (b) Audrey Heining-Boynton; **p. 126:** Pearson Education; **p. 128:** (l) Erin Baiano/Pearson Education/PH College; (c) Erin Baiano/Pearson Education/PH College; (r) Erin Baiano/Pearson Education/PH College; **pp. 132–133:** Grigory Kubatyan/Shutterstock; **p. 135:** (t) Peter Wilson/Dorling Kindersley; (bl) Stockbyte/Thinkstock; (br) olly/Shutterstock; **p. 136:** Suzanne Long/Shutterstock; **p. 137:** Jennifer Stone/Shutterstock; **p. 139:** Jupiterimages/Thinkstock; **p. 141:** Medioimages/Photodisc/Thinkstock; **p. 145:** ImageState Royalty Free/Alamy; **p. 146:** PhotoLibrary; **p. 148:** Jack Hollingsworth/Stockbyte/Thinkstock; **p. 151:** vadim kozlovsky/Shutterstock; **p. 153:** Pixland/Thinkstock; **p. 156:** Andresr/Shutterstock; **p. 157:** Pearson Education; **p. 158:** BananaStock/Thinkstock; **p. 161:** (t) Andresr/Shutterstock; (cl) Christopher Poe/Shutterstock; (cr) Dave Rock/Shutterstock; (b) John A. Anderson/Shutterstock; **p. 162:** (t) Jupiterimages/liquidlibrary/Thinkstock; (cl) Daniel Loncarevic/Shutterstock; (cr) Gugli/Dreamstime; (b) Mike Cohen/Shutterstock; **p. 163:** (t) iofoto/Shutterstock; (cl) rj lerich/Shutterstock; (bl) Yai/Shutterstock; (br) EpicStockMedia/Shutterstock; **p. 164:** Pearson Education; **p. 166:** (l, c, r) Pearson Education; **pp. 170–171:** AndrusV/Shutterstock; **p. 174:** (t) olly/Shutterstock; **p. 178:** (tr) JLC/ZOJ WENN Photos/Newscom; (bl) Miguel Campos/Shutterstock; (br) Helga Esteb/Shutterstock; **p. 186:** (tl) cinemafestival/Shutterstock; (cl) cinemafestival/Shutterstock; (bl) cinemafestival/Shutterstock; (br) DFree/Shutterstock; **p. 191:** (t) dwphotos/Shutterstock; (b) Dana Nalbandian/Shutterstock; **p. 192:** Pearson Education; **p. 193:** DeshaCAM/Shutterstock; **p. 195:** (t) Getty Images, Inc. – PhotoDisc; (cl) rj lerich/Shutterstock; (cr) rj lerich/Shutterstock; (b) Terry Honeycutt/Shutterstock; **p. 196:** (t) Kim Steele/Photodisc/Thinkstock; (cl) Sandra A. Dunlap/Shutterstock; (cr) Brandon Stein/Shutterstock; (b) Brand X Pictures/Thinkstock; **p. 197:** (t) Jack Hollingsworth/Photodisc/Thinkstock; (cl) Paul Katz/Photodisc/Thinkstock; (cr) Chris Howey/Shutterstock; (b) rj lerich/Shutterstock; **p. 198:** Pearson Education; **p. 200:** (l, c, r) Pearson Education; **p. 204:** (l) Michael Moran/Dorling Kindersley; (r) Vinicius Tupinamba/Shutterstock; **p. 205:** (l) Daniel Loncarevic/Shutterstock; (r) Brandon Stein/Shutterstock; **p. 207:** (tl) Jack Hollingsworth/Thinkstock; (tr) Creatas Images/Thinkstock; (b) Ryan McVay/Photodisc/Getty Images; **p. 208** (1st row, l) ImageryMajestic/Shutterstock; (1st row, lc) Jack Hollingsworth/Photodisc/Thinkstock; (1st row, rc) Brand X Pictures/Thinkstock; (1st row, r) Andresr/Shutterstock; (2nd row, l) Jupiterimages/liquidlibrary/Thinkstock; (2nd row, lc) iofoto/Shutterstock; (2nd row, c) Getty Images, Inc. – PhotoDisc;

Index

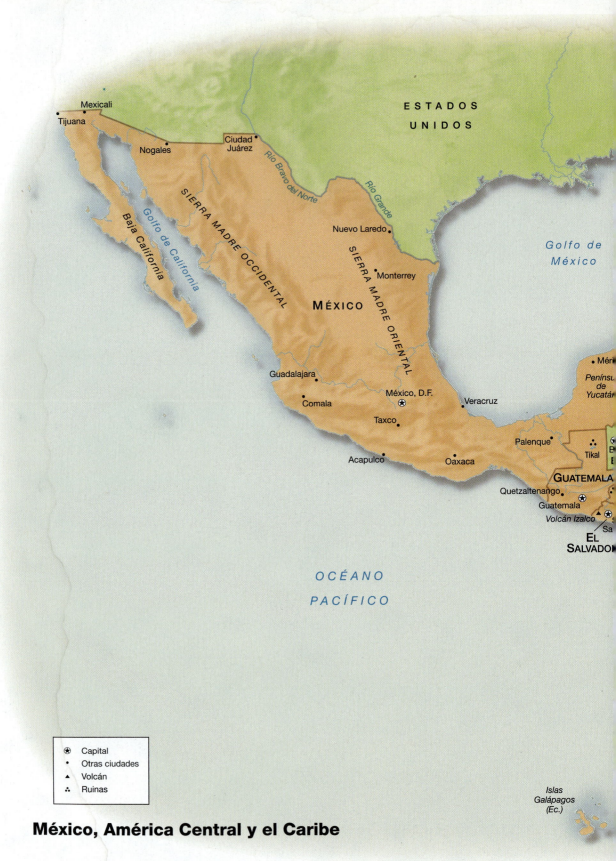

E S T A D O S

U N I D O S

Mexicali

Tijuana

Nogales

Ciudad
Juárez

Rio Bravo del Norte

Rio Grande

Nuevo Laredo

Monterrey

Golfo de
México

Golfo de California

Baja California

SIERRA MADRE OCCIDENTAL

SIERRA MADRE ORIENTAL

MÉXICO

Guadalajara

Comala

México, D.F.

Veracruz

• Mér

*Penínsu
de
Yucatá*

Taxco

Palenque

Tikal

Acapulco

Oaxaca

GUATEMALA

Quetzaltenango

Guatemala

Volcán Izalco

Sa

**EL
SALVADO**

O C É A N O

P A C Í F I C O

✪	Capital
•	Otras ciudades
▲	Volcán
⁝	Ruinas

*Islas
Galápagos
(Ec.)*

México, América Central y el Caribe